WESTEND

Ulrich Teusch

DER KRIEG VOR DEM KRIEG

Wie Propaganda über Leben und Tod entscheidet

WESTEND

Mehr über unsere Autoren und Bücher:
www.westendverlag.de

Die Deutsche Nationalbibliothek verzeichnet diese Publikation in
der Deutschen Nationalbibliografie; detaillierte bibliografische Daten
sind im Internet über http://dnb.d-nb.de abrufbar.

Das Werk einschließlich aller seiner Teile ist urheberrechtlich geschützt. Jede
Verwertung ist ohne Zustimmung des Verlags unzulässig. Das gilt insbesondere
für Vervielfältigungen, Übersetzungen, Mikroverfilmungen und die Einspeicherung und Verarbeitung in elektronischen Systemen.

ISBN: 978-3-86489-243-1
© Westend Verlag GmbH, Frankfurt/Main 2019
Umschlaggestaltung: Buchgut, Berlin
Satz: Publikations Atelier, Dreieich
Druck und Bindung: CPI – Clausen & Bosse, Leck
Printed in Germany

Inhalt

Vorwort 7

Alle Optionen liegen auf dem Tisch 10

Kriegspropaganda – davor, dabei, danach 16

Permanenter Krieg und Kriegspropaganda in Permanenz 20

Alter und neuer Kalter Krieg 24

Der Erste Weltkrieg und die zehn Prinzipien der Kriegspropaganda 31

Massentäuschungswaffen und Massenzerstreuungswaffen 38

Wer die Macht über die Geschichte hat, Teil 1: Deutschland 48

Zweierlei Maß: Israel und Russland 59

Wer die Macht über die Geschichte hat, Teil 2: USA 76

Die Kriegsverkäufer 104

Die Propagandamacher 116

Der »Permanent War Complex« 128

Krieg, Zensur, Repression – damals und heute	139
Erkundungen am medialen Abgrund	157
Was auf dem Spiel steht – der Kampf um die Tatsachenwahrheit	179
Systemkrise und propagandistischer Amoklauf	189
Anmerkungen	196
Literatur	217
Personenverzeichnis	221

Vorwort

Unsere angeblichen Leit- und Qualitätsmedien erwecken den Eindruck, die Meinung der Herrschenden sei die herrschende Meinung. Es gehört sogar zu den vornehmsten Aufgaben besagter Medien, diese Illusion zu erzeugen und aufrechtzuerhalten. Es ist gewissermaßen ihr Kerngeschäft – sind sie doch die Medien der Herrschenden. Noblesse oblige.

Die etablierten Medien, so hatte ich vor drei Jahren prognostiziert[1], werden weder durch Liebesentzug (sinkende Auflagen und Quoten) noch durch gediegene Medienkritik von ihrem manipulativen Tun und ihrem selbstzerstörerischen (Dis-) Kurs abzubringen sein. Sie werden weiterhin wichtige Nachrichten absichtsvoll unterdrücken, Informationen einseitig gewichten oder mit einem Spin versehen, mit zweierlei Maß messen, interessengeleitete Narrative konstruieren, gelegentlich Kampagnen fahren oder sich für handfeste Propaganda hergeben.

Ich muss einräumen, dass meine damalige Prognose auch einen Schuss Zweckpessimismus enthielt. Klammheimlich hatte ich gehofft, Unrecht zu haben und eines Besseren belehrt zu werden. Der sich seit 2013/14 aufbauende medienkritische Druck, der »Aufstand des Publikums«, konnte doch nicht einfach verpuffen, sagte ich mir, er musste doch irgendeine positive Wirkung erzielen. All die kritischen Bücher, Artikel, Leserforen, Diskussionsrunden! Vielleicht ließen sich einzelne Journalisten, sogar einzelne Medien ja doch bei ihrer Ehre packen? Vielleicht würden sie sich an die eigene Nase fassen? Ein Signal des Aufbruchs senden? »Ja, wir haben verstanden. Spätestens ab morgen machen wir – richtigen Journalismus!« Oder so ähnlich.

Nichts dergleichen geschah. Nichts dergleichen war zu erwarten. Es ging einfach weiter wie gehabt.

Heute können wir einen Schlussstrich ziehen und die wesentliche Erkenntnis festhalten: Wir haben es mit Medien zu tun, die nicht reformierbar sind. Sie sind ins gegebene Macht- und Herrschaftssystem integriert. Sie sind nicht das, was sie zu sein vorgeben. Nein, sie sind keine »vierte Gewalt«. Nein, sie schaffen keine umfassende Informationsgrundlage, die uns eine unabhängige Urteilsbildung ermöglichen würde. Nein, sie organisieren keinen offenen und ehrlichen gesellschaftlichen Diskurs. Nein, sie sind nicht Ihre oder meine Anwälte. Es ist genau umgekehrt: Im Zweifelsfall, wenn es ernst wird, wenn es darauf ankommt, dienen sie den etablierten Mächten, in deren Besitz oder unter deren Kontrolle sie sich befinden. Und sie verschleiern diese Tatsache oder machen sich selbst etwas vor.

Vor diesem Hintergrund gilt: Wir sollten Medienkritik zwar auch weiterhin nicht vernachlässigen; sie kann vor allem uns, die Rezipienten, dabei unterstützen, die Mechanismen der Beeinflussung und Manipulation zu durchschauen. Aber wir sollten uns von der Vorstellung befreien, dass Kritik am Journalismus, an den Medien, am Mediensystem etwas Grundlegendes ändern könnte. Das tut sie nicht. Wohl aber kostet sie uns viel Zeit, Kraft und Nerven. Der Aufwand steht in einem Missverhältnis zum Erfolg. Ist es sinnvoll, uns Tag für Tag an dem abzuarbeiten, was uns *Spiegel* und *Zeit*, *FAZ* und *Süddeutsche*, ARD und ZDF vorsetzen? Nein. Wir sollten viel öfter dankend ablehnen, wenn sie uns wieder einmal zum Tänzchen auffordern. Wir sollten unsere eigenen Themen setzen. Unser Ideal sollte sein: Nicht wir befassen uns mit den Medien, sondern die Medien befassen sich mit uns. Wir sind das Volk. Wir bestimmen die Agenda. Das klingt populistisch, steht aber so im Grundgesetz. Auch für ein solches Projekt braucht es natürlich Medien, allerdings solche, die wir selbst besitzen oder kontrollieren. Gegen das etablierte Mediensystem, gegen die »Systemmedien« helfen nur antisystemische Medien. Einige gibt es schon (in Deutschland etwa die NachDenkSeiten, Telepolis, Rubikon, KenFM, German Foreign Policy). Je mehr es werden, desto besser.

In diesem Buch geht es um kriegsvorbereitende Propaganda im weitesten Sinn. Auch da wird von Medien die Rede sein. Von Medien, die den Krieg herbeireden oder -schreiben, von Medien, die den äußeren und inneren Frieden aufs Spiel setzen. Die historische Erfahrung lehrt: Kriegstreiber haben von den etablierten Medien viel (bis alles) zu erwarten, Kriegsgegner wenig (bis nichts). Wer das für eine zu pauschale Aussage hält, mag sich die Frage stellen: Wann je haben Medien einen Krieg verhindert oder dies auch nur erkennbar versucht, indem sie die herrschenden Kriegsvorwände oder -begründungen einer rigorosen Prüfung unterzogen? Und umgekehrt: Wie oft haben Medien durch tendenziöse, emotionalisierende Berichterstattung und Kommentierung »für den Krieg gesorgt« (William Randolph Hearst)? Wie oft haben sie jene gesellschaftliche Sportpalast-Atmosphäre erzeugt, die ihn erst möglich machte?

Sicher, es gibt ein paar Ausnahmen. Sie sind rühmlich, keine Frage. Aber sie sind bloß Ausnahmen von der Regel.[2] Im Kampf gegen den Krieg, im Kampf für den Frieden ist auf die Medien der Herrschenden kein Verlass. Verlassen können wir uns nur auf uns selbst.

Alle Optionen liegen auf dem Tisch

Mit der National Defense Strategy des Jahres 2018 haben die USA nach 17-jähriger Konzentration auf den »Krieg gegen den Terror« ihr Blickfeld erweitert und nach neuen Feinden Ausschau gehalten. Vier Staaten kommen als Kriegsgegner infrage, zunächst Russland und China, sodann die Nuklearmacht Nordkorea und der konventionell gerüstete Iran.[1]

Schon kurz vor Weihnachten 2017 hatte General Robert B. Neller, Kommandant des U.S. Marine Corps, von einem sich abzeichnenden großen kriegerischen Konflikt gesprochen.[2] Generalleutnant Ben Hodges wiederum, von 2014 bis 2017 Oberkommandierender der US-Landstreitkräfte in Europa, prognostizierte am 24. Oktober 2018 vor einem Sicherheitsforum in Warschau, dass es innerhalb der nächsten 15 Jahre zu einem Krieg zwischen den USA und China kommen werde.[3] Der chinesische Präsident Xi Jinping hat die Botschaft vernommen. Gegenüber Militärs des Southern Theatre Command (in dessen Zuständigkeit das Südchinesische Meer fällt) erklärte er, China müsse besser als bisher auf Krieg vorbereitet sein, da die Spannungen mit den USA sich verstärkten.[4]

Mitte Oktober 2018 hatte US-Präsident Donald Trump angekündigt, aus dem 1987 von Ronald Reagan und Michail Gorbatschow abgeschlossenen INF-Vertrag auszusteigen; er verbietet den USA und Russland die Produktion und Dislozierung landgestützter nuklearer Mittelstreckenraketen mit einer Reichweite von 500 bis 5500 Kilometern. Einige Tage später erwiderte Russlands Präsident Putin in Moskau: Sollten die USA in Europa erneut Mittelstreckenraketen stationieren, würden die europäischen Staaten sich des Risikos eines russischen Gegenschlags aussetzen. In den vergangenen Jahren hatte Putin wiederholt Mahnungen dieser

Art ausgesprochen, zum Beispiel gegenüber jenen europäischen Staaten, die das amerikanische Raketenabwehrsystem installierten (also Rumänien und Polen). Durch diese Entscheidung würden sie zwangsläufig ins russische Fadenkreuz geraten, sagte er.

Andrej Beloussow, ein hoher Repräsentant des russischen Außenministeriums, gab derweil Folgendes zu Protokoll:

> »Kürzlich bei einem Treffen stellten die USA fest, dass Russland sich auf Krieg vorbereite. Ja, Russland bereitet sich auf Krieg vor, ich kann das bestätigen. Ja, wir bereiten uns vor, unser Heimatland, unsere territoriale Integrität, unsere Prinzipien, unsere Werte, unser Volk zu verteidigen. Wir bereiten uns auf so einen Krieg vor.
>
> Aber es gibt einen wichtigen Unterschied zwischen uns und den USA. Sprachlich liegt der Unterschied in nur einem Wort, sowohl im Russischen wie im Englischen. Russland bereitet sich auf einen Krieg vor, während die Amerikaner einen Krieg vorbereiten.«[5]

Vor dem Waldai-Klub, einem alljährlich stattfindenden Forum von russischen und ausländischen Journalisten, Politikern und Wissenschaftlern, erinnerte ein leicht gereizter Wladimir Putin in Sotschi (18. Oktober 2018) an eine alte Erkenntnis aus dem ersten Kalten Krieg (»Wer zuerst schießt, stirbt als zweiter«), bediente sich aber einer ungewöhnlich drastischen Sprache: »Jeder Aggressor sollte wissen, dass Vergeltung unausweichlich ist und dass er vernichtet werden wird. Und da wir die Opfer seiner Aggression sein werden, werden wir als Märtyrer in den Himmel eingehen. Sie werden einfach verrecken und nicht einmal Zeit haben, zu bereuen.«[6]

Am 2. Oktober 2018 wiederholte die NATO-Botschafterin der USA, Kay Bailey Hutchison, den Vorwurf ihrer Regierung, Russland verletze den INF-Vertrag. Moskau bestreitet die Vorwürfe und kontert sie schon seit Längerem mit der Aussage, dass die USA selbst den INF-Vertrag verletzten. Statt nun die Kontroverse auf dem dafür vorgesehenen Weg auszutragen – also die Special Verification Commission damit zu beauftragen –, drohte Hutchison kurzerhand mit Krieg. Sollte Moskau die (angebliche) Dislozierung nicht stoppen, würden die USA die Raketen militärisch zerstören, bevor sie einsatzfähig sind. Der Publizist Justin Raimondo, verantwortlich für das renommierte Portal Antiwar.com, war ob dieser Aussage derart erschüttert, dass er die sofortige Entlassung der Botschafterin forderte. »Wie verrückt-dumm muss man sein, um auf ein Podium zu steigen und Russland einen militärischen Präventivschlag anzudrohen?«, fragte Raimondo, um dann hinzuzufügen: »Man muss nicht Hutchison sein, aber es hilft.« Er wollte nicht glauben, dass es neuerdings in den Kompetenzbereich einer amerikanischen NATO-Botschafterin fällt, mal eben so Russland den Krieg zu erklären. Wenn das Schule macht, spottete er, dann werden wir demnächst erleben, dass der Generalpostmeister die Invasion Irans anordnet.[7]

Bereits am 28. September 2018 hatte US-Innenminister Ryan Zinke vorgeschlagen, die Navy des Landes könne eine Blockade gegen den russischen Energiehandel verhängen und so dafür sorgen, dass die russischen Energielieferungen ihre Zielmärkte nicht erreichen. Ist Zinke bewusst, dass eine Maßnahme dieser Art ein feindlicher Akt wäre und von der Gegenseite mit Gewalt beantwortet werden würde?

Trident Juncture, das größte Militärmanöver der NATO seit 2002, fand vom 25. Oktober bis zum 7. November 2018 in unmittelbarer Nähe zur russischen Westgrenze statt – aus russischer Sicht eine Provokation. Mitunter wird in diesem Zusammenhang von westlichen Beobachtern entlastend darauf hingewiesen, dass ja auch Russland große Militärübungen durchführe. Kurz vor Trident Juncture sei das Wostok-Manöver über die Bühne gegangen, das größte seiner Art seit Ende des Kalten Krieges. Der feine Unterschied: Während das westliche Manöver direkt an die russische Grenze gelegt wurde, fand Wostok im Osten Russlands statt, weit entfernt vom NATO-Territorium.

Anders als in den westlichen, insbesondere den amerikanischen Medien, wird in Russland die Möglichkeit eines Krieges mit den USA beziehungsweise der NATO immer wieder thematisiert – verbunden mit der Frage: Sollten sie wirklich so wahnsinnig sein, uns anzugreifen, obwohl sie doch wissen müssen, dass dies ihre eigene Vernichtung bedeuten würde? In der US-Bevölkerung spielen Befürchtungen dieser Art keine oder eine allenfalls untergeordnete Rolle. Etwas anders sieht es bei jenen Amerikanern aus, die zu den unmittelbar Betroffenen eines Krieges gehören könnten. Das US-Magazin *Military Times* veranstaltete im Herbst 2018 unter seinen Lesern, die aktiven Militärdienst leisten, eine anonyme Umfrage. 46 Prozent der Teilnehmer glaubten, dass die USA innerhalb des nächsten Jahres (also 2019) in einen neuen Krieg eintreten würden. Das ist ein drastischer Anstieg gegenüber einer entsprechenden Umfrage im Jahr davor. 2017 waren lediglich fünf Prozent der Meinung, ein Krieg stehe an.[8]

Parallel zu alledem liefen und laufen die üblichen und mutmaßlich koordinierten Angriffe wegen angeblichen russischen oder chinesischen Fehlverhaltens.[9] Am 4. Oktober 2018 zum Beispiel – vor dem Hintergrund eines NATO-Gipfels, auf dem die USA einen verschärften Cyberkrieg gegen Russland verlangten – erhoben Großbritannien und auch die Niederlande Spionagevorwürfe gegen den russischen Militärgeheimdienst (GRU). Er habe die Organisation für das Verbot chemischer Waffen (OPCW) ausspioniert, ebenso das britische Außenministerium. Zudem habe Russland europäische und amerikanische Wahlen beeinflusst und die Anti-Doping-Agentur WADA gehackt. Auch das US-Justizministerium erhob neue Anklagen gegen angebliche GRU-Agenten.

Zeitgleich wurde eine ganz ähnliche Kampagne gegen China losgetreten. Die Zeitschrift *Bloomberg Businessweek* verbreitete eine Geschichte, der zufolge chinesische Firmen Hardware manipuliert hätten, die sie für die US-Firma SuperMicro produzierten und die dann an Apple, Amazon und andere für deren Cloud-Server-Geschäfte verkauft wurde.

Ebenfalls am 4. Oktober hielt US-Vizepräsident Mike Pence im Hudson Institute eine ungewöhnlich feindselige Rede gegen China, in der er dem Land vorwarf, eine Schuldendiplomatie zu betreiben. Pence warnte andere Länder davor, sich mit China einzulassen. China wolle Entwicklungsländer von sich abhängig machen, indem es sie in die Falle locke. In dieselbe Kerbe schlug Außenminister Mike Pompeo, als er am 18. Oktober behauptete, Chinas Investitionen in Lateinamerika seien Neokolonialismus, seine Kredite an afrikanische Länder allesamt »Schuldenfallen«.[10]

Auch ein neuer und umfangreicher Pentagon-Bericht schürte Angst vor China. Eine seiner Erkenntnisse lautet, dass China ein erhebliches und wachsendes Risiko für die Lieferung von Materialien und Technologien darstelle, die von strategischer Bedeutung für die nationale Sicherheit der USA seien.[11] Unabhängige Beobachter wie der Politikwissenschaftler Michael T. Klare sehen allerdings andere Gründe für den US-Unmut über China. Es sei vor allem der »Made in China 2025«-Plan, der die USA aufbringe: eine ambitionierte Strategie, ein chinesischer Sprung nach vorn in technologischen und technischen Schlüsselsektoren wie der Künstlichen Intelligenz oder der Robotik. Trump & Co., so Klare, seien entschlossen, diesen Plan zu sabotieren. Statt sich einer offenen Konkurrenz zu stellen (und diese gegebenenfalls zu verlieren), sähen sie das quantitative und qualitative Wachstum Chinas als Bedrohung des bisherigen Status der USA, den sie nicht kampflos aufzugeben bereit seien. Die große Gefahr sieht Klare darin, dass die USA diesen Kampf nicht mit gleichen Mitteln austragen, sondern auf die einzige Ebene verlagern werden, auf der sie noch Maßstäbe setzen: die militärische.[12]

China und Russland stehen zwar im Fokus der USA, aber sie sind nicht allein. Als George W. Bush einst die Achse des Bösen ausrief, wussten die betroffenen Regierungen Irans, des Iraks und Nordkoreas, was die Stunde geschlagen hatte. Die Achse des Bösen war ein scharfes Geschütz (ähnlich wie die Dämonisierung der Sowjetunion als Reich des Bösen durch Ronald Reagan). Manchmal reicht es schon, wenn die USA eine andere Regierung als »Regime« bezeichnen. Kennern der Lage ist dann klar, dass es vom »Regime« zum »Regime Change« nur ein kurzer Weg ist.[13] Geradezu alarmierend aber war die Äußerung des Sicherheitsberaters John Bolton am 1. November 2018 in Miami. Da fasste er die Länder Venezuela, Nicaragua und Kuba zu einer »Troika der Tyrannei« zusammen (eine offenkundige Reminiszenz an die »Achse des Bösen«). Es habe sich, so Bolton weiter, ein »Dreieck des Terrors« gebildet, »das sich von Havanna über Caracas bis Managua erstreckt«.[14] Schon 2015 hatte Barack Obama Venezuela aufs Korn genommen, das Land als außerordentliche Sicherheitsbedrohung für die USA bezeichnet und Sanktionen verhängt. Trump hat die Sanktionen inzwischen verschärft. Kuba ist schon seit über einem halben Jahrhundert sanktionserprobt, gegen Nicaragua sind entsprechende Maßnahmen auf den Weg gebracht. Unilaterale Sanktionen, die vor allem die normale Bevölkerung treffen und diese gegen die Regierung aufwiegeln sollen, sind eine Form der kollektiven Bestrafung, die sowohl gegen die UN-Charta als auch gegen die Charta der Organisation Amerikanischer Staaten (OAS) verstößt.[15]

Fast alle hier aufgeführten Aussagen, Ereignisse und Entwicklungen datieren aus dem Herbst 2018, aus den Monaten Oktober und November. Was danach geschah, konnte ich wegen des fälligen Redaktionsschlusses für dieses Buch nur noch sporadisch registrieren: beispielsweise den ukrainisch-russischen Zwischenfall in der Straße von Kertsch, das Kidnapping von Meng Wanzhou, der stellvertretenden Vorsitzenden des chinesischen Huawei-Konzerns, durch kanadische Behörden[16], oder das Aufheulen der üblichen Verdächtigen angesichts von Trumps Entscheidung, die völkerrechtswidrige Einmischung der USA in Syrien zu beenden.[17]

Was erwartet uns 2019 und danach? Politiker, Diplomaten, Militärs, Journalisten reden wieder ganz offen über Krieg. Auch über den ganz großen Krieg. Es ist gespenstisch, beängstigend. Alle Optionen, so scheint es, liegen auf dem Tisch.

Kriegspropaganda – davor, dabei, danach

Thema dieses Buches sind kriegsrechtfertigende Ideologien, kriegsvorbreitende Propaganda, aggressive Maßnahmen unterhalb der Schwelle direkter militärischer Gewalt. Zumindest theoretisch kann man die Propaganda *vor* dem Krieg unterscheiden von der Propaganda *im* Krieg und der Propaganda *nach* dem Krieg. Praktisch liegen die Dinge allerdings nicht immer so klar. Selbst die scheinbar so weit auseinanderliegenden Extreme der Propaganda vor und der Propaganda nach dem Krieg können in einem engen Zusammenhang stehen.

So spielte im Gefolge des Ersten Weltkriegs die Nachkriegspropaganda eine derart beherrschende Rolle, dass die Politik nach 1918 partiell als Fortsetzung des Krieges mit anderen Mitteln betrachtet werden kann. Propagandistischer Natur waren diese Mittel in dreierlei Hinsicht. Zum einen stritten die einstigen Kriegsgegner mit großem publizistischem Aufwand über die Kriegsursachen; jeder versuchte sich reinzuwaschen und einer der anderen Seiten die Schuld zuzuschieben. Zum anderen wurde der insbesondere in Deutschland als grobe Ungerechtigkeit und nationale Demütigung empfundene Friedensvertrag von Versailles zum politischen Dauerbrenner, bestens geeignet für Agitation und Propaganda. Und schließlich vergiftete die Dolchstoßlegende das politische Klima, indem sie die Verantwortung für die deutsche Kriegsniederlage dort ablud, wo sie nicht hingehörte, nämlich bei der neuen Republik und ihrem Führungspersonal. Wenn die Zeit von 1914 bis 1945 zuweilen als »Dreißigjähriger Krieg« bezeichnet wird oder wenn gesagt wird, der Erste Weltkrieg habe bereits den Keim für den Zweiten gelegt, dann heißt das mit anderen Worten: Die Propaganda zwischen 1919 und 1939 war nicht bloß Propaganda nach dem vergangenen Krieg; sie war zugleich und immer schon Propaganda vor dem und für den kommenden Krieg.

Ein anderes Beispiel für die Schwierigkeiten eindeutiger Abgrenzungen ist der Irakkrieg 2003. Auf den ersten Blick scheint hier ein unbezweifelbarer, eindeutiger Zusammenhang zwischen kriegsvorbereitender Propaganda und Krieg zu bestehen. Zunächst fiel in Washington (und London) die Entscheidung, einen Krieg gegen den Irak anzuzetteln. Dann folgte eine mehrere Monate währende Propagandakampagne. Ihr Ziel bestand darin, das potenzielle Opfer zu dämonisieren, Angst vor ihm und seinen militärischen Fähigkeiten zu erzeugen, dringenden Handlungsbedarf zu suggerieren und auf diese Weise möglichst große Zustimmung für den Krieg zu erzeugen – wobei es für die Akteure keine besondere Rolle spielte, ob die Kriegsbegründungen auf Tatsachen beruhten oder fiktiv waren.[1] Schlussendlich kam der Krieg selbst, ausgetragen von einer »Koalition der Willigen« unter Führung der USA. Einige Wochen später glaubte der damalige US-Präsident ausrufen zu können: »Mission accomplished!«

Tatsächlich verhält es sich auch in diesem Fall etwas komplizierter. Der Krieg von 2003 stand in einem zwar entfernten, aber unverkennbaren Zusammenhang mit dem Golfkrieg von 1991, der sich gegen Iraks Invasion Kuwaits gerichtet hatte und von dem man nachträglich sagte, er sei nicht zu Ende geführt worden, weil Saddam Hussein trotz seiner militärischen Niederlage im Amt und an der Macht blieb. Sodann machte der 1998 vom US-Kongress verabschiedete und von Präsident Bill Clinton unterzeichnete Iraq Liberation Act den Regimewechsel in Bagdad schon fünf Jahre vor dem Krieg zur offiziellen US-Politik. Vor allem aber stand der Überfall von 2003 in enger Verbindung mit den jahrelangen Sanktionen gegen den Irak. Diese Sanktionen waren zweifellos ein wesentlicher Teil des Krieges vor dem Krieg – oder besser: Sie waren bereits Teil des Krieges (auf diesen Punkt komme ich gleich zurück).

Der Krieg vor dem Krieg – der Titel dieses Buches legt nahe, dass die propagandistische Vorbereitung eines Krieges selbst schon eine Art Krieg sei. Aber verwischt man damit nicht Grenzen, die unbedingt beachtet werden sollten? Müsste man nicht streng unterscheiden zwischen all dem, was vor dem Ausbruch des eigentlichen Krieges geschieht und den tatsächlichen militärischen Kampfhandlungen? Sicher, man müsste. Aber es wird immer schwieriger. Die eindeutige Unterscheidung zwischen Kriegs- und Friedenszuständen ist kaum noch zu treffen.[2] Kürzlich schrieb mir ein Leser, dass der Krieg zwischen der NATO und Russland doch längst begonnen habe. Das sehen auch einige Wissenschaftler und Journalisten so.[3] Es mag sich noch nicht um einen kinetischen Krieg handeln, sagen sie, aber sehr wohl um einen Wirtschaftskrieg, einen Cyberkrieg, einen hybriden Krieg, einen Propagandakrieg, auch einen Krieg mit militärischen Provokationen oder »Nadelstichen«. Dort, wo man sich unmittelbar gegenüber steht, etwa in Syrien, bedarf es eines erheblichen Koordinationsaufwands (und manchmal auch beachtlicher Nervenstärke), um den direkten Konflikt und dessen Eskalation zu vermeiden. Als die USA und andere die vermeintlichen Chemiewaffenattacken der syrischen Regierung mit völkerrechtswidrigen Raketenangriffen »bestraften«, hätte Syriens Verbündeter Russland auch weniger zurückhaltend reagieren können.

Der Krieg vor dem Krieg wird für gewöhnlich unterschätzt. Das sei ja kein richtiger Krieg, wird gesagt; von Krieg könne man da allenfalls in einem metaphorischen Sinn sprechen. Manchmal wird sogar der Krieg vor dem Krieg als humane Alternative zum echten Krieg betrachtet. Viele Menschen, die Krieg verabscheuen, sind zum Beispiel (auch heute noch) der Auffassung, Sanktionen seien eine probate Alternative zur militärischen Gewaltanwendung. Mit Sanktionen könne man seine Ziele auf friedlichem Weg erreichen, ohne Menschenleben zu gefährden. Gerade für die Außenpolitik der »Zivilmacht« Deutschland seien sie wie geschaffen.

Die Wirklichkeit sieht allzu oft leider völlig anders aus.[4] In einem Interview, das er kurz vor seinem Tod gegeben hat, erinnerte Peter Scholl-Latour an den besonders drastischen Fall der Irak-Sanktionen:

»Als ich die Auswirkungen der Sanktionen im Irak zwischen 1991 und 2003 miterlebt habe, war das derart grauenhaft. Das Wasser konnte nicht mehr gereinigt werden, die Landwirtschaft nicht mehr betrieben werden. Das war furchtbar. Die Sterblichkeit unter Kindern und Säuglingen war erschreckend. Die Deutschen müssten es ja wissen, die hatten im Ersten Weltkrieg auch eine Blockade erlebt, wo die Bevölkerung fast halb verhungert ist. Insofern sind Sanktionen ein unmoralisches Mittel der Außenpolitik.«[5]

Die heute schon fast in Vergessenheit geratenen Sanktionen gegen den Irak hatte die UNO 1990 verhängt. Sie währten dreizehn Jahre, bis zur US-geführten Invasion des Landes 2003. Diese Invasion, so Scholl-Latours Kollege Patrick Cockburn, habe den irakischen Staat und seine Armee zerstört. Doch zuvor hätten schon die verheerenden Sanktionen die Gesellschaft und Wirtschaft des Landes zugrunde gerichtet. Cockburn vermutet, dass die Sanktionen mehr Iraker getötet haben als irgendeiner der folgenden Kriege. Am 8. August 1998 schrieb er im *Independent*:

»Keiner der Chefs der UN-Agenturen in Bagdad, mit denen ich sprach, äußerte den leisesten Zweifel daran, dass das gegenwärtige Embargo eine Katastrophe ist. Im Westen waren es – vor dem zweiten Golfkrieg 1990/91 – ironischerweise die ›Tauben‹, die Sanktionen forderten, und die ›Falken‹, die nach Bomben riefen. Der Irak hat beides erlebt. Acht Jahre später haben sich die Sanktionen als die grausamere Option erwiesen, die weit mehr Iraker getötet hat als die Bomben.«[6]

Etwa eine halbe Million Kinder sind den Sanktionen zum Opfer gefallen. Bekanntlich stand Joschka Fischers Busenfreundin, die ehemalige US-Außenministerin Madeleine Albright, nicht an, dieses barbarische Verbrechen auch noch zu rechtfertigen. Gegenwärtig leidet Iraks Nachbar Syrien unter einem erbarmungslosen westlichen Sanktionsregime. Kein Thema für die westlichen Mainstream-Medien, denen doch angeblich das Wohl des syrischen Volkes so am Herzen liegt.[7] Patrick Cockburn gehört zu den ganz wenigen Journalisten, die die verheerenden Folgen öffentlich gemacht und angeprangert haben.[8]

Permanenter Krieg und Kriegspropaganda in Permanenz

Bekannte Journalisten wie John Pilger, Charles Lewis oder Dan Rather halten es für sehr wahrscheinlich, dass der Irakkrieg 2003 hätte verhindert werden können, wenn die Medien – vor allem in den USA und Großbritannien – »ihren Job« gemacht hätten.[1] Leider konnte davon keine Rede sein; vielmehr gab es ein großflächiges professionelles Versagen. Journalisten haben in Einzelfällen bewusst die Unwahrheit verbreitet oder eine ihnen bekannte Wahrheit verschwiegen. Vor allem haben sie in ihrer großen Mehrheit die Lügen der Regierenden willfährig an ihre Leser, Hörer und Zuschauer weitergereicht. Die Medien fungierten zu weiten Teilen als Transmissionsriemen. Sie agierten als Hilfstruppe der ersten Gewalt, der Exekutive.

Es gab sogar einzelne Medienverantwortliche, die ausgesprochen proaktiv handelten – Rupert Murdoch zum Beispiel. In der Woche vor der entscheidenden britischen Unterhausabstimmung über den Irakkrieg telefonierte der »Medienmogul« dreimal mit Premier Tony Blair. Es sei gefährlich, die Sache zu verzögern, schärfte er Blair ein, die Zeit dränge, der Regierungschef könne sich auf die Unterstützung der Murdoch-Medien verlassen.[2] Ein paar Jahre später gab der Journalist Paul Dacre von der *Daily Mail* seine damaligen Beobachtungen zu Protokoll:

> »Ich denke es ist klar, dass er [Murdoch] in der Sache klare Ansichten vertritt und diese auch mit seinen Redakteuren geteilt hat, die natürlich Folge zu leisten haben. Das Paradebeispiel hierfür ist der Irakkrieg. Ich bin mir nicht sicher, ob es der Blair-Regierung oder Tony Blair selbst ohne die uneingeschränkte Unterstützung der Murdoch-Zeitungen überhaupt möglich gewe-

sen wäre, die Briten für diesen Krieg zu gewinnen. Murdoch selbst ist davon absolut überzeugt.«[3]

Dass Medien sich gerade in Sachen Krieg derart kooperativ verhalten, ist nichts Neues. »Befindet sich die eigene Nation im Krieg, wird die Berichterstattung zum Teil der Kriegsanstrengung«, sagte der renommierte britische Journalist und Kriegsreporter Max Hastings.[4]

Wie schon festgestellt: Die Grenzlinien zwischen Kriegs- und Friedenszuständen werden immer undeutlicher. Kalte Kriege, latente Kriege, heiße Kriege unterschiedlicher Art und Intensität, Kriege vor und Kriege nach dem Krieg ... Folgt man einem weit gefassten Kriegsverständnis, dann ist Krieg – global betrachtet – zu einem Normalzustand geworden. Die westliche Führungsmacht befindet sich seit 2001 im permanenten Krieg, der selbst von den politisch Verantwortlichen des Landes so bezeichnet wird: als Generationenkrieg, langer Krieg oder unendlicher Krieg.[5] Viele Beobachter stellen fest, Krieg sei für die USA mittlerweile zum natürlichen Zustand, zum Way of Life, zur Raison d'être geworden. Das System brauche den Krieg, um noch funktionsfähig zu sein. Es sei einer »Kriegssucht« verfallen, so der Anti-Terror-Experte und frühere CIA-Mann Philip Giraldi – und dies, obwohl auf dieser Welt niemand die nationale Sicherheit der USA ernstlich bedroht.[6]

Krieg geht mit Kriegspropaganda einher, permanenter Krieg mit Kriegspropaganda in Permanenz. Wenn es in Kriegen zu einer Quasi-Gleichschaltung der etablierten Medien kommt, dann ist der Umstand, dass wir in einer Zeit des permanenten Krieges leben, möglicherweise der Hauptgrund für die seit Jahren zu beobachtende mediale Formierung. Unter einem Druck dieser Art wird der ohnehin schon enge Mainstream-Korridor zum Laufställchen. In einer solchen Konstellation kann nicht mehr über die Frage diskutiert werden, ob eine russische Bedrohung überhaupt existiert, sondern nur noch darüber, wie ihr am besten zu begegnen wäre.

Ein kalter Krieg, wie wir ihn gegenwärtig erleben, bringt eine innergesellschaftliche beziehungsweise innerstaatliche Polarisierung und Formierung mit sich. Es entsteht eine Wechselwirkung: Zum einen beschränkt die innere Formierung die außenpolitischen

Handlungsspielräume. Selbst wenn Donald Trump ernstlich eine grundlegende Verbesserung der russisch-amerikanischen Beziehungen im Sinn hätte, könnte er sich angesichts des aufgeheizten antirussischen Klimas in seinem Land kaum durchsetzen. Eher steht zu vermuten, dass der innenpolitische Druck ihn nötigt, gerade gegenüber Russland Härte zu zeigen. Zum anderen bleibt Aggressivität nach außen nicht ohne Rückwirkung im Inneren. Auf Dauer tritt eine Gefährdung der inneren Liberalität ein. Die Guten werden von den Bösen, die Freunde von den Feinden geschieden. Wenn die internationalen Spannungen wachsen, wenn tatsächlich Kriegsgefahr be- oder entsteht, dann verschärfen sich auch die innenpolitische Tonlage und Gangart. Die ohnehin schon niedrige Toleranzschwelle gegenüber Dissidenten sinkt weiter ab. Alternativen Kommunikationskanälen, so sie denn größere Resonanz finden, droht Ungemach. Selbst wer eine mittlere und vermittelnde Position einnimmt und sich bemüht, die Dinge differenziert zu beurteilen oder nach Gemeinsamkeiten Ausschau zu halten, kann in die Bredouille geraten und als unsicherer Kantonist geführt werden. »Neutralismus« oder »Äquidistanz« lauteten die entsprechenden Vorwürfe im ersten Kalten Krieg, heute spricht man etwas plakativer von Putin- oder Russland-Verstehern. Und wer gar das direkte Gespräch mit Vertretern der anderen Seite sucht und irgendwo in ihrer Begleitung gesichtet wird, muss sich auf den Vorwurf der »Kontaktschuld« gefasst machen.

Etiketten dieser Art helfen, die Good Guys von den Bad Guys zu unterscheiden. Sie verfügen zwar über eine lange Tradition, haben aber mit der Wirklichkeit in aller Regel nur wenig bis nichts zu tun. Ganz früher war von Ketzern oder Hexen die Rede, im 19. Jahrhundert dann von Unruhestiftern, Aufrührern, Demagogen, Gottesleugnern oder vaterlandslosen Gesellen. In der Weimarer Republik sprach man von Erfüllungspolitikern, in der Bonner Republik von Verzichtspolitikern. Man diffamierte Andersdenkende als Kulturbolschewisten oder Salonkommunisten, verortete sie in einer fünften Kolonne oder unter den nützlichen Idioten. Man beschwor den Konsens und die Solidarität der Demokraten gegen die Verfassungsfeinde, empfahl Gesellschaftskritikern: »Dann geh doch nach drüben, wenn's dir hier nicht passt!«, warnte vor den Sympathisanten des Terrors oder dessen geistigen Wegbereitern. Man schied die guten »Realos« von den bösen »Fundis« oder »Chaoten«. Man war (und ist) schnell bei der Hand mit Vorwürfen wie Rassismus, Antisemitismus oder Antiamerikanismus. Wer unbequeme Fragen stellt, bringt »Hate Speech« oder »Fake News« in Umlauf. Und wer besonderes Pech hat, der wird über Nacht zum Populisten (ob rechts oder links), zum Querfrontler oder Verschwörungstheoretiker erklärt. Es ist immer das gleiche, öde Spiel. Die eigenen Reihen schließen – Störenfriede ausgrenzen. Ein denkbar primitives Verfahren. Vermutlich hätte man es schon längst aufgegeben, wenn es nicht immer wieder so schöne Erfolge zeitigen würde.

Alter und neuer Kalter Krieg

The First Cold War as Tragedy – the Second as Farce. Der erste Kalte Krieg als Tragödie – der zweite als Farce. Das ist der Untertitel eines aktuellen Buches, in dem Jeremy Kuzmarov und John Marciano 2018 die beiden internationalen Konfliktkonstellationen vergleichen.[1] Sie kommen zu dem Ergebnis, der zweite, der neue kalte Krieg sei im Grunde überflüssig und ohne echte Substanz. Das mag man so sehen. Dennoch ist er eminent gefährlich, zumal er sich in einigen wesentlichen Punkten unvorteilhaft vom ersten Kalten Krieg unterscheidet.

Der erste Kalte Krieg war ein struktureller, sowohl ideologischer als auch machtpolitischer Konflikt im internationalen System. Man kann ihn (als Ost-West-Konflikt) bis zur russischen Oktoberrevolution 1917 zurückverfolgen. Der Kalte Krieg im engeren Sinn entwickelte sich seit 1946/47, als sich die Spannungen zwischen der Sowjetunion und den anderen Siegermächten des Zweiten Weltkriegs verschärften. Bestand in der frühen Phase des Kalten Krieges eine eindeutige Überlegenheit der USA (und insoweit ein »unipolarer Moment«), entwickelte sich im Laufe der Zeit eine amerikanisch-sowjetische Parität. Die beiden Führungsmächte und ihre Bündnissysteme hatten ökonomisch, politisch und ideologisch unterschiedliche und prinzipiell unvereinbare Wege eingeschlagen. Beide erhoben den Anspruch, dem jeweils anderen überlegen zu sein und sich auf längere Sicht im globalen Maßstab durchzusetzen. Trotz aller Ungleichgewichte, also beispielsweise technologischer oder ökonomischer Vorsprünge beziehungsweise Rückstände, begegneten sich die Zentralmächte auf Augenhöhe. In den 1960er- oder 70er-Jahren hätte niemand prognostizieren können, welches der Systeme am Ende die Oberhand behalten würde. Die meisten Beobachter gingen davon aus, dass der Ost-West-Konflikt auf Dauer gestellt sei und noch auf lange Zeit das beherrschende Strukturmuster des internationalen Systems bleiben werde.

Der Konflikt durchlief verschiedene Aggregatzustände, Phasen der Spannung (Konfrontation) wie auch Phasen der Entspannung (Kooperation). Trotz mehrerer höchst gefährlicher Situationen kam es in den paktgebundenen Kernstaaten nicht zu einer direkten militärischen Auseinandersetzung oder gar zu einem Nuklearkrieg. Anders sah es in den Ländern der Peripherie oder Semiperipherie aus; hier forderten zahlreiche »Stellvertreterkriege« zig Millionen Opfer.[2] Obwohl viele Staaten dieser Welt während des ersten Kalten Krieges blockfrei blieben, drückte der Konflikt doch dem gesamten internationalen System seinen Stempel auf. Es war auf zwei Führungsmächte ausgerichtet – also bipolar.

Hier liegt ein wesentlicher und gravierender Unterschied zum neuen kalten Krieg. Mit der Auflösung der Sowjetunion (1991) kam auch die bipolare internationale Ordnung zu einem Ende. Ein gutes Jahrzehnt lang bestand eine weithin unangefochtene US-amerikanische globale Hegemonie. Das einstige bipolare System war durch ein unipolares (und einen erneuten »unipolaren Moment« der USA) abgelöst worden. Seit allerdings die US-Hegemonie im Schwinden begriffen ist, befinden wir uns im Übergang zu einer multipolaren Ordnung. Die Frage, wie viele Pole es genau sind oder sein werden, lässt sich noch nicht beantworten. Drei, vier oder noch mehr? Sicher ist, dass wir auf absehbare Zeit mit mindestens drei Polen rechnen müssen: den USA, China und Russland.

Im Unterschied zu den USA und im Unterschied zum ersten Kalten Krieg streben Russland und China keine globale Hegemonie an. Sie präferieren eine multipolare Welt des Leben-und-leben-Lassens. China ist zwar ökonomisch und technologisch expansiv (was sein gutes Recht ist), Russland pocht zwar auf seine nationale Souveränität und Sicherheit, lässt hier und da geopolitische Interessen erkennen und unterstützt Verbündete wie Syrien (was ebenfalls sein gutes Recht ist). Aber keines der beiden Länder strebt eine globale Dominanz an oder eine unipolare Ordnung unter veränderten Vorzeichen. Der neue kalte Krieg und die aktuellen Konflikte im internationalen System rühren letztlich daher, dass zum einen die

USA nicht bereit sind, ihren unipolaren, global-hegemonialen Anspruch aufzugeben, zum anderen China und Russland diesen Anspruch keinesfalls länger dulden wollen oder können. Sie müssen ihm entgegentreten, weil anders ihr Konzept einer multipolaren Welt nicht realisierbar ist.

Das zu diesem Zweck eingesetzte Mittel kennen wir, seit es internationale Politik gibt: China und Russland bilden Gegenmacht. Sie tun dies mit dem Ziel, ein neues Gleichgewicht herzustellen. Jeder halbwegs realistische Beobachter musste früher oder später mit einer solchen Entwicklung rechnen. Die beiden Staaten agieren teils jeder für sich, teils stimmen sie sich untereinander oder mit weiteren Verbündeten ab. Auf diese Weise versuchen sie das eigene Terrain und ihren legitimen Bewegungsspielraum zu sichern. Es geht ihnen darum, die USA in ihre Schranken zu weisen, nicht aber darum, sie aus dem Rennen zu werfen. Es handelt sich also um einen defensiven, nicht um einen offensiven oder aggressiven Ansatz (auch wenn die USA dies anders wahrnehmen und entsprechend propagandistisch ausbeuten).

Vergleicht man das konkrete Agieren beziehungsweise die üblichen Verhaltensmuster Chinas und Russlands mit denen der USA, dann lässt sich die Frage nach den Ursachen der Konflikte relativ leicht beantworten. Es ist offenkundig, dass nicht alle drei Akteure gleichermaßen und in gleicher Weise zum Aufbau der Spannungen beigetragen haben. Vor allem die USA haben die gegenwärtige Zuspitzung zu verantworten und lassen nicht davon ab, weiterhin Öl ins Feuer zu gießen. Russland oder China sind zwar keine Unschuldslämmer, aber man wird ihnen schwerlich vorwerfen können, dass sie in den vergangenen zehn, zwanzig Jahren systematisch auf die derzeitige Konfrontation hingearbeitet haben. Es sind die permanenten Krieger der USA, die Unruhe und Unsicherheit ins internationale System bringen.

Woher diese Aggressivität rührt, werde ich noch ausführlich erörtern. An dieser Stelle nur zwei, drei Bemerkungen zur Frage, ob ich mich mit den gerade getroffenen Aussagen nicht selbst einer »antiamerikanischen« Gesinnung überführe. Zunächst: In einer Zeit, in der das Trump-Bashing im deutschen Medien-Mainstream große Mode ist und selbst eingefleischte Transatlantiker wie der

Zeit-Herausgeber Josef Joffe live und in Farbe über »Mord im Weißen Haus« grummeln, sollte sich der Antiamerikanismus-Vorwurf eigentlich erledigt haben. Sodann: Mit meinen Einschätzungen befinde ich mich, global betrachtet, in guter Gesellschaft. Eine 2013 durchgeführte Umfrage des Worldwide Independent Network of Market Research (WINMR) und von Gallup International unter 66 000 Menschen in 68 Ländern ergab, dass eine deutliche Mehrheit in den USA die Hauptkriegsgefahr sieht.[3] Ähnliche Ergebnisse erbrachte eine Umfrage des Pew Research Center aus dem Jahr 2017.[4]

Zudem – und wichtiger noch: Die meisten Weisheiten, die ich in diesem Buch ausbreite, verdanke ich US-amerikanischen Autoren unterschiedlichster Couleur. Was die großen Fragen nach Krieg und Frieden oder nach der Rolle der USA in der Welt angeht, gibt es zwar gegenwärtig einen geradezu beängstigenden Konsens in den beiden großen Parteien, also bei Republikanern und Demokraten. Aber die Opposition gegen die Dogmen und das Gruppendenken des Establishments ist durchaus vorhanden und scheint zu wachsen, sei es rechts, links oder in der Mitte. Dass diese breite und fundierte Kritik von CNN, MSNBC oder der *Washington Post* ebenso selten zur Kenntnis genommen wird wie von den Mainstream-Medien hierzulande, ändert nichts an ihrer Existenz und ihrer Bedeutung. Gerade in außenpolitischen Fragen kann man eine ermutigende Übereinstimmung zwischen ansonsten sehr unterschiedlichen politischen Kräften beobachten. Wertkonservative, etwa aus dem Umkreis des Magazins *The American Conservative*, haben da praktisch keine Differenzen mit libertären Kriegsgegnern[5] oder mit den meist anti-imperialistischen Autoren der zahllosen links-alternativen Portale und Magazine[6]. Ähnlich sieht es im akademischen Bereich aus: Der Harvard-Politologe Stephen Walt zum Beispiel, ein Vertreter der eher konservativ gestimmten »realistischen Denkschule« in den internationalen Beziehungen, schlug kürzlich sogar vor, die Realisten sollten sich mit den Libertären und den gerade erwachenden demokratischen Sozialisten verbünden, um dem kriegsaffinen Establishment Paroli zu bieten.[7] Ganz sicher mit von der Partie wären da nicht nur einige renommierte Kollegen Walts wie der Chicagoer Politikwissenschaftler John Mearsheimer oder der Osteuropa-Historiker Stephen Cohen[8], sondern auch viele ehemalige Politiker und Diplomaten. Paul Craig Roberts und David Stockman beispielsweise, beide einst hochrangige Mitarbeiter der konservativen Reagan-Regierung, sind heute vehemente und wortmächtige Kritiker der Washingtoner Politik. Das Gleiche gilt für den früheren Präsidentschaftskandidaten Ron Paul, es gilt für Patrick Buchanan, für Reagans Ex-Botschafter in Moskau, Jack Matlock, oder Clintons Verteidigungsminister William Perry.[9] Erst recht gilt es für viele ehemalige Soldaten oder einstige Spitzenkräfte der CIA, der NSA und anderer Geheimdienste, die sich vor einigen Jahren zur Gruppe Veteran Intelligence Professionals for Sanity[10] zusammengeschlossen haben, unter ihnen so beeindruckende Persönlichkeiten wie Ray McGovern, Philip Giraldi oder der frühere technische Direktor der NSA, William Binney. Sie alle sind seit langem unglücklich über die US-Außenpolitik und halten den eingeschlagenen Kurs für fatal. Insbesondere die Konfrontation mit Russland bereitet ihnen größte Sorgen. Es sind Organisationen und Menschen aus diesem anderen (und besseren) Amerika, denen sich meine Darstellung verpflichtet fühlt.

Wie steht's nun mit Russland, dem Lieblingsobjekt westlicher Propaganda? Welchen Zweck verfolgt das antirussische propagandistische Trommelfeuer? Soll es uns, die Lämmer, tatsächlich auf einen Krieg einstimmen?

Eine kriegerische Auseinandersetzung der NATO mit der Nuklearmacht Russland würde Europa unwiederbringlich zerstören, und zwar selbst dann, wenn sie im konventionellen Bereich bliebe. Sollte sie, was wahrscheinlich ist, nuklear eskalieren, würde sie den ganzen Planeten zugrunde richten. Noch in den 1980er-Jahren, als die Friedensbewegung in ihrem Zenit stand, hätte kaum jemand solche Feststellungen in Abrede zu stellen gewagt. Heute hingegen ist im offiziellen sicherheitspolitischen Sprachgebrauch wieder von »Bündnis- und Landesverteidigung« oder »Verteidigungsfähigkeit« die Rede – Begriffe und Konzepte, die schon vor dreißig Jahren anachronistisch waren. Erst recht sind sie es heute, angesichts einer möglichen Konfrontation mit Russland. Der Politikwissenschaftler Wolfgang Schwarz hat kürzlich an diesen Tatbestand erinnert: »Sicherheit vor einer Atommacht wie Russland in einer militärischen Auseinandersetzung ist nicht möglich! Wirkliche Sicherheit vor einer Atommacht wie Russland ist eine Schimäre. Sicherheit vor einer Atommacht wie Russland ist nur mit dieser gemeinsam zu haben.«[11]

Gesetzt den Fall, es gäbe irgendwelche Dr. Strangeloves, die das Risiko dennoch eingehen wollen: Warum sollten sie einen solchen Krieg propagandistisch vorbereiten? Wäre das sinnvoll? Wäre es notwendig? Wäre es überhaupt möglich? Wozu die Massen mobilisieren und sich ihrer Loyalität versichern, wenn man doch diese Massen in einer hochtechnisierten Kriegführung gar nicht mehr braucht? Wäre es nicht viel naheliegender und einfacher, den Krieg vom Zaun zu brechen, ohne die Massen davon überhaupt in Kenntnis zu setzen?

Sollte es tatsächlich zu einem Krieg zwischen Russland und der NATO kommen, dann mit an Sicherheit grenzender Wahrscheinlichkeit nicht aufgrund einer bewussten Angriffsentscheidung einer der beiden Seiten, vermutlich auch nicht als unmittelbare Folge eines sich immer höher schaukelnden Propagandakrieges. Weit plausibler erscheint, dass eine militärische Eskalation (sieht man von einem immer möglichen »Atomkrieg aus Versehen« ab) aus einem konkreten militärischen Zusammenstoß entstünde, etwa in Syrien oder im Baltikum oder in der Ukraine oder im Schwarzen Meer, dort also, wo sowohl Russland als auch die USA und andere westliche Mächte militärisch aktiv sind und bislang einigen Aufwand betreiben, um sich nicht ins Gehege zu kommen. Jede Provokation oder jedes gewollte oder ungewollte Überschreiten von definierten oder nicht definierten roten Linien könnte allerdings zu einer direkten Konfrontation führen, die sich dann nicht mehr stoppen ließe. Es gab in den vergangenen Jahren einige Situationen, in denen ein cholerischer oder paranoider oder einfach nur nervöser politischer Charakter ausreichend Anlass gefunden hätte, »zurückzuschlagen« und möglicherweise eine Kettenreaktion auszulösen.

Erst wenn eine solche Situation einträte, käme der Faktor Propaganda konfliktverschärfend ins Spiel. Das wechselseitige Misstrauen, durch jahrelange Propaganda und Gegenpropaganda gefestigt, würde zu einer zusätzlichen offenkundigen Gefahrenquelle. Die Chance auf Deeskalation wäre gering. Mit Überlegungen, wie ich sie hier gerade anstelle, scheinen sich insbesondere viele Scharfmacher in den Medien oder die notorischen Lehnstuhlkrieger, die munter ihre martialischen Sprüche klopfen, nur ungern zu belasten. Sie gefallen sich darin, die Konfrontation zwischen den USA und Russland anzuheizen, aber sie können auch auf beharrliche Nachfrage nicht erklären, worauf denn dieses ständige Drehen an der Eskalationsschraube am Ende hinauslaufen soll. Und völlig jenseits ihres Vorstellungsvermögens liegt die Frage, wie man eine einmal eingetretene Eskalation abbremsen oder umkehren könnte.

Womit wir bei der Frage wären: Wenn sie nicht der bewussten Kriegsvorbereitung dienen, welchen anderen Sinn und Zweck könnten die gegenwärtigen propagandistischen Exzesse denn wohl erfüllen? Die Antwort lautet: Sie sollen den eigentlichen Krieg ersetzen – natürlich im Verein mit weiteren aggressiven Maßnahmen, wie etwa Sanktionen. Oder anders: Im Fall Russlands ist »der Krieg vor dem Krieg« der eigentliche Krieg. Die Kriegsziele lauten: eine aufstrebende Macht schwächen oder in ihre Schranken weisen; sie destabilisieren, delegitimieren, isolieren; ihre politische Grundorientierung revidieren, ihr politisches Führungspersonal dämonisieren. Die antirussische Propaganda ist letztlich Regime-Change-Propaganda.

Es sollte unmittelbar einleuchten, dass dies ein hochriskantes Unterfangen ist. Wer den Krieg vor dem Krieg als Ersatzkrieg führt, ihn ständig verschärft, ihn immer näher an die Schwelle des großen militärischen Konflikts treibt, der spielt mit dem Feuer.

Der Erste Weltkrieg und die zehn Prinzipien der Kriegspropaganda

Nie habe sich der Journalismus stärker diskreditiert als im Ersten Weltkrieg, sagte der britische Politiker und Friedensaktivist Arthur Ponsonby (1871–1946) zehn Jahre nach Kriegsende. Wiederum 90 Jahre später, im Februar 2017, bemerkte der Nahostkorrespondent Patrick Cockburn, dass im Syrienkrieg (seit 2011) die einseitige, verzerrende Berichterstattung und die Verbreitung fingierter, fabrizierter Nachrichten ein Ausmaß angenommen habe, das nur mit der gewaltigen Desinformation im Ersten Weltkrieg vergleichbar sei.[1] Plus ça change, plus c'est la même chose.

Der erwähnte Arthur Ponsonby war es denn auch, der – unter dem Eindruck des Weltkriegs – seine berühmten zehn Prinzipien der Kriegspropaganda formulierte.[2] Sie lauten:

1. Das feindliche Lager trägt die alleinige Schuld am Krieg.
2. Wir sind unschuldig und friedliebend.
3. Der Feind hat dämonische Züge.
4. Wir kämpfen für eine gute Sache, der Feind für eigennützige Ziele.
5. Der Feind begeht mit Absicht Grausamkeiten, bei uns ist es ein Versehen.
6. Der Feind verwendet unerlaubte Waffen.
7. Unsere Verluste sind gering, die des Gegners aber enorm.
8. Unsere Sache wird von Künstlern und Intellektuellen unterstützt.
9. Unsere Mission ist heilig.
10. Wer unsere Berichterstattung in Zweifel zieht, ist ein Verräter.

Diese Prinzipien werden immer wieder zustimmend zitiert oder finden Bestätigung. Zuletzt hat Anne Morelli sie am Beispiel der jüngeren Kriegsgeschichte veranschaulicht.³ Es handelt sich im Grunde um zehn Variationen des Themas »Wir sind die Guten – Ihr seid die Bösen«.

Greifen wir beispielhaft das 5. Prinzip heraus (Der Feind begeht mit Absicht Grausamkeiten …). Die sogenannte Gräuelpropaganda war im Ersten Weltkrieg von überragender Bedeutung. Sie sagte dem Gegner die fürchterlichsten Kriegsverbrechen nach. Oft gab es dafür reale Anknüpfungspunkte. Die Deutschen etwa waren in Belgien für den Tod Tausender Zivilisten verantwortlich, hatten also tatsächlich gravierende Kriegsverbrechen auf dem Gewissen. Die Alliierten jedoch begnügten sich nicht mit der propagandistischen Ausschlachtung dieser Tatsachen. Das Bureau de la presse, das die Nachrichten in Frankreich kontrollierte, stieß Gräuelgeschichten in so hoher Frequenz aus, dass die Zeitungen sich gar nicht mehr die Mühe machten, sie jeweils mit Schlagzeilen zu versehen. Sie brachten sie Woche für Woche unter der immer gleichen Überschrift *Les Atrocités Allemandes* (Die deutschen Gräuel).⁴ Im Laufe des Krieges wurde es schwieriger, die Moral und Kampfbereitschaft der Truppen aufrechtzuerhalten und für einen stetigen Nachschub an Rekruten, also Kanonenfutter, zu sorgen. Der propagandistische Zugriff wurde immer härter. Die Engländer, so der Journalist Robert Graves mit Blick auf das Jahr 1917, mussten dazu gebracht werden, die Deutschen mehr zu hassen als je zuvor.

Wie in Ponsonbys 8. Prinzip vermerkt, wurden Prominente, Künstler und Intellektuelle für die Sache des Krieges eingespannt, Arthur Conan Doyle zum Beispiel, H.G. Wells, George Bernard Shaw. Wer sich als Kriegsgegner zu erkennen gab (10. Prinzip) und sich entsprechend öffentlich äußerte, hatte hingegen Repressalien zu befürchten. Bertrand Russell wurde seines Postens als Dozent für Mathematik in Cambridge enthoben, sein Pass eingezogen, er durfte zu keiner öffentlichen Versammlung sprechen und verbrachte wegen eines aufrührerischen Artikels sechs Monate im Gefängnis.

Es ist interessant, dass Ponsonby nicht zwischen staatlicher Propaganda und Medienpropaganda unterscheidet. Warum auch? Während des Ersten Weltkriegs agierten beide Hand in Hand. Die Medien kooperierten nach Kräften bei der Verbreitung von Propaganda. Sie waren dem Defence of the Realm Act unterworfen, mithin staatlicher Kontrolle und Zensur. Widerstand gegen solcherlei Vereinnahmung gab es kaum. Im Grunde, so der englische Korrespondent und Buchautor Philip Gibbs 1923, wäre gar keine Zensur erforderlich gewesen, denn: »Wir waren unsere eigenen Zensoren.«[5] Ein einigermaßen realistisches Bild des Blutbades an der Westfront konnte so natürlich nicht entstehen.

Anfänglich hatte die Kriegsbegeisterung in Großbritannien noch zu wünschen übrig gelassen. Doch das änderte sich bald. Nach einem etwas holprigen Start entwickelte sich eine Propagandamaschine, um die das Land von der ganzen Welt beneidet wurde. Sie sollte Joseph Goebbels zwei Jahrzehnte später als Modell für seine eigenen propagandistischen Bemühungen dienen.

Die Medien des Landes waren ein integraler Bestandteil des Propagandasystems. Ein Mann, dessen Einfluss man kaum überschätzen kann, spielte dabei eine Schlüsselrolle: Alfred Harmsworth, der erste Lord Northcliffe. Er war der große Zeitungszar des Landes und, wenn man so will, der Rupert Murdoch des Ersten Weltkriegs. Zu seinem Presseimperium gehörten zahlreiche, auch heute noch präsente Medien, an erster Stelle die Londoner *Times*. 1914 kontrollierte Northcliffe 40 Prozent der Morgenzeitungen, 45 Prozent der Abendzeitungen, 15 Prozent der Sonntagszeitungen. Die britischen Politiker suchten seine Zustimmung und Unterstützung. Northcliffe wiederum nahm gewaltigen Einfluss auf das politische Geschehen bis hin zur Zusammensetzung des Kabinetts. Dass es zum Ersten Weltkrieg kommen würde, hatte für die Northcliffe-Presse schon früh festgestanden, und mit ihren antideutschen Propagandakampagnen tat sie einiges, um jenes aufgeheizte politische Klima zu erzeugen, in dem schließlich der Krieg möglich wurde. Während von dem französischen Premier Georges Clemenceau der Satz überliefert ist, Krieg sei viel zu wichtig, um ihn den Generälen zu überlassen, rief Northcliffe seinen Journalisten zu: »Vertraut den Generälen!« Im Laufe des Kriegs übernahm er zudem wichtige Regierungsfunktionen – stets in Sachen Propaganda – und verfügte über einen persönlichen Zugang zu Premierminister Lloyd George. Die Northcliffe-Presse war an der Wahrheit nicht interessiert, so der Medienwissenschaftler John Jewell. Sie sah ihre

Aufgabe darin, die Realität des Krieges von der Bevölkerung fernzuhalten.[6]

Die Realität des Krieges von der Bevölkerung fernhalten! Dies ist ein fundamental wichtiger Aspekt der Kriegspropaganda, der in Ponsonbys zehn Prinzipien nicht auftaucht. Das ist erstaunlich, denn Kriegspropaganda diente und dient nicht nur dem aggressiven Feindbildaufbau und der Feindbildpflege. Eine ihrer wichtigsten Aufgaben bestand damals und besteht heute in einer geradezu haarsträubenden Nachrichtenunterdrückung. Mit anderen Worten: Vor und während eines Krieges sind die etablierten Medien eines kriegsbeteiligten Landes vor allem eines: Lückenmedien. Der Erste Weltkrieg zeigte: Wollte man den Krieg in Gang halten, mussten den Menschen immer neue Opfer abverlangt werden. Zu diesen Opfern wären sie aber nicht bereit gewesen, wenn das Geschehen an der Westfront in seinem ganzen Ausmaß und Schrecken bekannt geworden wäre. Also wurde verschleiert und schöngeredet. Es setzte, wie Phillip Knightley wörtlich schreibt, eine »große Verschwörung« ein, an der Politik, Militär und Medien beteiligt waren.[7]

Der deutsche Erfolg während der »Grenzschlachten« zwischen dem 14. und 25. August 1914 forderte ungefähr 300 000 französische Opfer, fast ein Viertel der gesamten Streitmacht. Berichtet wurde über dieses Desaster nicht; erst nach Kriegsende wurde es bekannt. Von Lord Northcliffes Flaggschiff, der Londoner *Times*, wurde die eklatante Nachrichtenunterdrückung rückblickend sogar verteidigt. Denn, so das Argument, wäre den Briten bekannt geworden, dass die französischen Verbündeten im ersten Monat des Krieges ein Viertel ihrer Armee verloren hatten, hätte das ihre Kampfbereitschaft deutlich geschwächt. Entsprechendes geschah im Angesicht der Schlacht von Tannenberg Ende August 1914, in der drei russische Armeekorps ausgelöscht wurden; auch diese Katastrophe wurde in den Zeitungen der britischen und französischen Verbündeten verschwiegen und erst nach dem Krieg erzählt.

Der britische Kriegspremier Lloyd George berichtete von einem Dinner für den schon erwähnten Kriegskorrespondenten Philip Gibbs, der gerade von der Westfront zurückgekehrt war. Gibbs habe eine höchst eindrucksvolle und bewegende Schilderung dessen gegeben, was Krieg im Westen wirklich bedeutete. Seine Zuhörerschaft – abgehärtete Politiker und Journalisten – sei tief betroffen gewesen. »Wenn die Menschen wirklich Bescheid wüssten«, so Lloyd Georges Fazit, »wäre der Krieg morgen zu Ende. Aber natürlich wissen sie es nicht und können es nicht wissen. Die Korrespondenten schreiben es nicht, und die Zensur würde die Wahrheit nicht durchlassen.«[8] Ein blutiges, ein unerträgliches Geschäft sei das, so der Premier, er würde lieber zurücktreten.

Das war sie, die Verschwörung, von der Knightley spricht.

Die Nachrichtenunterdrückung im Ersten Weltkrieg war in der Geschichte der Kriegsberichterstattung kein Einzelfall. Im Zweiten Weltkrieg gelang es der US Navy ein halbes Jahr lang, Informationen über japanische Kamikaze-Attacken auf amerikanische Schiffe unter der Decke zu halten. Und als es am 16. Juli 1945 in New Mexico zu einer gewaltigen Explosion kam (die erste Atombombe war getestet worden), erzählte die US-Regierung der Presse, es sei lediglich ein Munitionsdepot in die Luft geflogen.

Wenn es je einen Krieg gab, der umfassendste Berichterstattung verdient gehabt hätte, war es der deutsch-sowjetische von 1941–1945. Doch die Ostfront gehörte zu jenen Kriegsabschnitten des Zweiten Weltkriegs mit der schlechtesten und lückenhaftesten journalistischen Bearbeitung. Die Belagerung Leningrads, die Schlachten um Moskau oder Sewastopol, die Panzerschlacht von Kursk, das Massaker im Wald von Katyn, die Kollaboration Hunderttausender sowjetischer Bürger mit der deutschen Wehrmacht – über all dies wurde gar nicht oder nur sehr unvollständig informiert. Auch andernorts zeigte sich der Journalismus hoffnungslos überfordert. Der japanischen Aggression gegen China wurde lediglich die Ausnahmegestalt Edgar Snow gerecht, alle anderen nicht. Die amerikanische Öffentlichkeit blieb vom chinesischen Kriegsschauplatz beinahe vollständig abgeschottet. Auch das wahre Ausmaß der Verluste nach dem japanischen Angriff auf Pearl Harbor wurde der amerikanischen (und britischen) Öffentlichkeit verschwiegen; die Vertuschungsbemühungen setzten sich sogar nach Ende des Krieges noch fort. Ähnlich verhielt es sich mit den Atombombenabwürfen auf Hiroshima und Nagasaki; die Medienhoheit lag zunächst bei den politisch und militärisch Verantwortlichen, und es dauerte Wochen, bis erste authentische Berichte eintrafen.

Es war nicht primär die (in allen Ländern herrschende) Kriegszensur, die Journalisten dazu brachte, keinesfalls aus den vorgeschriebenen Bahnen auszuscheren. Es war vielmehr deren feste innere Überzeugung, dass es so richtig sei und im nationalen Interesse liege. Man habe sich als Teil der Kriegsanstrengungen verstanden, sagte John Steinbeck. Er und seine Kollegen seien keine Lügner gewesen – jedoch, so Steinbeck: »Die Unwahrheit liegt in dem, was man verschweigt.«[9]

Während des Koreakriegs (1950–1953) war die Zensur derart hart und der Meinungskorridor infolge der zeitgleichen antikommunistischen Hysterie in den USA derart eng, dass investigative Journalisten vom Schlage eines I.F. Stone vor größten Schwierigkeiten standen. Stone bot sein Buch *The Hidden History of the Korean War* insgesamt 28 Verlagen vergeblich an, bis endlich die linke *Monthy Review Press* das Risiko einer Publikation einging. Ähnliche Erfahrungen machte Reginald Thompson mit seinem in Großbritannien veröffentlichten Buch *Cry Korea*, das in den USA nicht erscheinen konnte.

Ein weiteres eklatantes Beispiel für großflächige Nachrichtenunterdrückung und gezielte Desinformation ist der französische Krieg in Algerien (1954–1962). Die wenigen Korrespondenten und Redakteure, die damals versuchten, der Wahrheit auf die Spur zu kommen und sie auszusprechen, wurden schikaniert, vertrieben, verhaftet und in mindestens einem Fall auch gefoltert. Zeitungen wurden beschlagnahmt, Bücher unterdrückt (so etwa Henri Allegs *La Question*), auf Pressebüros wurden Bombenanschläge verübt. Die Franzosen haben nicht erfahren, was in Algerien vor sich ging, weil die Presse bis auf wenige rühmliche Ausnahmen ihrer Pflicht nicht nachgekommen oder von der Staatsmacht daran gehindert worden ist. Erst zehn Jahre nach Kriegsende, Anfang der 1970er-Jahre, begann die französische Öffentlichkeit zu begreifen, dass sie über den Krieg systematisch in die Irre geführt worden war. In jener Zeit kamen neue Informationen ans Tageslicht, es wurden Bücher und Filme zum Thema publiziert.

Der wohl unglaublichste Fall von Nachrichtenunterdrückung im Zusammenhang mit dem Algerienkrieg war ein furchtbares Ereignis, das als »Massaker von Paris« in die Geschichte eingegangen ist. Am 17. Oktober 1961 versammelten sich mehrere zehntausend Algerier zu einer zwar illegalen, aber friedlichen Demonstration in der französischen Hauptstadt; dazu aufgerufen hatte die algerische Unabhängigkeitsbewegung FLN. Polizei, Gendarmerie und Bereitschaftspolizei gingen mit äußerster Brutalität gegen die Demonstranten vor. Der Kommandeur der Einsatzkräfte, der berüchtigte Polizeipräfekt und ehemalige Nazi-Kollaborateur Maurice Papon, hatte einen Schießbefehl erteilt. Mindestens 200 Menschen, vermutlich aber deutlich mehr, wurden erschossen, erschlagen oder in der Seine ertränkt. Der Historiker Jean-Luc Einaudi geht von fast 400 Opfern aus. Über das Blutbad im Herzen des angeblich demokratischen und rechtsstaatlichen Frankreich wurde in den Medien faktisch nicht berichtet. Das ungeheuerliche Ereignis wurde totgeschwiegen. Und es ist trotz aller inzwischen erfolgten Aufklärungen und Schuldeingeständnisse (etwa durch den ehemaligen Präsidenten François Hollande) bis heute in Frankreich kein tabufreies Thema.

Massentäuschungswaffen und Massenzerstreuungswaffen

Wie sollen Menschen aus der Geschichte lernen, wenn sie die Geschichte nicht oder nur lückenhaft kennen? Oder wenn man ihnen wesentliche historische Erkenntnisse vorenthält? Oder man ihnen Ereignisse und Entwicklungen nur hochselektiv vermittelt? Wenn also an die eine Geschichte immer wieder gerne erinnert wird (sagen wir: an die deutsche Wiedervereinigung oder die Machenschaften der Stasi), an die andere jedoch nicht (sagen wir: an US-Kriegsverbrechen in Indochina oder die politischen Morde der CIA)? Oder wenn manches, an das wir uns unbedingt erinnern sollten, gar nicht erst ins kollektive historische Gedächtnis Eingang findet, sondern in einem Orwell'schen Gedächtnisloch verschwindet? Oder wenn historische Wahrheiten aus klar erkennbaren politischen Motiven gezielt revidiert oder manipuliert werden?

Anfang August 2018 zeigte Arte den 90-minütigen US-Dokumentarfilm *The Bomb* über die Geschichte der Atombombe. Er schildert deren Entwicklung als glanzvolles, heroisches Kapitel der Wissenschafts- und Technikgeschichte, zugleich als ein von Notwendigkeiten diktiertes, alternativloses Projekt. Man habe die Bombe konstruieren müssen, um Adolf Hitler zuvorzukommen, man habe sie einsetzen müssen, weil die Japaner partout nicht hätten kapitulieren wollen. Von den Opfern in Hiroshima und Nagasaki war kaum die Rede. Der Film war ein apologetisches Machwerk zur besten Sendezeit, eine dreiste Geschichtsklitterung, die auch den *FAZ*-Kritiker Axel Weidemann konsternierte: »Wenn dieser einseitige Blick alles sein soll, was einem öffentlich-rechtlichen Sender zu den Jahrestagen des Atombombenabwurfs (deren Bedeutung nicht abgenommen hat) einfällt, sieht es finster aus.«[1]

Bleiben wir beim Zweiten Weltkrieg! Wie oft mag wohl inzwischen in Hauptnachrichtensendungen von ARD und ZDF anlässlich historischer Gedenktage der Eindruck erweckt worden sein, die Landung der Westalliierten in der Normandie (6. Juni 1944) habe diesen Krieg entschieden? Die Bedeutung der zeitgleich abgelaufenen sowjetischen Operation Bagration[2] dürfte den ARD/ZDF-Konsumenten hingegen weniger vertraut sein, obwohl sie doch das Ende der Heeresgruppe Mitte herbeiführte und die schwerste und verlustreichste Niederlage der deutschen Militärgeschichte darstellt. Die USA haben reichlich spät eine zweite Front eröffnet. Niemand bestreitet, dass sie 1944/45 einen willkommenen Kriegsbeitrag geleistet haben. Entschieden aber hat den Krieg niemand anderes als die Rote Armee. Ähnlich war es auf dem asiatischen Kriegsschauplatz. Auch hier waren es nicht die USA, sondern die Chinesen, die ein enormes, schier unfassbares Opfer erbracht haben.

Die USA gingen als der große Sieger aus dem Zweiten Weltkrieg hervor. Legt man ihre Kriegsverluste (gut 400 000 Todesopfer gegenüber 27 Millionen der Sowjetunion) zugrunde, dann verkörperten sie »unterm Strich die effizienteste Kriegsmaschine alle Zeiten« – so der US-Historiker William Appleman Williams. Und weiter: »Im Zweiten Weltkrieg ... schossen die Russen und Chinesen das Kapital vor, und die Amerikaner sprengten die Bank.«[3]

»Diejenigen, die sich nicht an die Vergangenheit erinnern können, sind dazu verurteilt, sie zu wiederholen«, sagte der Philosoph George Santayana (1863–1952). Und F. Scott Fitzgerald ergänzte mahnend: »Wir können es uns nicht erlauben, die Vergangenheit zu wiederholen.«[4] Ob es uns gelingt, neue Wege einzuschlagen oder ob wir als Wiederholungstäter enden werden, möglicherweise atomar verglüht, das hängt entscheidend – ich würde sogar sagen: primär – von unserem kollektiven historischen Gedächtnis ab und vom historischen Gedächtnis derer, die in unserem Namen Entscheidungen über Krieg und Frieden treffen.

Wir, die potenziellen Opfer, sollten uns keinesfalls auf die Weisheit der Regierenden verlassen. Wir sollten vielmehr jenen zuhören, die wissen, wovon sie reden, und es gut mit uns meinen. Das Löschen, das Verzerren, das Verwerfen und Entwerten von Geschichte und historischer Erfahrung, sagte George Orwell, sei eine zentrale Dimension der »Gedankenkontrolle«. Und: »Wer die Vergangenheit beherrscht, beherrscht die Zukunft, wer die Gegenwart beherrscht, beherrscht die Vergangenheit.«[5]

Nach meiner Überzeugung ist dies einer der wichtigsten, klügsten und aufklärerischsten Sätze, die je geschrieben wurden. Orwell formuliert hier eine Erkenntnis, die wir uns jeden Tag in Erinnerung rufen und ständig präsent haben sollten. Er benennt in klaren Worten die wirksamste Manipulationsmethode überhaupt. Sein Satz ist eine Mahnung, die man gar nicht ernst genug nehmen kann. Aber er enthält auch eine Handlungsanweisung: Wir, die potenziellen Opfer, müssen die Manipulation der Geschichte (und die Manipulation mithilfe der Geschichte) erkennen und entlarven. Wir müssen die Macht über die Geschichte, über unsere Geschichte, (zurück-) gewinnen. Ohne aufgeklärtes historisches Bewusstsein können wir weder die Gegenwart noch die Zukunft autonom und friedlich gestalten.

George Orwell ist bekanntlich der Autor von *Nineteen-Eighty-Four* (publiziert 1949), einer der beiden großen Dystopien des 20. Jahrhunderts. Die andere, *Brave New World* (1932), stammt von seinem Landsmann Aldous Huxley. Vor dem Hintergrund der großen totalitären Systeme des 20. Jahrhunderts schien es lange so, als habe Orwell die überlegene Vision vorgelegt. Mitte der 1980er-Jahre begann – nicht zuletzt unter dem Einfluss des amerikanischen Medienkritikers Neil Postman – ein Umdenken. In seiner 1985 erschienenen Streitschrift *Wir amüsieren uns zu Tode* verglich Postman die beiden Romane und ihre Autoren: Während Orwell vor der Unterdrückung durch eine »äußere Macht« warne, die den Menschen ihre individuelle Autonomie, ihre Einsichten und ihre Geschichte raube, sei Huxley der Ansicht gewesen, dass regelrechte Repression gar nicht erforderlich sei. Irgendwann, so seine These, würden die Menschen anfangen, ihre Unterdrückung zu lieben, und die Techniken verehren, durch die sie entmündigt und beherrschbar werden.

»Orwell fürchtete diejenigen, die Bücher verbieten. Huxley befürchtete, daß es eines Tages keinen Grund mehr geben könnte,

Bücher zu verbieten, weil keiner mehr da ist, der Bücher lesen will. Orwell fürchtete jene, die uns Informationen vorenthalten. Huxley fürchtete jene, die uns mit Informationen so sehr überhäufen, daß wir uns vor ihnen nur in Passivität und Selbstbespiegelung retten können. Orwell befürchtete, daß die Wahrheit vor uns verheimlicht werden könnte. Huxley befürchtete, daß die Wahrheit in einem Meer von Belanglosigkeiten untergehen könnte.«[6]

Neil Postman war der Ansicht, dass Huxleys Analyse – obwohl ungefähr 15 Jahre früher erschienen – den realen Verhältnissen näher komme als die Orwells. Aber: Schließen sich die Dystopien Huxleys und Orwells wechselseitig aus? Könnten nicht beide Autoren Recht behalten haben, jeder auf seine Weise, und jeder, weil er eine wichtige Teilwahrheit erkannt hatte? Ich bin überzeugt, dass sich die Wahrnehmungen Huxleys und Orwells ergänzen, dass also in unseren Gesellschaften beides geschieht:

- Erstens werden wir durch propagandistische Techniken getäuscht (Orwell): also desinformiert, belogen, mit Halbwahrheiten abgespeist oder durch die Unterdrückung von Nachrichten im Unklaren gelassen.
- Zweitens werden wir durch propagandistische Techniken zerstreut (Huxley): also vom Wesentlichen abgelenkt, mit Belanglosigkeiten überflutet, mit Pseudoproblemen beschäftigt, mit Unterhaltungsangeboten aller Art bei Laune gehalten.

Der größte Teil dieser beiden Propagandatypen wird über die etablierten Massenmedien transportiert. Im Vorfeld des Irakkriegs 2003 haben viele dieser Medien das Lügenmärchen von den Weapons of Mass Destruction, den Massenvernichtungswaffen Saddam Husseins, verbreitet. In Anlehnung daran – und im Gegenzug – kann man unsere Medien als Weapons of Mass Deception, also Massentäuschungswaffen, und als Weapons of Mass Distraction, also Massenzerstreuungswaffen, bezeichnen.

Täuschung und Zerstreuung finden statt im Dienste derer, denen diese Medien gehören, oder derer, die sie kontrollieren. In Kriegs-

oder Vorkriegszeiten sind von Seiten der etablierten Massenmedien keine verlässlichen Beiträge zur Friedenssicherung mehr zu erwarten. Wenn sich Politik und Militär auf den Kriegspfad begeben, tragen auch herrschaftsnahe Journalisten die Kriegsbemalung auf. Friedensjournalismus hat dann ausgedient.

Die Propaganda der Massentäuschung beziehungsweise Massenzerstreuung kann aktivieren oder passivieren. Aktivieren bedeutet: aufwiegeln, für Empörung sorgen, zum Handeln aufreizen. Passivieren bedeutet: ruhigstellen, ablenken, das Abwarten oder Resignieren fördern.

Das Propagandasystem aus Massentäuschung und Massenzerstreuung hat sich über einen sehr langen Zeitraum entwickelt, ist heute enorm leistungsfähig und sollte keine Sekunde unterschätzt werden. Aber – und das ist die gute Nachricht – es hat den Zenit seiner Leistungsfähigkeit überschritten. Es gehört zu den erfreulichsten Entwicklungen der letzten Jahre, dass Propaganda im Allgemeinen und Kriegspropaganda im Besonderen immer öfter an Grenzen stoßen, also ihre Ziele nicht oder nur noch teilweise erreichen. Das liegt nicht nur an der Ausbreitung und wachsenden Reichweite alternativer Medien. Es liegt auch und vor allem an der tiefen Krise des politischen, ökonomischen und sozialen Systems, dessen Teil diese Propaganda ist. Gerät das System in die Krise, tut es auch die systemkonforme Propaganda. Häufen sich die Fälle von Systemversagen, tun es auch die Fälle von Propagandaversagen. So machtvoll Propaganda, insbesondere kriegsvorbereitende Propaganda, nach wie vor ist – allmächtig war sie nie, und sie ist es heute weniger denn je. Das eröffnet allen, die für eine friedliche, freie und multipolare Welt streiten, große Chancen. Da sich die etablierten Mächte nicht kampflos geschlagen geben werden und über einen ausgedehnten Repressionsapparat verfügen, birgt diese Entwicklung allerdings auch akute Gefahren für Frieden, Freiheit und Pluralität.

Halten wir an dieser Stelle kurz inne. Auf den vorangegangenen Seiten habe ich einige wesentliche Themen und Thesen dieses Buches vorgestellt. Rekapitulieren wir also kurz und blicken voraus! Die jetzt folgenden historischen und aktuellen Betrachtungen werden sich alle um die bislang angesprochenen Aspekte drehen:

- um den Zusammenhang zwischen Krieg und Kriegsvorbereitung auf der einen, Massentäuschung und Massenzerstreuung auf der anderen Seite,
- um Geschichtsvergessenheit, Geschichtsrevisionismus und Geschichtsklitterung im Dienste kriegsvorbereitender Propaganda,
- um die Möglichkeiten, sich durch Geschichtsbewusstsein gegen Kriegspropaganda zu schützen sowie Kriegspropaganda durch historische Aufklärung zu konterkarieren,
- um Nachrichtenunterdrückung und -fälschung sowie um das systematische Messen mit zweierlei Maß als unabdingbare Voraussetzungen für Feindbildaufbau und -pflege
- um den Niedergang der etablierten Medien und ihrer journalistischen Qualität in Zeiten permanenter Kriege (und als Folge dieser Kriege),
- um die Zusammenhänge zwischen wachsender staatlicher Aggression nach außen und zunehmender Repression im Inneren,
- um die Chancen und Gefahren einer manifesten Systemkrise, die zugleich (und immer auch) eine Medien- und Propagandakrise ist.

Massentäuschung: wie sich die Vorzeichen von heute auf morgen ändern

George Orwell beschreibt in seinem Roman *1984* eine dreipolige Welt des permanenten Kriegs. Die Großstaaten Ozeanien, Eurasien und Ostasien halten sich wechselseitig in Schach und im Gleichgewicht. Selbstverständlich betreiben sie auch jede Menge Propaganda. Mit der »Hasswoche« gibt es in Ozeanien sogar eine Einrichtung, die man als Mitmach-Propaganda bezeichnen könnte. Ziel ist es, den Hass möglichst intensiv zu spüren. Die Hasswoche ist ein großes, kollektives Erlebnis, das mit Reden, Zeitungsartikeln oder Plakaten angestachelt wird und auf einen großen Schluss- und Höhepunkt zuläuft, die Hinrichtung von 2 000 Kriegsgefangenen.

Winston Smith, die Hauptfigur des Romans, ist Augen- und Ohrenzeuge, als die Bevölkerung Ozeaniens wieder einmal ihren Hass gegen den Feind Eurasien auslebt. Bis zum vorletzten Tag der Hasswoche verläuft alles normal. Dann geschieht Unerwartetes. Winston beobachtet, wie einem Parteifunktionär, der schon seit 20 Minuten eine Hetzrede gegen Eurasien hält, ein Zettel zugesteckt wird. Ohne seine Tirade zu unterbrechen, liest er den Zettel und wechselt sodann ohne weitere Erklärung die Pferde, also das Hassobjekt. Der Zettel enthielt eine wichtige Information: Die Kriegskonstellation hatte sich geändert. Statt gegen Eurasien führte man jetzt gegen Ostasien Krieg (mit dem einstigen Kriegsgegner Eurasien war man hingegen verbündet). Der Funktionär passt seine Hetzrede ohne weitere Erklärung den neuen Gegebenheiten an. Das Publikum nimmt den Richtungsumschwung ohne sonderliche Irritation zur Kenntnis.

Auch in der Wirklichkeit sind Propagandisten überaus dreist und zu jeder Schandtat bereit. Nehmen wir den deutsch-sowjetischen Krieg (1941–1945) und seine Vorgeschichte. Der NS-Staat hatte zu Beginn gegenüber der Sowjetunion immer wieder einen gewissen Pragmatismus an den Tag gelegt. Seit Mitte der 1930er-Jahre wurde diese Flexibilität allerdings konterkariert oder überlagert durch einen immer heftiger tobenden antibolschewistischen Propagandakrieg. Insbesondere die NSDAP-Parteitage zwischen 1935 und 1937 zeigten eine vehement antibolschewistische Stoßrichtung.[7]

Doch dann kam der 23. August 1939. Bei allen, die bislang fleißig an der antisowjetischen und antirussischen Feindbildproduktion mitgewirkt hatten, sorgte dieser Tag für Verwirrung. Da wurde völlig überraschend der Abschluss eines deutsch-sowjetischen Nichtangriffspaktes verkündet. Obendrein wurde er vom Parteiorgan *Völkischer Beobachter* auch noch als »Wiederherstellung eines natürlichen Zustandes« gewürdigt. »Von einem Tag zum anderen«, so der Historiker Manfred Weißbecker, »brach für viele ein Weltbild zusammen …« Literatur, die bislang im Propagandakrieg verwendet worden war, schien vollständig wertlos geworden zu sein. Öffentliche Hinweise, die an die frühere Linie erinnerten, wurden entfernt. Einen Tag nach Abschluss des Vertrages notierte Goebbels in sein Tagebuch, die Frage des Bolschewismus sei »im Augenblick von untergeordneter Bedeutung«, man sei in Not und fresse »des Teufels Fliegen«.[8]

Am 22. Juni 1941 dann die erneute Kehrtwende! Mit dem Überfall auf die Sowjetunion wurde »die antibolschewistische Walze« – so Goebbels – wieder aufgelegt. Weil man wusste, dass man dem Publikum damit einiges zumutete, legte man den Schalter nicht mit einem Schlag um, sondern verschärfte die propagandistische Gangart nach und nach. In der Anfangsphase des Kriegs vermied man auch noch die rassistischen Parolen vom »slawischen Untermenschen«.[9] Man bedenke: Der furchtbarste Krieg der Menschheitsgeschichte hatte keinen unmittelbaren propagandistischen Vorlauf. Knapp zwei Jahre lang – vom August 1939 bis zum Juni 1941 – war die Propagandamaschine auf Standby geschaltet oder lief nur extrem untertourig.

Eine derartige Politik der veränderten Vorzeichen ist keineswegs nur eine Spezialität skrupelloser Diktaturen und auch keineswegs ein bloßes Phänomen einer ferneren Vergangenheit. Saddam Hussein oder Muammar al-Gaddafi hatten – bevor sie hingerichtet beziehungsweise bestialisch massakriert wurden – westliche Politiker auch schon von einer einnehmenderen Seite kennengelernt. Der eine war lange ein geschätzter Bündnispartner, der andere wurde zumindest zeitweise von führenden Vertretern der westlichen Wertegemeinschaft offen hofiert – bis schließlich die damalige US-Außenministerin Hillary Clinton mit ihrem berühmt-berüchtigten Ausruf »We came, we saw, he died« frohlockte.

Massenzerstreuung: wie Wichtiges unwichtig wird

Es dürfte gegenwärtig kaum einen Menschen geben, der mehr Sachkenntnis über Nuklearwaffen und die Gefahren eines Nuklearkriegs besitzt als der frühere US-Verteidigungsminister William J. Perry. Er ist ein »defense intellectual«, ein Mann, der über Jahrzehnte auf beiden Seiten des US-amerikanischen militärisch-industriellen Komplexes gearbeitet hat: als Wissenschaftler, als Unternehmer, als Politiker. Während der Kuba-Krise gehörte er zu den Beratern von Präsident Kennedy, unter Jimmy Carter trat er ins Verteidigungsministerium ein, in der ersten Amtszeit von Bill Clinton war er Pentagon-Chef.

Perry weiß also wie kaum ein anderer, wovon er spricht, wenn er seit vielen Jahren unermüdlich vor den Gefahren einer atomaren Eskalation warnt. Er vergleicht uns, vor allem unsere führenden Politiker, mit Schlafwandlern, die dabei seien, in eine globale nukleare Katastrophe zu schlittern. Ende 2015 veröffentlichte William Perry ein eindringliches Buch unter dem Titel *My Journey at the Nuclear Brink*.[10] Anlässlich des 72. Jahrestags der Atombombenabwürfe auf Hiroshima und Nagasaki führte er ein gut halbstündiges Interview mit dem auch hierzulande bekannten Journalisten Robert Scheer, der das alternative Informationsportal Truthdig verantwortet.[11] Einige Gedanken aus diesem bemerkenswerten Gespräch:

William Perry ist überzeugt, dass die Gefahr eines Nuklearkriegs heute deutlich größer ist als zu Zeiten des ersten Kalten Kriegs. In den 1960er-, 70er- oder 80er-Jahren hatten wir, sagt er, ein wesentlich stärker ausgeprägtes Gefahrenbewusstsein und größere Sachkenntnis. Und wir hatten eine ernsthafte Abrüstungs- und Rüstungskontrolldebatte; es ist gelungen, beachtliche praktische Schritte zur Reduktion und Kontrolle zu tun. Inzwischen aber, so Perry, sei das Thema in den Hintergrund gedrängt worden und ein tieferes Verständnis der Problematik abhandengekommen. Das gelte insbesondere für die jüngere Generation, die den ersten Kalten Krieg nicht bewusst miterlebt hat.

Die größte aktuelle Gefahr droht für Perry aus dem zerrütteten Verhältnis zwischen den USA und Russland. In seiner Ursachenanalyse gibt er dem Westen die Hauptschuld an dieser gefährlichen Zuspitzung. Insbesondere die NATO-Osterweiterung hält er für einen schwerwiegenden Fehler. Diese Entscheidung habe die Beziehungen zu Russland nachhaltig beschädigt.[12] Als in der zweiten Amtszeit Clintons die Osterweiterung in Gang gesetzt wurde, hatten sich renommierte amerikanische Politiker, Diplomaten und Wissenschaftler in einer gemeinsamen Erklärung zu Wort gemeldet und schwerste Einwände geltend gemacht.[13] Das Vorhaben, so sagten sie, sei »ein politischer Fehler von historischer Dimension«. Perry teilte und teilt diese Einschätzung und versuchte als Verteidigungsminister, Clinton von seinem Vorhaben abzubringen. Er scheiterte – wohl ein wesentlicher Grund für sein Ausscheiden aus

WESTEND

Frühjahr 2019   **Bücher für die Wirklichkeit**

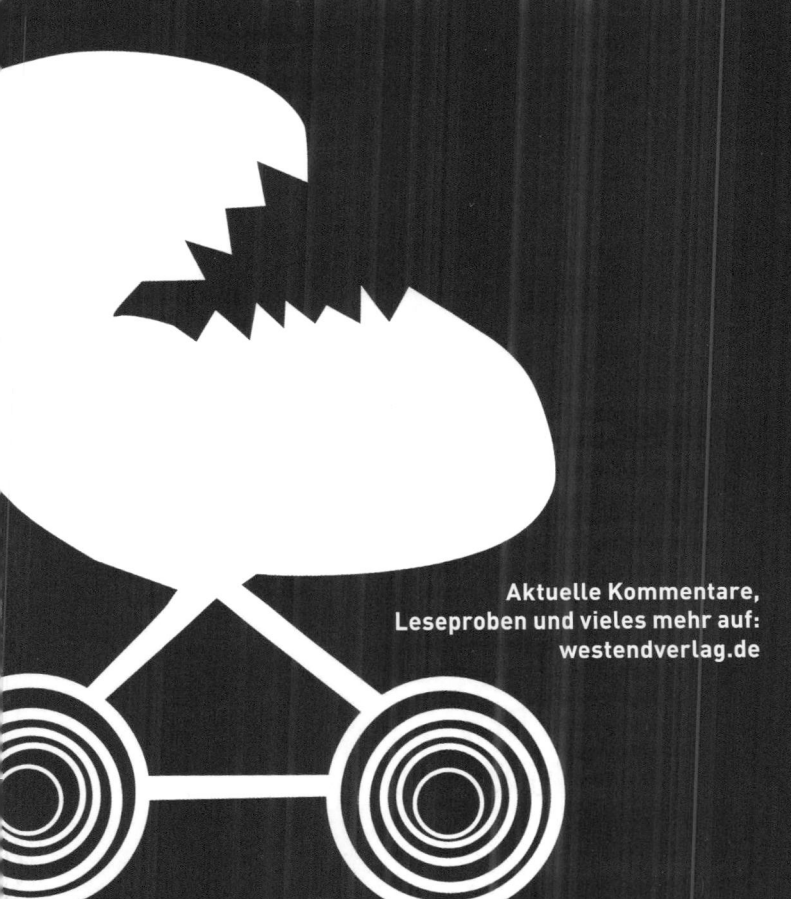

Aktuelle Kommentare,
Leseproben und vieles mehr auf:
westendverlag.de

+++ **Unsere aktuellen SPIEGEL-BESTSELLER** +++

„Eine so schmerzhafte wie brillante Endoskopie des gegenwärtigen politischen Systems. Mausfeld ist ein Volksaufklärer in der Denktraditton Humboldts, Deweys und Chomskys… ein Weckruf zur rechten Zeit."

NZZ

„Ein leidenschaftlicher Appell, gegen die Herren der Menschheit aufzustehen!"

ARD titel, thesen, temperamente

„Küchengott auf Kriegspfad"
DER SPIEGEL

„Johannes Bröckers hat ein wütendes Buch über Amazon geschrieben (…) und darüber, warum bei Jeff Besoz kein Platz für soziale Gedanken ist."

Frankfurter Rundschau

Infos, Leseproben, Kommentare unserer Autoren, Newsletter anfordern auf: westendverlag.de

Stand: Februar 2019. Änderungen vorbehalten.   f /westendverlag der Regierung.[14] Zudem missbilligt Perry den Aufbau eines Raketenabwehrsystems in Osteuropa. Dies sei der zweite verhängnisvolle Schritt des Westens gewesen. Auf die berechtigten russischen Einwände habe der Westen arrogant reagiert: »Was könnt ihr schon dagegen tun? Ihr seid heute eine unbedeutende Macht.«

Seit seinem Ausscheiden aus der Politik ist William Perry nicht müde geworden, die wachsende Atomkriegsgefahr ins Bewusstsein zu bringen. So hat er das William J. Perry Project ins Leben gerufen, mit dem er versucht, möglichst viele Menschen mit einer Problematik, die sein eigenes Leben seit Jahrzehnten bestimmt, vertraut zu machen.[15] Auf der Projekt-Website findet man auch Informationen zu dem von der UNO am 7. Juli 2017 mit großer Mehrheit beschlossenen Vertrag über ein Atomwaffenverbot. Die neun Atomwaffenstaaten und sämtliche NATO-Mitgliedsländer wollen freilich von dem Abkommen nichts wissen. Viele unserer Politiker und Medien haben sich über die UNO-Initiative despektierlich geäußert. Sie halten die Idee eines Atomwaffenverbots für »unrealistisch« oder gar »schädlich«. Die *Neue Zürcher Zeitung* schrieb am 30. Juni 2017 ironisch von einem »Aufstand der ›nuklearen Habenichtse‹«. William Perry ist nicht der einzige Experte, der das völlig anders beurteilt.

Warum fristet ein überragender Sachkenner wie er mit seinem eminent bedeutsamen, lebens- und überlebenswichtigen Anliegen eine mediale Randexistenz? Warum kennen wir alle Dieter Bohlen, Heidi Klum und Dr. Eckart von Hirschhausen? Warum nicht William Perry? Warum fragen wir die Maus – aber nicht ihn? Weil es sich bei unseren Medien um Massenzerstreuungswaffen handelt, die uns nicht das präsentieren, was wirklich relevant ist und uns angeht. Stattdessen führen sie uns Tag für Tag – und im Wortsinn – auf Nebenkriegsschauplätze aller Art.

Wer die Macht über die Geschichte hat, Teil 1: Deutschland

Der hässliche Deutsche: Gauck auf der Westerplatte

Nazi-Deutschland hatte seinen Überfall auf die Sowjetunion in den Morgenstunden des 22. Juni 1941 selbstverständlich und wie üblich nicht als einseitige Offensivaktion deklariert, sondern als Gegenangriff, als Reaktion auf angebliche sowjetische Verfehlungen verbrämt. So war es auch schon im Falle Polens gewesen – ein Überfall, der mit viel propagandistischem Aufwand als Antwort inszeniert wurde (»seit 5 Uhr 45 wird jetzt zurückgeschossen«). Das war am 1. September 1939.

Auf den Tag genau 75 Jahre später gedachte der damalige Bundespräsident Gauck in einer Rede auf der polnischen Westerplatte des von Deutschland vom Zaun gebrochenen Zweiten Weltkriegs. Wobei die Tatsache, dass Deutschland diesen Weltkrieg ausgelöst hatte, in Gaucks Ansprache merkwürdig unterbelichtet blieb. Belichtet wurde hingegen etwas ganz Anderes. Originalton Gauck:

> »Als sich vor genau fünf Jahren hier auf der Westerplatte 20 europäische Staats- und Regierungschefs versammelten und gemeinsam der Gräuel des Zweiten Weltkriegs gedachten, sahen wir uns auf dem Weg zu einem Kontinent der Freiheit und des Friedens. Wir glaubten und wollten daran glauben, dass auch Russland, das Land von Tolstoi und Dostojewski, Teil des gemeinsamen Europa werden könne.«

Das sagte er wörtlich, der Vertreter des Landes der Dichter und Denker, das damals, vor 75 Jahren, noch das Land der Richter und Henker war. Nachdem er die Frage nach Täter und Opfer, nach

Schuld und Verantwortung, nach Verbrechen und Strafe unter der billigen und abgegriffenen Phrase von den »Gräueln des Zweiten Weltkriegs« begraben hatte, wagte sich der Präsident auf eine noch abschüssigere Bahn. Man hätte es unbedarften Zuhörern nicht verübeln können, wenn sie aufgrund seiner Rede zu dem Schluss gekommen wären, dass nicht Deutschland, sondern Russland der große Aggressor des Zweiten Weltkriegs gewesen sei. Folgte man den Geschichtsdeutungen des Präsidenten, dann waren es wir, die Deutschen, und unsere westlichen Verbündeten, die es nach 1990 mit dem Lande Tolstois und Dostojewskis großzügigerweise noch mal versuchten. Wir nahmen es auf in den erlauchten Kreis der von universellen Werten erleuchteten westlichen Demokratien. Jedoch, das Land erwies sich dieser Gunstbezeigung nicht würdig. Es fiel in alte, schon überwunden geglaubte Verhaltensmuster zurück. Welche Enttäuschung! Und Gauck sinnierte weiter:

»Wohl niemand hat damals geahnt, wie dünn das politische Eis war, auf dem wir uns bewegten. Wie irrig der Glaube, die Wahrung von Stabilität und Frieden habe endgültig Vorrang gewonnen gegenüber dem Machtstreben. Und so war es ein Schock, als wir mit der Tatsache konfrontiert wurden, dass am Rande von Europa wieder eine kriegerische Auseinandersetzung geführt wird. Eine kriegerische Auseinandersetzung um neue Grenzen und um eine neue Ordnung.«[1]

Vom »Machtstreben« sprach der Präsident. Ob er wohl jenes Machtstreben meinte, das Russland schon 1945 aus völlig unerfindlichen Gründen bis an die deutsche Elbe geführt und auch das Leben des damals noch jungen Joachim Gauck in Mitleidenschaft gezogen hat?
Der Westen, so der Präsident sinngemäß, habe sich nach dem Fall der Mauer doch solche Mühe gegeben. Er habe Russland bei der Hand genommen und versucht, ihm Manieren beizubringen. Doch das Land Tolstois und Dostojewskis habe die Partnerschaft mit dem Westen durch sein Verhalten im Ukraine-Konflikt und sein Vorgehen auf der Krim »de facto aufgekündigt«. Das mit der guten Nachbarschaft könne nur dann etwas werden, wenn die russische

Politik sich ändere, wenn sie zur Achtung der Prinzipien des Völkerrechts zurückkehre. So mahnte der Präsident.

Ich bin durchaus der Überzeugung, dass man fast alles sagen kann und sagen darf. Es kommt nur darauf an, wer es sagt, und vor allem kommt es darauf an, wann, wo und wie man es sagt. Wäre es vorstellbar, dass ein deutscher Bundespräsident den Holocaust-Gedenktag nutzt, um die israelische Besatzungspolitik zu geißeln? Oder den Jahrestag der Berliner Luftbrücke, um an amerikanische Kriegsverbrechen zu erinnern und mit den Verantwortlichen abzurechnen?

Die slawischen Völker, insbesondere die Russen, sind im Zweiten Weltkrieg Opfer dessen geworden, was der Historiker Rolf-Dieter Müller als den »anderen Holocaust« bezeichnet.[2] Im Unterschied zum eigentlichen Holocaust, also der Vernichtung der europäischen Juden, hat der andere Holocaust keinen Platz im kollektiven historischen Gedächtnis der Deutschen gefunden. Hätte er dies getan, wären manche anti-russischen Töne, die gegenwärtig im neuen kalten Krieg angeschlagen werden, kaum vorstellbar.

Der andere Holocaust

Die Wahrheit über den Holocaust – so lautet der Titel einer achtteiligen, international koproduzierten Fernsehdokumentation zum 70. Jahrestag der Befreiung des Vernichtungslagers Auschwitz. Sie wurde Ende 2014 auf ZDFInfo erstausgestrahlt. Es war eine beachtliche und sehenswerte Aufarbeitung, die jedoch eine erstaunliche und bezeichnende Schieflage aufwies. Hitler, so heißt es in der Serie, habe geglaubt, zwei Kämpfe gleichzeitig führen zu müssen: den gegen die Alliierten und den gegen die Juden. Sodann wird behauptet, dass sich ab 1942, also im Zuge des Kriegs gegen die Sowjetunion, »Hitlers eigentliches Kriegsziel« immer deutlicher herausgeschält habe. Dieses »eigentliche Kriegsziel«, so die Autoren, sei die Vernichtung der europäischen Juden gewesen.

Dazu ist einiges zu sagen. Zunächst: Der Zweite Weltkrieg war nicht von Anfang an ein Krieg Deutschlands (oder der »Achsenmächte«) gegen die »Alliierten«. Hitler eröffnete den Krieg 1939 mit dem Überfall auf Polen und orientierte sich im darauffolgenden Jahr nach Norden und Westen. Zum damaligen Zeitpunkt waren jene Mächte, die fünf beziehungsweise sechs Jahre später als Sieger aus dem Krieg hervorgingen, noch keine Alliierten; sie wurden es erst im Laufe des Kriegs. Einer der späteren Sieger, die Sowjetunion, war Hitler sogar noch bis zum Juni 1941 in einem Nichtangriffspakt verbunden.

Sodann – und wichtiger – zum »eigentlichen Kriegsziel«: Es ist fraglich und eher unwahrscheinlich, dass die Vernichtung der europäischen Juden das »eigentliche Kriegsziel« Hitlers gewesen ist. Es wurden im Laufe der Jahre und auch während des schon tobenden Kriegs in Nazi-Führungskreisen andere Optionen diskutiert. Die systematische physische Vernichtung war zwar zweifellos im rassistisch-antisemitischen Fanatismus des NS-Staates angelegt. Dass sie aber dann tatsächlich praktiziert wurde, war nicht von vornherein geplant, sondern hing eng und ursächlich mit dem unerwarteten Verlauf des Kriegs zusammen.

Schon mit ihrem Überfall auf Polen, so der Princeton-Historiker Arno J. Mayer, verfolgten die Nazis keineswegs die Absicht,

»die zweitgrößte jüdische Bevölkerungsgruppe Europas in ihre Gewalt zu bekommen, um sie später auszurotten. Mit der Okkupation Polens wollte Hitler vielmehr den ersten Schritt zur Eroberung deutschen Lebensraums im Osten tun. Überdies waren diese ersten Pogrome und Repressionen gegen die polnischen Juden eng mit Unterdrückungsmaßnahmen gegen die übrigen, christlichen Polen und mit der systematischen Knechtung dieses Volkes verknüpft ...«[3]

Der sogenannte Fernplan der Umsiedlung in den Ostprovinzen, im November 1939 vom Reichssicherheitshauptamt vorgelegt, machte die Ziele klar: Slawen und Juden galten gleichermaßen als Feindgruppen der Deutschen. Es ging den Nazis um die »endgültige Lösung« der angeblichen Volkstumsfragen, also um eine »Entjudung« und um eine »Entpolonisierung« der deutschen Ostprovinzen.[4] Der Historiker Ernst Piper: »Der rassistische Purifizierungswahn richtete sich mit gleicher Radikalität gegen Polen wie gegen Juden, ein

Faktum, das angesichts des furchtbaren Geschehens des Holocaust häufig übersehen wird.«[5]

Noch größer als in Polen war die jüdische Bevölkerung in der Sowjetunion, insgesamt circa fünf Millionen Menschen[6]:

»Indes stand auch hinter diesem Raubzug Hitlers nicht die Absicht, diese fünf Millionen zwecks späterer Ausrottung in die Gewalt zu bekommen. Die ›Operation Barbarossa‹ war vielmehr zum einen die unumgängliche militärische Ouvertüre zur Eroberung neuer, grenzenloser Lebensräume im Osten, zum anderen ein Kreuzzug zur Auslöschung des sowjetischen Regimes und der bolschewistischen Ideologie.«[7]

Im Nazismus verschmolzen Antislawismus, Antisemitismus und Antibolschewismus auf unheilvolle Weise. Die Rede vom »jüdischen Bolschewismus« bringt das zum Ausdruck. Die Mordorgien der SS-Einsatzgruppen und ihrer Helfershelfer begannen unmittelbar nach der Invasion und forderten Hunderttausende Opfer, wobei die Täter – getreu ihrer Vorstellung vom jüdischen Bolschewismus – offenbar annahmen, unter den Juden befänden sich auch die gefährlichsten bolschewistischen Kader. An den mörderischen Pogromen beteiligten sich – vom Baltikum über Ostpolen, den Westen Weißrusslands bis hin zur Ukraine – auch einheimische nationalistische Kräfte. Sie waren so »erfolgreich«, dass auf der Wannseekonferenz im Januar 1942 Estland bereits als »judenfrei« abgehakt werden konnte.

So barbarisch der Krieg und die Besatzungspolitik in Polen und sodann der Krieg gegen die Sowjetunion von Anfang an gewesen sind, im weiteren Verlauf des »Unternehmens Barbarossa« haben sie sich nochmals gesteigert. Der Grund liegt darin, dass der Feldzug gegen die Sowjetunion nicht, wie von seinen Urhebern erwartet, in gewohnter Blitzkriegsmanier zum schnellen und vollständigen Sieg führte, sondern ins Stocken geriet, sich sodann gegen den Angreifer wendete und schließlich dessen Untergang herbeiführte und besiegelte.

Diese von den Nazis unerwartete Entwicklung, sagt Arno Mayer, habe nicht nur die deutsche Kriegführung weiter radikalisiert und brutalisiert, sondern es habe sich im Zuge dieser Entwicklung auch der absolute Vernichtungswille gegen die Juden Bahn gebrochen. Die Wannseekonferenz bezifferte ihre Zahl auf elf Millionen. Elf Millionen Juden unterschiedlicher Nationalität, die sich im deutschen Machtbereich aufhielten und derer man habhaft werden konnte. Sie waren zudem ein vergleichsweise leichtes, wehrloses Opfer. Ihre umfassende und systematische Vernichtung – ob Männer oder Frauen, ob Kinder oder Greise – wurde seit Anfang 1942 mit größter Energie und Rücksichtslosigkeit ins Werk gesetzt. Mayer nennt dieses Menschheitsverbrechen nicht Holocaust oder Shoa, sondern Judeozid. Seine Erklärung des Judeozids erregte, als er sie Mitte der 1980er-Jahre vortrug, Aufsehen und Kritik – Kritik wohl vor allem, weil Mayer seine Argumentation mit der folgenden hypothetischen Überlegung verknüpfte:

»Solange der Siegeszug der Wehrmacht und der mit ihr verbündeten Armeen andauerte, beschränkten sich die an den Juden begangenen Verbrechen auf ... Übergriffe deutscher Sicherheitskräfte und einheimischer Kollaborateure. Diese im großen und ganzen unsystematischen Judentötungen entsprachen der Erwartung eines raschen Sieges über die Rote Armee und einer gründlichen Liquidierung des bolschewistischen Regimes. In diesem Augenblick der Siegeseuphorie schwebte denjenigen NS-Führern, die ein besonderes Interesse an der ›jüdischen Frage‹ hatten, am ehesten eine ›Endlösung‹ in Form einer Evakuierung der europäischen Juden weit nach Osten vor, vielleicht sogar nach jenseits des Ural-Gebirges. Wäre der ›Blitzkrieg‹ im Osten so erfolgreich verlaufen wie ein Jahr zuvor der im Westen, Europa wären womöglich, so ironisch es klingt, die grausigsten Schrecken des 20. Jahrhunderts erspart geblieben. Die osteuropäischen Völker, vor allem die slawischen, wären sicherlich versklavt worden. Aber sie wären nicht in jene Abgründe der Entmenschlichung und Verelendung gestoßen worden, die vom Herbst 1941 an ihren schrecklichen Tribut fordern sollten.«[8]

Erst das Scheitern des »Blitzkriegs« habe die Nazis dazu bewogen, »alle Hemmungen und Rücksichten fallenzulassen«. Hitler habe nach dem Scheitern seines Kriegs gegen die Sowjetunion diesen in einen barbarischen Kampf um Sein oder Nichtsein umgeschmolzen, in dem die gnadenlose »Abrechnung« mit den Juden einen besonderen Stellenwert gewann.

Mayers Annahme, dass bei einem schnellen und umfassenden Sieg Nazi-Deutschlands über die Sowjetunion die Geschichte wesentlich anders verlaufen wäre, ist sicherlich gut begründet. Ebenso spricht vieles dafür (bleibt aber letztlich Spekulation), dass erst der völlig entgleiste Krieg die radikale Fokussierung auf die »Judenfrage« bewirkte und jene »Endlösung« forcierte, zu der es möglicherweise bei anderem Kriegsverlauf nicht gekommen wäre.

Problematisch an Mayers Argumentation ist ein anderer Aspekt. Er betrifft das Schicksal der slawischen Völker. Wäre es ihnen bei einem vollständigen deutschen Sieg im Osten tatsächlich besser ergangen? Das ist eine fragwürdige Annahme. Mir scheint das genaue Gegenteil zuzutreffen. Denn vieles von dem, was die Nazis für die Menschen in der Sowjetunion an Schrecklichem geplant hatten, konnte glücklicherweise nicht realisiert werden, weil der Krieg eine unvorhergesehene Wendung nahm. Hätten die Nazis sich durchsetzen können – was wäre geschehen?

Zunächst: Schon der Krieg gegen Polen trug einen völlig anderen Charakter als die Kriege im Norden oder Westen. Was sich in Polen abspielte, so Ernst Piper, war kein »gewöhnliches Kriegsgeschehen«, war nicht einfach die Eroberung eines fremden Landes, sondern trug genozidalen Charakter, war der erste Schritt auf dem Weg zum »rassenideologischen Vernichtungskrieg«, wie das der Historiker Andreas Hillgruber bezeichnet hat.

Wenn Hitler und andere vom Lebensraum im Osten sprachen, meinten sie nicht ein irgendwie geartetes Kolonialreich. Sie meinten Auslöschung. Es ging um Raum und Ressourcen – die dort lebenden Menschen waren nicht von Interesse. Sie konnten weg, sollten weg, mussten weg. Am 2. Mai 1941, also noch vor dem Überfall auf die Sowjetunion und lange vor der Einsicht, dass es mit einem Sieg im »Blitzkrieg« diesmal nichts werden würde, legten die zuständigen Staatssekretäre und der Chef des Wehrwirtschafts- und Rüstungsamts, General Georg Thomas, fest, wie das Fell des Bären zu verteilen wäre:

1. »Der Krieg ist nur weiter zu führen, wenn die gesamte Wehrmacht im 3. Kriegsjahr aus Rußland ernährt wird.
2. Hierbei werden zweifellos zig Millionen Menschen verhungern, wenn von uns das für uns Notwendige aus dem Lande herausgeholt wird ...«[9]

Rolf-Dieter Müller erinnert daran, dass Hitler und Göring für den Winter 1941/42 die »größte Hungersnot der Weltgeschichte« erwartet hatten. Sie hätte, so Müller, »keineswegs aus kriegsbedingten Erschwernissen einer geregelten Versorgung« resultiert, »sondern aus der klar erkennbaren Absicht der NS-Führung, die sowjetische Bevölkerung sterben zu lassen«.

Die Vernichtungspolitik durch Hunger im Osten stand übrigens in einem Kausalzusammenhang mit der relativ guten Versorgung der deutschen Bevölkerung. »Im Nachkriegsgedächtnis der Deutschen«, so Felix Wemheuer, »blieb jedoch nicht der organisierte Massenmord der Nationalsozialisten an Millionen von Sowjetbürgern durch Hunger haften, sondern der sogenannte Hungerwinter in Deutschland 1946/47.«[10]

Jedenfalls: Das Massensterben der sowjetischen Bevölkerung war von vornherein einkalkuliert und gewollt. Zugleich und zudem bildete es den Ausgangspunkt für den ungeheuerlichen Generalplan Ost, einem auf dreißig Jahre angelegten Programm zur Besiedlung und »Germanisierung« des bis zum Ural reichenden deutschen Ost-Imperiums.

»Himmlers Planungsamt billigte der sowjetischen Bevölkerung nur noch den Status von Sklavenarbeitern im Dienste der ›germanischen Wehrbauern‹ zu. Ihre Zahl sollte zunächst um 31 Millionen Menschen verringert werden. 14 Millionen ›Gutrassige‹, die vorerst als Arbeitskräfte gebraucht wurden, sollten in Reservaten gehalten und allmählich abgeschoben werden: ein gigantischer Völkermord, in den der Holocaust an den Juden eingebettet war.«[11]

Wer den wahren Charakter dieses Kriegs erfassen will, der erinnere sich zum Beispiel an den verbrecherischen Kommissarbefehl vom 13. Mai 1941, mit dem die sofortige Erschießung kommunistischer

Funktionäre angeordnet wurde, der führe sich die »Richtlinien für das Verhalten der Truppe in Rußland« zu Gemüte, einem Freibrief zum rücksichtslosen Durchgreifen gegen alle nur möglichen Widerständler, der vergegenwärtige sich das Schicksal slawischer Zwangsarbeiter oder von Millionen sowjetischer Kriegsgefangener. Was die Behandlung der Kriegsgefangenen angeht, gab es an keiner anderen Front des Zweiten Weltkriegs, weder im asiatisch-pazifischen noch im europäischen Raum, ein derartiges Maß an Gleichgültigkeit, Verachtung und Brutalität.

In seinem rassistisch-ideologischen Vernichtungskrieg war Nazi-Deutschland jedes Mittel recht. Internationale Konventionen, das Kriegsvölkerrecht, Ritterlichkeit, Respekt vor dem Feind – all das, was man zum Beispiel gegenüber britischen Soldaten selbstverständlich beachtete, spielte gegenüber den »slawischen Untermenschen«, ob in Uniform oder nicht, keine Rolle. Rolf-Dieter Müller schreibt:

> »Die Gefangenen waren letztlich nur Ballast, größtenteils unbrauchbares ›Menschenmaterial‹, die man auf den Transporten und in primitiven Lagern verkommen und verhungern ließ. Hunderttausende wurden aus politischen und rassischen Gründen ausgesondert und liquidiert, Unzählige teils auf den Straßen und in den Dörfern erschlagen oder erschossen, weil sie vor Erschöpfung nicht weitermarschieren konnten oder auch nur den Anflug von Widerspruch zeigten.«[12]

Aufgrund des Kriegsverlaufs konnten die Nazis die im Hungerplan beziehungsweise im Generalplan Ost gesteckten Maximalziele nicht realisieren. Dennoch waren die Opfer, die den slawischen Völkern und insbesondere denen der Sowjetunion abverlangt wurden, ungeheuer. Die verheerende Blockade Leningrads (des heutigen Sankt Petersburg) zeigte, wie es wohl in weiten Teilen der europäischen Sowjetunion ausgesehen hätte, wenn die Nazis sich hätten durchsetzen können.

Aber es finden sich auch genug schriftliche Hinterlassenschaften, die zeigen, mit welch zynischer Verachtung und Herrenmenschen-Mentalität die Machthaber des Dritten Reichs über die »slawischen Untermenschen« herzogen und welches Schicksal sie ihnen zugedacht hatten. In einer Direktive Hitlers vom Juli 1941 (überliefert von seinem Adlatus Martin Bormann) geht es um den Umgang mit der Ukraine:

»Die Slawen sollen für uns arbeiten. Soweit wir sie nicht brauchen, mögen sie sterben. Impfzwang und deutsche Gesundheitsfürsorge sind daher überflüssig. Die slawische Fruchtbarkeit ist unerwünscht. Sie mögen Präservative benutzen oder abtreiben, je mehr, desto besser. Bildung ist gefährlich. Es genügt, wenn sie bis 100 zählen können. Höchstens die Bildung, die uns brauchbare Handlanger schafft, ist zulässig. Jeder Gebildete ist ein künftiger Feind. Die Religion lassen wir ihnen als Ablenkungsmittel. An Verpflegung bekommen sie nur das Notwendigste. Wir sind die Herren, wir kommen zuerst.«[13]

Die slawischen »Eingeborenen« sollten auf möglichst niedrigem Kulturniveau dahinvegetieren, ihre Zahl entsprechend den Siedlungsfortschritten dezimiert werden. Die Schreib- und Lesefähigkeit der russischen »Untermenschen« würde nur schaden. »Die Kenntnis der Verkehrsschilder genüge«, sagte Hitler, und es reiche völlig, in jedem Dorf einen Radiolautsprecher aufzustellen und die Menschen den ganzen Tag über mit fröhlicher Musik zu berieseln. Auf keinen Fall dürfe man sich um die Hygiene und Gesundheit kümmern. »Man muß ja wirklich unseren Juristen und Ärzten Gewalt antun: nicht impfen, nicht waschen! Schnaps sollen sie haben und Tabak, soviel sie wollen.«

Auf ihrem von der Roten Armee erzwungenen Rückzug hinterließ die Wehrmacht verbrannte Erde. Über die Räumung der Ukraine sagte der Reichsführer SS, Heinrich Himmler: »Es muß erreicht werden, daß ... kein Mensch, kein Vieh, kein Zentner Getreide, keine Eisenbahnschiene zurückbleiben; daß kein Haus stehenbleibt, kein Bergwerk vorhanden ist, das nicht für Jahre gestört ist, kein Brunnen vorhanden ist, der nicht vergiftet ist. Der Gegner muß wirklich ein total verbranntes und zerstörtes Land vorfinden.«[14]

Hätten die Nazis ihre Ziele erreicht, wäre Russland von der Landkarte verschwunden, seine Bevölkerung zu großen Teilen vernichtet oder vertrieben worden. Dazu ist es zwar nicht gekommen, dennoch lässt das, was den slawischen Völkern angetan wurde, Rolf-Dieter Müller zu Recht vom »anderen Holocaust« sprechen. Die Täter waren sich dessen, was sie angerichtet hatten, durchaus bewusst und fürchteten die schlimmste Rache. Doch anders als Hitler im Falle einer Niederlage voraussah, wurde das deutsche Volk von der Roten Armee nicht »ausradiert«. Den Deutschen, so Müller, begegnete nicht Hass, sondern die Bereitschaft zur Aussöhnung. Diese Feststellung traf der Historiker 1988, noch zu sowjetischen Zeiten.

Ich will nicht bestreiten, dass es redliche und beachtliche Bemühungen gab und gibt, diesem ungeheuerlichen Geschehen einen Platz im kollektiven historischen Gedächtnis der Deutschen zu sichern – durch Filme, Artikel, Bücher, Ausstellungen.[15] Im Osten Deutschlands war und ist das Bewusstsein für die dramatische deutsch-russische Geschichte sicher stärker ausgeprägt als im Westen. In der alten Bundesrepublik wurde die dringend notwendige Besinnung und Aufarbeitung zunächst und sehr schnell vom einsetzenden Kalten Krieg überlagert, der es erlaubte, die alten Ressentiments unter dem politisch korrekten Label »Antikommunismus« weiter zu pflegen. In den 1950er-Jahren jedenfalls konnte die CDU ungehindert Wahlplakate kleben, auf denen unter der Überschrift »Alle Wege des Marxismus führen nach Moskau« ein bedrohliches, furchteinflößendes Gesicht mit unverkennbar slawischen Zügen zu sehen war. Da war sie wieder, die russische Bedrohung!

Und nun blättere man zurück zum Beginn dieses Kapitels, zu Joachim Gauck: »Wir glaubten und wollten daran glauben, dass auch Russland, das Land von Tolstoi und Dostojewski, Teil des gemeinsamen Europa werden könne. Wir glaubten und wollten daran glauben, dass politische und ökonomische Reformen unseren Nachbarn im Osten der Europäischen Union annähern und die Übernahme universeller Werte in gemeinsame Institutionen münden würden. Wohl niemand hat damals geahnt, wie dünn das politische Eis war, auf dem wir uns bewegten.«

So klingt es, wenn sich Geschichtsvergessenheit und Geschichtsklitterung ein Stelldichein geben. Propaganda pur.

Zweierlei Maß: Israel und Russland

Antisemitismus (und Antirussismus)

Holocaust und anderer Holocaust, Israel und Russland, Antisemitismus und Antirussismus.[1] Oder: Wie prägt die historische Schuld das deutsch-israelische und das deutsch-russische Verhältnis? Sehr unterschiedlich. Jegliche Form des Antisemitismus wird aufmerksam registriert und entschieden bekämpft (zu Recht). Antirussismus hingegen wird häufig nicht einmal als Problem wahrgenommen, ist allenfalls ein Kavaliersdelikt und oft sogar willkommen. Dezidierte Israelkritik gilt als problematisch und unerwünscht, deutliche Russlandkritik als unproblematisch und erwünscht.

Ich halte es für verfehlt, wenn deutsche Politiker sagen, die Freundschaft und Solidarität mit Israel sei Teil der deutschen Staatsräson. Und ich hielte es – analog gesprochen – für verfehlt, wenn dergleichen über das deutsche Verhältnis zu Russland gesagt würde. Ich glaube allerdings sehr wohl, dass in unserem Verhältnis zu Russland die gleiche Sensibilität, Empathie, Vorsicht angebracht wäre, die unser Verhältnis zu Israel bestimmt. Ein tief verwurzeltes Schuldgefühl müsste in eine keineswegs kritikfreie, aber doch reflektierte Form der Solidarität münden.

Ich beginne meine Überlegungen zu Israel und zum Antisemitismus mit drei prominenten jüdischen Historikern, die im Abstand mehrerer Jahrzehnte ihr Verhältnis zum jüdisch-palästinensischen Konflikt beziehungsweise zum Staat Israel beschrieben haben. Der älteste von ihnen ist Hans Kohn (1891–1971), ein bedeutender Nationalismusforscher, unter dessen vielen einschlägigen Veröffentlichungen sich auch grundlegende und bis heute maßgebliche Werke zu den arabischen Nationalbewegungen finden.[2]

In seiner in den 1960er-Jahren erschienenen Autobiografie[3] erzählt Kohn, wie er und seine Frau sich 1925 entschieden, Europa zu verlassen und nach Palästina, nach Jerusalem, auszuwandern. Schon damals, in dieser frühen Phase der jüdisch-palästinensischen Auseinandersetzung, erkannte Kohn die bis heute ungelöste Kernproblematik des Konflikts. Die durch die britische Balfour-Deklaration vom November 1917 beflügelten Juden fanden in Palästina keine leere Wüste vor, kein »Land ohne Volk für ein Volk ohne Land«. Seit dreizehn Jahrhunderten lebten hier Araber, die gerade in jener Zeit, also kurz nach dem Ersten Weltkrieg und während des Zerfalls des Osmanischen Reiches, auf eine Erneuerung ihrer nationalen Kultur hofften. Obwohl der zionistischen Bewegung verbunden, bereitete es Kohn keine Schwierigkeiten, den arabischen Standpunkt angemessen, mit großem Verständnis und sogar Sympathie zu würdigen. Er konnte nachvollziehen, dass die zionistische Bewegung den Arabern als Komplizin des britischen Imperialismus erscheinen musste. »Sie [die Araber, U.T.] wiesen darauf hin, daß England durch die Balfour-Deklaration den Zionisten etwas verheißen habe, was England nicht gehöre ...«, schrieb Kohn in einem Aufsatz von 1930.[4] In seiner Autobiografie heißt es rückblickend:

»Die britischen Zusicherungen zum Schutz der arabischen Rechte betrachteten die Araber als völlig ungenügend angesichts der finanziellen, organisatorischen und propagandistischen Möglichkeiten, über die die Zionisten in der ganzen Welt verfügten. Sie hielten es für unvermeidlich, daß die Armut viele Araber zwingen würde, ihr Land an die Juden zu verkaufen, so daß es trotz der englischen Zusicherungen zu einer Majorität der Juden durch die von England geschützte Einwanderung und zur Bildung eines jüdischen Commonwealth in Palästina kommen müsse. Das waren die arabischen Befürchtungen im Jahre 1930, die ihren Ausdruck in einer Anzahl von Revolten fanden. Der Kampf der Araber für ihre Unabhängigkeit und ihre politischen Rechte wurde jedoch mit überlegener militärischer Gewalt unterdrückt.«[5]

Dieses rigorose Vorgehen war ganz und gar nicht im Sinne Hans Kohns. Nach der Niederschlagung des arabischen Aufstands von 1929 vollzog er ernüchtert und enttäuscht den Schnitt. Er verließ die zionistische Bewegung und kehrte zunächst vorläufig, 1933 dann endgültig mit seiner Frau nach Europa zurück. Dieser Entschluss fiel ihm nicht leicht: »Er bedeutete den Verzicht auf eine Hoffnung, an deren Verwirklichung ich fast zwanzig Jahre mitgearbeitet hatte.«[6]

Der zweite Historiker ist der im vorangegangenen Kapitel schon zitierte Arno J. Mayer, Jahrgang 1926. Er entstammt einer jüdischen Familie aus Luxemburg, die sich 1940 in einer mehrmonatigen, abenteuerlichen Flucht über Marseille, Algier und Casablanca in die USA rettete.

Mayers Familie und er selbst standen politisch links. 1950, als in den USA die McCarthy-Hatz Fahrt aufnahm und der Kalte Krieg in Korea heiß wurde, verbrachte er einen Sommer in Israel, eine Art Erholungsurlaub vom alles dominierenden Ost-West-Konflikt. Er schreibt:

»Was mich dorthin lockte, war die historische Verheißung und Möglichkeit eines zionistischen, von beiden Supermächten unabhängigen Staates. Ich arbeitete zwei Monate lang in einem Kibbuz des marxistischen Hashomer-Hatzair-Verbandes, unterhielt mich mit führenden Mitgliedern der linken Mapam-Partei und besuchte Martin Buber und Ernst Simon, erklärte Fürsprecher eines binationalen, demokratischen und säkularen israelisch-palästinensischen Staates. ... Ohne das Sicherheitsproblem Israels zu verharmlosen, bezogen Simon und die Vertreter des linksdemokratischen Marxismus Stellung gegen die kompromißlose Politik der ersten israelischen Regierungen gegenüber den israelischen Arabern und den arabischen Nachbarstaaten, eine Politik, die nur dazu führen konnte, daß Israels Zukunft immer mehr von der Anlehnung an die USA abhängen würde. Bei meinem zweiten Israel-Besuch im Jahre 1954 erkannte ich, wie verblüffend weitsichtig diese früh geäußerten Befürchtungen gewesen waren.«[7]

Der dritte und jüngste Autor im Bunde ist der 1932 in Prag geborene Saul Friedländer. Er gehört zu den bedeutendsten Historikern der Shoa.[8] Der aus einer deutschsprachigen jüdischen Familie stammende Friedländer zählt selbst zu den Opfern der Verfolgung. Unter schwierigsten Umständen hat er im besetzten Frankreich überlebt; seine Eltern wurden ermordet, vermutlich in Auschwitz.

Zu den großen Themen des 2016 erschienenen zweiten Bandes seiner Autobiografie gehört Friedländers zwiespältiges, von Nähe und Distanz geprägtes Verhältnis zum Staat Israel. Er betrachtet Israels großen Sieg im Sechstagekrieg von 1967 als die fundamentale, negative Zäsur in der Geschichte des Landes. Dabei hatte auch er sich damals zunächst von der allgemeinen Euphorie mitreißen lassen.

»[Es ist] mir im Nachhinein peinlich, daß ausgerechnet ich, der hätte wissen müssen, was eine Besatzung den Besetzten und den Besatzern antut, das ›Menetekel‹ nicht sah. ... Das einzige, was ich früh genug wahrnahm, war die Gefahr eines moralischen Verfalls, die die Besatzung in der israelischen Gesellschaft auslösen könnte.

Der Sechstagekrieg ist zum entscheidenden Wendepunkt in der Geschichte Israels geworden; er markierte das Ende einer Ära und den Beginn einer verhängnisvollen Entwicklung ...«[9]

Die dem Sechstagekrieg folgende rigide Besatzungspolitik, dazu das Erstarken nationalistischer und fundamentalistischer Strömungen in der israelischen Politik machten aus Friedländer einen Oppositionellen, der sich auch in der israelischen Friedensbewegung engagierte. Das ist insofern ungewöhnlich, als viele Überlebende der Shoa einen harten anti-palästinensischen Kurs unterstützen und nicht selten ihre Unnachgiebigkeit durch Verweis auf die historische Erfahrung der Verfolgung und Auslöschung rechtfertigen. Friedländer vertritt eine genau entgegengesetzte Position. »Um jedes Mißverständnis zu vermeiden, argumentierte ich bei allen sich bietenden Gelegenheiten, daß die einzige Lehre, die man aus der Shoah ziehen könne, eben jener Imperativ sei: ›Erhebt euch gegen das Unrecht, gegen willkürliche Verfolgung, gegen die Weigerung, das Menschsein und die Rechte ›der anderen‹ anzuerkennen.«« [10]

Mit den Zitaten dieser drei jüdischen Historiker ist im Grunde alles gesagt. Sie werfen zu unterschiedlichen Zeiten (circa 1930, circa 1950, nach 1967) einen Blick auf die Auseinandersetzungen in Palästina beziehungsweise Israel, kommen zu sehr ähnlichen Urteilen und verbreiten wenig Hoffnung. Die seitherige historische Entwicklung hat ihre Einschätzungen und Befürchtungen nicht nur bestätigt, sondern übertroffen: Die Existenz des Staates Israel wird weniger von feindlichen Nachbarn bedroht als von den inneren Entwicklungen.

Israel befindet sich seit seiner Gründung offiziell im Ausnahmezustand, immer wieder im Kriegszustand und permanent im Quasi-Krieg, also in Vorkriegs- oder Nachkriegsphasen. Es verübt Kriegsverbrechen (etwa in Gaza), verletzt Menschenrechte, missachtet UNO-Resolutionen und das Völkerrecht, unterdrückt und diskriminiert die palästinensische beziehungsweise arabische Bevölkerung. Das alles erzeugt ein ernstes, bedrohliches Legitimitätsproblem. Israel mutiert immer mehr zu einem Apartheid-Staat. Kritische Medien leiden unter der Militärzensur. Obwohl die israelische Zivilgesellschaft nach wie vor plural und vital ist, stehen Demokratie und Liberalität unter wachsendem Druck.[11] Man stelle sich vor, Israel wäre kein Verbündeter des Westens, kein Protegé der USA – wie würde man sein Gebaren wohl hierzulande beurteilen?

Im Vorgriff auf das Thema Antirussismus kann man festhalten: Im Grunde tut Israel ständig und nachweislich das, was man Russland lautstark und ohne handfeste Beweise vorwirft. Russland wird die Annexion der Krim vorgehalten – Israel hat unbestreitbar Ostjerusalem und die syrischen Golanhöhen annektiert. Russland wird eine völkerrechtswidrige Einmischung im Osten der Ukraine vorgeworfen – Israel hat eine vierstellige Zahl völkerrechtswidriger Luftangriffe gegen (in der Regel iranische) Stellungen in Syrien geflogen; zuletzt hat es sogar den Absturz eines russischen Aufklärungsflugzeugs (mit 15 Todesopfern) verursacht. Russland wird vorgeworfen, es unterstütze rechtspopulistische Parteien in Europa – Israels Affinität zu Rechtspopulisten ist vielfach belegt und obendrein wenig überraschend, besteht doch die aktuelle israelische Regierung ebenfalls aus rechtspopulistischen und -nationalistischen Kräften. Und schließlich: Russland wird ob seiner angeblichen Missetaten vom Westen mit Sanktionen überzogen. Wer jedoch im Zusammenhang mit Israel das Wort »Sanktionen« (oder »disinvestment«) auch nur erwähnt, der hat den Vorwurf des Antisemitismus zu gewärtigen.[12]

Das wohl skurrilste Messen mit zweierlei Maß ist aber dieses: Seit Ende 2016 kennen die US-Medien kaum ein anderes Thema als »Russiagate«, also die angebliche russische Einmischung in inneramerikanische Angelegenheiten, insbesondere während der letzten Präsidentschaftswahlen. Doch wie steht es mit der israelischen Einmischung in die US-amerikanische Politik? Wer hatte in der Vergangenheit (und wer hat gegenwärtig) wohl den größeren Einfluss: Russland oder Israel? Als der Journalist Robert Parry diese Frage im Frühjahr 2017 einem langjährigen Mitarbeiter der Demokratischen Partei, der in die Russland-Ermittlungen involviert ist, stellte, kam die Antwort ohne Zögern: »Israel natürlich.«[13] Israel ist »der Elefant im Raum«. Jeder weiß es, kaum einer thematisiert es.[14]

Auch wenn ich nicht zögere, die aktuelle israelische Politik deutlich zu kritisieren und partiell zu verurteilen, fällt es mir doch alles andere als leicht, das zu tun. Warum? Vielleicht habe ich mich denn doch zu viel mit der jüdischen Geschichte des 19. und 20. Jahrhunderts, vor allem mit konkreten jüdischen Lebensgeschichten, beschäftigt, um mich dem Thema unbefangen nähern zu können. Und sicher empfinde ich die von Deutschen (und im deutschen Namen) verübten Verbrechen an Juden als eine Belastung, die auch mein Verhältnis zum heutigen Staat Israel nicht unberührt lässt. Regierungskritische, oppositionelle Israelis und Juden sagen mir zwar, dass für solche Befangenheit keinerlei Grund bestehe. Aber ich glaube, sie hat ihr Gutes. Karl Marx schrieb 1843 an Arnold Ruge: »Ich versichere Sie, wenn man auch nichts weniger als Nationalstolz fühlt, so fühlt man doch Nationalscham …«[15] Und auch Nationalschuld, würde ich hinzufügen. Anders gesagt: Die deutsch-jüdische Geschichte lässt mich nicht los. Und ich will auch nicht, dass sie mich loslässt.

Was bedeutet das konkret? Sicherlich dieses: So notwendig und legitim die Kritik an und der Protest gegen israelische Politik sind – damit allein kann es nicht sein Bewenden haben. Wie überall, so dürfen wir auch in Israel die Machteliten nicht mit der Bevölkerung des Landes verwechseln. Statt zu resignieren müssen wir immer wieder nach Möglichkeiten der Verständigung suchen. Ein schwieriger, aber vielversprechender Weg besteht auch in diesem Konflikt für mich darin, historische Kenntnisse und Zusammenhänge an jüngere Generationen zu vermitteln. Zu einem geradezu vorbildlichen Projekt haben sich zum Beispiel im Jahr 2000 auf Initiative des Peace Research Institute in the Middle East (PRIME) palästinensische und israelische Lehrer zusammengefunden. Aus ihren gemeinsamen Diskussionsrunden ist ein kontrovers angelegtes Schulbuch entstanden, das die einzelnen Etappen des inzwischen hundertjährigen Konflikts aus der unterschiedlichen Sicht beider Parteien erzählt.[16] So scharf die Perspektiven der Autoren auch oft kontrastieren, ihr übergreifendes Credo ist jederzeit präsent: Wir brauchen gleichermaßen mehr Israelversteher und mehr Palästinenserversteher. Wir müssen die historischen Erfahrungen, die Blickwinkel, die Wahrnehmungen, die Argumentationen, die Gefühle, die Ängste und Hoffnungen der jeweils anderen Seite zunächst einmal zur Kenntnis nehmen, wenn es gelingen soll, verhärtete Fronten aufzubrechen, dominante Narrative zu hinterfragen, vielleicht zu korrigieren, und miteinander ins Gespräch zu kommen.

Antirussismus (und Antisemitismus)

Der deutsche Krieg gegen die Sowjetunion war der »andere Holocaust«. Diese Tatsache ist nie ins kollektive historische Bewusstsein der Deutschen eingedrungen. Das ist fatal – war aber sicherlich so beabsichtigt.

Ich bin mir bewusst, dass meine Parallelisierung des Holocaust mit dem anderen Holocaust, also dem rassenideologischen Vernichtungskrieg im Osten, Widerspruch provozieren wird. Zieht man denn damit nicht die Singularität der Judenvernichtung in

Zweifel? Nein, das tut man keineswegs. Man kann Menschheitsverbrechen weder gegeneinander aufrechnen noch gegeneinander ausspielen. Inwiefern sollte es den Stellenwert des Holocaust gefährden oder ihn relativieren, wenn man auch auf Menschheitsverbrechen verweist, die im europäischen Bewusstsein weit weniger präsent sind – etwa die Schreckensherrschaft im Kongo unter dem belgischen König Leopold II. (mit ihren acht bis zehn Millionen Opfern)? Zudem gibt es zweifellos Formen der Relativierung, die weit problematischer sind, aber offenbar und erstaunlicherweise weit weniger skandalträchtig. Wenn führende westliche Politiker oder Medien den mit überwältigender Mehrheit gewählten Präsidenten eines großen Landes je nach Gusto mit Hitler, Stalin oder dem Zaren vergleichen, dann ist das – unabhängig davon, was man von Putin halten mag – eine unverantwortliche Verharmlosung des Hitlerismus, des Stalinismus wie auch des Zarismus. Solcher Rufmord mag zwar Punkte im Propagandakrieg bringen, aber er richtet auf Dauer großen Schaden an. Nicht zuletzt fällt er auf seine Urheber zurück: Er zerstört die Glaubwürdigkeit derer, die solche absurden Vergleiche in die Welt setzen.

2018 wurde Dieter Hanitzsch wegen einer ziemlich harmlosen Netanjahu-Karikatur mit Antisemitismus-Vorwürfen überzogen. Die *Süddeutsche Zeitung*, in der die Zeichnung erschienen war, trennte sich von ihrem langjährigen Mitarbeiter. Beinahe zeitgleich zensierte der *Guardian* eine ebenfalls angeblich antisemitische Karikatur.
Als Hanitzsch nach seinem Rauswurf in einem Interview seine Sicht der Dinge darlegte, kam das Gespräch auch auf das von vielen Karikaturisten (inklusive Hanitzsch) eingesetzte Motiv der »Krake«. Die Krake, so wusste der Fragesteller, diene als »kommunikative Chiffre« und beschreibe eine dunkle, unbestimmte Bedrohung der Welt; deswegen sei sie als antisemitisches Symbol so beliebt … Das mag so sein. Auffällig ist allerdings, dass die Krake schon seit langem und sehr gerne eingesetzt wird, wenn es gegen Russland geht. Auch Putin als Krake ist außerordentlich beliebt. Noch auffälliger ist, dass sich darüber niemand aufregt oder diese Zuordnung gar als Antirussismus brandmarkt. Dabei mutet die

Krake noch vergleichsweise zivilisiert an. Es ließen sich reihenweise Karikaturen oder Montagen auflisten, die in den vergangenen Jahren die Titelbilder populärer Magazine zierten und die ihre Urheber in Teufels Küche gebracht hätten, wenn in ihnen nicht Putin verunglimpft worden wäre, sondern Netanjahu. Oder könnte man sich etwa einen Netanjahu mit Oberlippenbärtchen vorstellen, als israelischen Hitler? Bei Putin geht das ohne weiteres – trotz des russischen Leidens im anderen Holocaust und trotz des dramatischen Schicksals von Putins Familie im von Nazideutschland ausgehungerten Leningrad.

In unserer Welt der Political Correctness ist eine Variante der Stereotypisierung übrig geblieben, die nicht nur weiterhin toleriert wird, sondern sogar zur Mode geworden ist: die ethnische Stereotypisierung von Russen. Im Westen werden Russen, Russland und die politischen Führer des Landes in der Regel auf eine ganz bestimmte und höchst unfreundliche Weise wahrgenommen und dargestellt.

2016 hat der Publizist Alexander Mercouris eine Analyse vorgelegt, in der er die heute gängigen Stereotypisierungen Russlands, der Russen und des »russischen Machthabers« aufs Korn nimmt. Für Mercouris unterliegt es keinem Zweifel, dass die anti-russischen Kampagnen rassistische Züge aufweisen oder tatsächlich rassistisch sind.[17]

Ganz generell, sagt er, sei die negative Stereotypisierung von Ländern, Völkern oder Religionen deutlich zurückgegangen – und wenn sie doch stattfinde, erfahre sie in der Regel heftigen Widerspruch. Die negative Stereotypisierung Russlands und der Russen sei hingegen nicht nur nicht verschwunden, sondern häufiger und schlimmer geworden. Sie sei heute allgegenwärtig, wiederhole sich endlos in westlichen Filmen, im Fernsehen, in anderen Medien, in unzähligen Thrillern, Graphic Novels und Pulp Fiction Stories. Kein Westler könne diesem medial vermittelten Antirussismus entkommen, und nur sehr wenige seien in der Lage, sich seinem Einfluss zu entziehen oder zu widersetzen.

Wie sehen diese Medienbilder aus? Beginnen wir mit den russischen Männern! Sie gelten als mürrisch, schlampig, sind allzu sehr dem Alkohol zugetan, tendenziell gewalttätig, brutal, grausam. Sie sprechen schwerfällig. Sie kleiden sich geschmacklos. Sie sind unehrlich und gierig. Frauen werden von ihnen schlecht behandelt. Ihre typische Rolle ist die des Diebes, des Killers oder des Gauners. Wenn sie reich sind, sind sie korrupt. Ohnehin gehören »Russland« und »Korruption« zusammen. Ein russischer Geschäftsmann (»Oligarch«) ist nie ehrlich. Ein »ehrlicher Oligarch« wäre ein Widerspruch in sich.

Gewiss, ganz so platt wie hier vorgeführt sind die Darstellungen russischer Männer im Auslandsjournal oder im Weltspiegel nicht. In Formaten allerdings, die primär der Unterhaltung dienen, sind Stereotypen dieser Art durchaus verbreitet. Das wird vor allem dann offenkundig, wenn man die Gegenprobe macht und sich fragt: Wann hat man zuletzt im Fernsehen oder im Kino einen echten russischen Sympathieträger gesehen? Kultiviert und sensibel, intelligent und gebildet, bescheiden und attraktiv? Ich kann mich an nichts dieser Art erinnern. Allerdings weiß ich genau, wie's (angeblich) bei der Russen-Mafia zugeht …

Das Bild russischer Frauen hat sich zwar seit dem Kalten Krieg grundlegend gewandelt, ist aber nicht freundlicher geworden. Zu Sowjetzeiten konnten weder Greta Garbos Ninotschka noch Gilbert Bécauds Nathalie die westliche Vorstellung von der russischen Frau nachhaltig korrigieren. Und auch in der Science-Fiction-Serie um das Raumschiff Orion konnte die einzige Russin an Bord das Blatt nicht wenden. Tamara Jagellovsk, Sicherheitsoffizier des Galaktischen Sicherheitsdienstes GSD (eine Art Weltraum-KGB), hatte die Aufgabe, den aufmüpfigen und unberechenbaren Commander McLane an die Kandare zu nehmen. Beim Fernsehpublikum kam Tamara bestens an (und selbst der Commander war ihr am Ende verfallen). Für die Schauspielerin Eva Pflug wurde die Rolle allerdings zu einem kleinen Karriereknick; wegen ihres selbstbewussten Auftretens hatte sie fortan das Image einer Emanze, und damals mochten die Produzenten keine Emanzen, erst recht keine russischen.

Jedenfalls: Es waren nicht Ninotschka, Nathalie oder Tamara, die das Bild der russischen Frau im Westen prägten. Die typischen russischen Frauen des Kalten Kriegs waren fett, plump, mit männlichen Gesichtszügen und Goldzähnen im sichtbaren Bereich. Sie arbeiteten als Bäuerinnen, kehrten die Straßen, kontrollierten Straßenbahntickets oder fuhren Traktor. Noch früher, im Zweiten Weltkrieg, waren sie als Partisanen oder Heckenschützen tätig, die deutschen Landsern den Garaus machten.

Heute ist alles anders. Viele russische Frauen sind außerordentlich schön. Das ist so offenkundig, dass es nicht einmal vom *Bild*-Chefredakteur Julian Reichelt und dem *Welt*-Politredakteur Richard Herzinger in Abrede gestellt wird. Aber es ist, sagt Mercouris, für den Westen noch lange kein Grund zur Freude. Denn: Derart schöne und verführerische Frauen sind gefährlich. Man(n) muss auf der Hut sein. Galten russische Frauen während des Kalten Kriegs als schlicht und langweilig, aber immerhin ehrlich, werden sie heute als materialistisch, geldgierig, manipulativ, aufreizend, promiskuitiv und unmoralisch dargestellt. Sie sind Femmes fatales, die es auf westliche Männer abgesehen haben. Und sie stürzen diese, wenn es sein muss oder sich die Gelegenheit bietet, ohne Zögern in den Abgrund. Heute sind russische Frauen nicht mehr auf dem Traktor unterwegs, sondern in Luxuslimousinen. Sie sind Agentinnen, Prostituierte oder Gangsterbräute.

Sowohl die russischen Männer als auch die russischen Frauen sind prinzipiell unehrlich. Weil man ihnen nichts glauben kann, braucht man auch auf ihre Unschuldsbeteuerungen nichts zu geben. Die hehren westlichen Rechtsgrundsätze, dass man niemanden vorverurteilen dürfe und dass ein jeder bis zum Beweis des Gegenteils als unschuldig zu gelten habe, sind auf Russen nicht anwendbar – weder auf russische Olympioniken noch auf die mutmaßlichen Skripal-Vergifter Alexander Petrow und Ruslan Boschirow.

Apropos Skripal – zeigt dieser Fall nicht ein geradezu typisches Russenverhalten? Man könnte es auf die paradoxe Formel bringen: Obwohl ihnen nichts bewiesen wurde, streiten die Russen alles ab. Wie die Russen-Kennerin Alice Bota in ihrer *Zeit*-Kolumne erläutert[18], machen die Russen ständig irgendwelche Schweinereien, aber wenn man sie zur Rede stellt, entziehen sie sich ihrer Verantwortung und inszenieren sich als Opfer westlicher Kampagnen oder Verschwörungen:

»So war es bei der Annexion der Krim (das sind nicht unsere Soldaten, sondern grüne Männchen), so ist es bei dem Krieg in der Ostukraine (da kämpfen nicht unsere Militärs, sondern Freiwillige auf Urlaub), so war es beim Abschuss der MH17 (das waren die Ukrainer), und selbst als ein Untersuchungsbericht der Niederländer die Verantwortung nach dem Abschuss zweifellos beantwortete, warfen russische Medien und Politiker weiterhin Nebelkerzen, bis heute. Und so war es bei den Dopingvorwürfen, hinter denen die russischen Offiziellen eine westliche Verschwörung vermuten. Nie ist die russische Elite bereit, politische Verantwortung zu übernehmen.«

Wenn es nur »die Elite« wäre! Aber nein, es sind die Russen schlechthin! Das erkannte auch die Ende 2018 aus dem Amt geschiedene UNO-Botschafterin der USA, Nikki Haley: »Lying, cheating, and rogue behavior have become the new norm of the Russian culture.« »Lügen, Betrügen und Schurkenverhalten sind zur neuen Norm der russischen Kultur geworden.«[19]

Die einzige Qualität, die Westler den Russen typischerweise zugestehen, ist Tapferkeit. Dass die Russen tapfer sind, ist seit Stalingrad allgemein bekannt. Doch diese Tapferkeit hat immer auch etwas Obsessives, Animalisches, Sadistisches. Sie ist nicht zu verwechseln mit dem westlichen Mut. James Bond hat sich mit den animalischen Russen harte Kämpfe geliefert, sie aber am Ende immer zur Strecke gebracht. Da wäre zum Beispiel Xenia Onatopp, die Femme fatale aus *Golden Eye*. Leichen pflastern ihren Weg. Einen ihrer Liebhaber ersticht sie beim Sex mit einer Schere. Einen anderen erstickt sie mit ihren Schenkeln. Eine große Gruppe Unschuldiger mäht sie lustvoll mit der Maschinenpistole nieder und genießt dabei einen Orgasmus. 007 sei Dank findet sie ihr ebenso grauenvolles wie verdientes Ende.

Unnötig zu sagen, dass der Anführer eines solchen Landes ein Macho-Ganove sein muss, der normalerweise oben ohne auf einem Pferd posiert. »Rücksichtslos« ist vielleicht das am häufigsten verwendete Wort, um ihn zu beschreiben. Er ist ein Gangster – gewalttätig, amoralisch, korrupt, gerissen. Und natürlich ist er – wie seine Untertanen – ein gewohnheitsmäßiger Lügner. So verkündete es

im Oktober 2018 die Putin-Biografin und -Kritikerin Masha Gessen im Magazin *The New Yorker*: »Putin lies because it is his habit.«.[20]
Und er ist steinreich, wahrscheinlich der reichste Mann der Welt. Sind es 40 Milliarden US-Dollar? Oder 200 Milliarden? Mit letzter Sicherheit lässt sich das nicht sagen. Seine Schätze hat er selbstverständlich nicht – wie etwa Jeff Bezos – mit ehrlicher Arbeit erworben, sondern auf kleptokratische Weise, also russen-typisch. Dass seine Untertanen ihn dennoch bewundern und wählen, kann zwei Gründe haben: Entweder sind sie von seiner Propagandamaschine gründlich hirngewaschen worden. Oder sie sind einfach zu servil, unterwürfig und leidensbereit, um aufzubegehren. Was grundsätzliche Fragen aufwirft: Ist dies (also Unterwürfigkeit, Servilität) des Russen wahre Natur? Wirft er sich gerne in den Staub und leckt die Stiefel seines Herrn? Braucht er dessen Knute? Ist der Russe möglicherweise ungeeignet für die Demokratie (wie ein mit mir befreundeter Politikwissenschaftler kürzlich allen Ernstes vermutete)? Entspricht ein autokratisches Regime seinem Wesen und seinen unerfreulichen Charakterzügen besser? Liegt es gar an seinem Nationalcharakter, dass der Kommunismus sich 1917 ausgerechnet in Russland durchsetzen konnte? Gehören Russland und Kommunismus also irgendwie zusammen?

Irgendwie schon. Das Thema Kommunismus wird gerne auf eine rein russische Angelegenheit verkürzt. Dabei war Stalin ein Georgier, Chruschtschow ein Ukrainer, Felix Dserschinski (der erste Chef der Geheimpolizei) ein Pole, der legendäre Rote-Armee-Kommandeur Michail Frunse ein Kirgise. Und Leo Trotzki, Sohn jüdischer Kolonisten, stammte aus einem Ort, der heute zur Ukraine gehört. Viele andere Beispiele ließen sich anführen.[21] Die Nationen Ost- und Mitteleuropas neigen jedoch dazu, ihre jahrzehntelange Unterdrückung nicht ihren heimischen Kommunisten beziehungsweise denen der Sowjetunion zuzuschreiben, sondern »den Russen«.

Während des ersten Kalten Kriegs, so der Schweizer Journalist Guy Mettan, stand bei manchen westlichen Akteuren der Antikommunismus oder Antisowjetismus im Vordergrund. Das heißt, sie trugen einen primär ideologischen Konflikt aus, hegten aber keinerlei Aversion gegen Russland; oft ging der Antisowjetismus sogar mit einer besonderen Liebe zu diesem Land und seinen Menschen einher. Bei anderen Akteuren allerdings überlagerte der Antikommunismus eine tieferliegende antirussische Phobie. Nach dem Ende des Ost-West-Konflikts war für die eine Gruppe das Thema erledigt; der Kommunismus war Geschichte, Russland ein ganz normales Land, mit dem man nun fruchtbare und freundschaftliche Beziehungen zum beiderseitigen Vorteil entwickeln konnte. Diplomaten und Historiker wie George F. Kennan, Jack Matlock, Stephen Cohen, Martin Malia[22] stehen für diese Sichtweise. Für die Vertreter der anderen Gruppe hingegen ist der Ost-West-Konflikt nie wirklich zu Ende gegangen; sie ersetzten den einstigen Antikommunismus nach und nach durch einen nicht minder militanten Antirussismus. Der 2017 verstorbene Zbigniew Brzezinski und der 2018 verstorbene John McCain mögen repräsentativ für diese Strömung stehen.

Ein letzter Aspekt, der in diesem Zusammenhang von besonderem Interesse ist: Der Antirussismus hat den einstigen Antisowjetismus nicht vollständig ersetzt, sondern vermischt sich partiell mit ihm; hier dürfte auch die tiefere Ursache für die penetrante Personalisierung des Konflikts zu suchen sein. Die Dämonisierung Putins bedient antirussische Ressentiments, hält aber zugleich antisowjetische am Leben: Als ehemaliger KGB-Mann verkörpert Putin die Kontinuität vom alten System zum heutigen Russland. Weil er den Untergang der Sowjetunion für eine Tragödie hält, unterstellt man ihm, dass er die alte Größe – auch durch territoriale Expansion – wiederherstellen wolle. Dazu passend wird unablässig behauptet, dass die historische Aufarbeitung der stalinistischen Vergangenheit vernachlässigt und stattdessen bewusst eine gewisse Sowjetunion-Nostalgie oder gar eine Stalin-Verklärung gefördert werde – allesamt Unterstellungen, die auch durch ständige Wiederholung nicht richtiger werden.[23]

Angesichts antirussischer Propaganda in Permanenz erstaunt es wenig, dass die ach so gewissenhaften Journalisten es gar nicht mehr für nötig halten, ihre ständigen Tatarenmeldungen wenigstens hin und wieder einem nachträglichen Faktencheck zu unterziehen. Vor der letzten Fußball-WM wurde zum Beispiel eindringlich vor den fürchterlichen russischen Hooligans gewarnt, vor rassistischen Ausfällen in Stadien, vor der gedopten russischen Mannschaft et cetera. Nichts von alledem hat sich bewahrheitet. Hat irgendwann mal irgendjemand Abbitte geleistet für all den Unsinn, der da geschrieben wurde?

Die angeführten Beispiele antirussischer Klischees, Stigmatisierungen und Stereotypisierungen ließen sich noch seitenlang vermehren. Worum handelt es sich bei alledem? Um kleine, boshafte Karikaturen, die mit der Lebenswirklichkeit nichts zu tun haben? Sollte man sie ignorieren, nicht weiter ernst nehmen, den Kopf schütteln? Oder sind diese medial transportierten Klischees und Stereotypen gefährlich? Und muss man sich gegen sie wehren?

Auch wenn ich einige der gängigsten antirussischen Stereotypen soeben mit ironischer Distanz habe Revue passieren lassen, bin ich ganz entschieden der Auffassung, dass sie gefährlich sind und auf keinen Fall toleriert werden dürfen. Sie sind beleidigend, verletzend, hässlich – und sie sind zumindest teilweise rassistisch. Der Dauereinsatz solcher Stereotype wirkt entmenschlichend. Er steht der Verständigung im Weg, senkt die Schwelle zur Gewaltanwendung und erleichtert den Übergang zu kollektiver Gewalt, also zum Krieg.

Warum ich so entschieden dieser Überzeugung bin, werde ich abschließend am Beispiel zweier Cartoon-Serien des französischen Satiremagazins *Charlie Hebdo* veranschaulichen. Mit dem eigentümlichen Humor dieses Magazins konnte ich noch nie viel anfangen. Seine antiislamischen beziehungsweise antimuslimischen Provokationen fand ich abstoßend. Dass *Charlie Hebdo* sich auch auf dem Feld des Antirussismus betätigt, ist hingegen weniger bekannt und löst auch kaum Betroffenheit oder Empörung aus:

Am 31. Oktober 2015 stürzte ein Airbus der russischen Fluggesellschaft Kogalymavia auf einem Charterflug vom ägyptischen Scharm asch-Schaich nach Sankt Petersburg über der Sinai-Halbinsel ab. Von den 224 Menschen an Bord, unter ihnen 17 Kinder, überlebte niemand. Der Absturz war durch einen Terroranschlag verursacht worden, zu dem sich der IS bekannte. Wenige Tage später, im November 2015, widmete sich *Charlie Hebdo* dieser größten Flugzeugtragödie in der Geschichte Russlands: Auf einer der Zeichnungen sucht ein islamistischer Kämpfer Schutz vor herabstürzenden Leichen und Flugzeugtrümmern. Dazu der Text: »IS: Die russische Luftwaffe verstärkt ihre Bombardierungen«. Der andere Cartoon zeigt einen Schädel mit Sonnenbrille, im Hintergrund das zerschellte Flugzeug. Text: »Die Gefahren russischer Billigflieger«.

Weihnachten 2016 wurde Russland erneut von einer Flugzeugkatastrophe heimgesucht. Über dem Schwarzen Meer stürzte eine Tu-154 Militärmaschine ab. 92 Menschen kamen ums Leben, unter ihnen viele Mitglieder des berühmten Alexandrow-Ensembles der russischen Armee – 64 Sänger, Instrumentalisten und Tänzer. Auch dieses furchtbare Ereignis inspirierte die *Charlie Hebdo*-Karikaturisten. Auf einem der Bilder sieht man ein Chormitglied, das einen »aaaaaa«-Klageton ausstößt: »Das Repertoire des Armeechors wird erweitert«, heißt es dazu. In einem weiteren Cartoon wird es als schlechte Nachricht gewertet, dass Wladimir Putin sich nicht an Bord der Unglücksmaschine befunden hat. Das dritte Bild schließlich zeigt tote Ensemblemitglieder, die auf den Meeresboden gesunken sind und dort von neugierigen Fischen beäugt werden. »Chor der Roten Armee erobert neues Publikum«.

Als die *Charlie Hebdo*-Cartoons veröffentlicht wurden, hatten Rettungskräfte erst 19 Opfer aus dem Schwarzen Meer bergen können. Kann sich jemand an einen Aufschrei der Empörung im Westen erinnern? An eine aufgewühlte Golineh Atai, die als ARD-Korrespondentin in Moskau mit starken Worten und Tränen in den Augen ihre Solidarität mit *Charlie Hebdo* aufgekündigt und den französischen Präsidenten zum Handeln aufgefordert hätte? An die fette *Bild*-Schlagzeile »CHARLIE HEBDO SCHOCKT DIE WELT! Warum wir jetzt mit Russland trauern müssen«?

Das offizielle Russland reagierte auf die *Charlie Hebdo*-Publikationen angemessen hart. Man sprach von einem »Sakrileg« und von »Blasphemie«. Man hätte auch von Antirussismus sprechen können. Denn genau darum handelt es sich. Diese Cartoons attackieren keine politische Entscheidung, kein »Regime«, keinen »Machthaber«. Sie richten sich gegen russische Menschen schlechthin, gegen Urlauber, Armeeangehörige, Sänger, Kinder. Und sie zeugen von Verachtung und Hass. Man würde diese Cartoons entschieden verharmlosen, wenn man sie bloß als »zynisch« oder »geschmacklos« einordnete. Es handelt sich um übelste Volksverhetzung, um kriegsvorbereitende Propaganda. Die Botschaft lautet wieder einmal: Wir – und wir allein – sind der Maßstab. Die da sind nichts wert. Die können weg.

Wer die Macht über die Geschichte hat, Teil 2: USA

Empire im Niedergang

Der Westen, ihm voran die USA, fühlten und feierten sich als Sieger des Kalten Kriegs. Einen nochmaligen Schub erhielt das US-amerikanische Selbst- und Sendungsbewusstsein nach 9/11. Der 11. September 2001 war kein epochaler Einschnitt, keine »Zeitenwende«. Er hat die ohnehin schon dominanten Tendenzen im internationalen Verhalten der USA lediglich verschärft. Auch haben die Anschläge keine Erschütterung der USA oder des von ihnen beherrschten globalen Machtgefüges bewirkt. Sie haben vielmehr als Trendverstärker fungiert, also bestehende Verhältnisse und Strukturen eher gefestigt als gefährdet. Sie haben die im Außenverhalten der USA längst angelegten unilateralen und hegemonialen Ambitionen weiter gefördert, auch die konfrontativen und militärischen Elemente. Und sie haben die inneren und äußeren Widerstände gegen diese Orientierungen beiseite geräumt oder neutralisiert.

Um das Jahr 2003 herum sind zahlreiche Bücher erschienen, die sich an der schier unfassbaren und offenbar grenzenlosen Macht der USA regelrecht berauschten. Egon Bahr zum Beispiel bezeichnete das Land als die »erste und einzige Globalmacht der Geschichte«, Josef Joffe sprach von der »Hypermacht«, Peter Bender vom »neuen Rom«.[1] Wie auch immer man sie bewertete – kaum jemand zweifelte, dass die globale Dominanz des Landes auf Jahrzehnte hin unangreifbar sein und wahrscheinlich das gesamte 21. Jahrhundert bestimmen werde.

Es gab damals nur wenige Autoren, die sich der Bewunderung für die ach so kraftstrotzende Militärmacht USA verweigerten. Der

Franzose Emmanuel Todd ist eine dieser Ausnahmen. Er veröffentlichte 2003 sogar einen »Nachruf« auf die Weltmacht USA.[2] Wo andere nur Macht und Machtsteigerung sahen, verwies Todd auf Machtverluste und Krisenerscheinungen. Der »theatralische Militarismus« der USA richte sich bezeichnenderweise nur gegen relativ schwache Staaten. Er könne den realen Niedergang des Landes jedoch allenfalls kaschieren, nicht aufhalten. Krisensymptome sah Todd in der negativen Außenhandels- und Kapitalbilanz, in einer existenziellen Abhängigkeit von den globalen Rohstoff- und Energiereserven, in der Erosion innerer Liberalität oder auch – und nicht zuletzt – in einer wachsenden Annäherung der mit den USA konkurrierenden Mächte. Todd hatte seinerzeit Europa, Russland und Japan im Blick und nannte sie die »wahren strategischen Akteure«; aus heutiger Sicht müsste man eher von China und Russland sprechen.

Autoren wie Todd waren Außenseiter, deren Analysen allenfalls mit einem gewissen Respekt zur Kenntnis genommen wurden. Die großen Linien der Debatte bestimmten andere, unter ihnen auch die notorischen Irakkriegs-Propagandisten, zu denen in Deutschland selbst kluge Köpfe wie Herfried Münkler oder Wolfgang Sofsky zählten (ihrer Reputation hat's keinen Abbruch getan …).[3]

Es hat dann allerdings nur wenige Jahre gedauert, bis allgemein sichtbar wurde, dass es sich bei alledem um Fehleinschätzungen oder Wunschdenken gehandelt hatte, dass wir es bei den USA nicht mit der bestimmenden Macht des 21. Jahrhunderts, sondern mit einem kriselnden, wenn nicht gar zerfallenden Empire zu tun haben. Schon am 24. Juli 2005 stellte Patrick Cockburn in einem seiner vielen Berichte über den Irakkrieg lapidar fest: »Der Krieg, der begonnen hatte als Demonstration der Stärke der USA, der einzig verbliebenen Supermacht der Welt, hat sich in eine Demonstration ihrer Schwäche verwandelt.«[4] Heute, nur wenige Jahre später, pfeifen es die Spatzen von den Dächern: Der »unipolare Moment« der USA ist längst passé, die Welt nimmt immer erkennbarer multipolare Züge an. Das Land stemmt sich gegen seinen Abstieg und gegen die aufstrebende Konkurrenz, indem es auf militärische Macht und sonstige Mittel der Repression setzt. Sympathischer wird es dadurch nicht. Und dass dieser Weg zum Erfolg führen könnte, ist mehr als unwahrscheinlich. Zudem birgt er eminente Gefahren. Die Angst geht um, dass es zu einer Konfrontation der großen Nuklearmächte kommen könnte, die uns alle mit in den Abgrund reißt.

Ist eine derartige Eskalation möglich, gar wahrscheinlich? Wer die »Torheit der Regierenden«[5] für eine verlässliche historische Konstante hält, wird vermutlich mit Ja antworten. Etwas anders sieht es der »Saker«, ein anonym schreibender, viel gelesener und stets ausgezeichnet informierter pro-russischer Autor.[6] Dass die USA es auf einen echten militärischen Konflikt mit Russland (oder China) abgesehen haben könnten, glaubt er nicht. Aber er stellt eine andere, nicht weniger beunruhigende Möglichkeit zur Diskussion, die eng mit der eben beschriebenen fundamentalen Krise des US-Empire zusammenhängt. Der Saker fragt: Wenn nicht der Wahnsinn die USA in den Krieg treibt, vielleicht ist es die Verzweiflung?

Die USA, so argumentiert der Saker, fahren zurzeit zweigleisig. Zum einen überziehen sie die halbe Welt mit Drohungen, Sanktionen und Wirtschaftskriegen, zum anderen ziehen sie sich arrogant oder beleidigt aus einem internationalen Vertragswerk nach dem anderen, aus einer internationalen Institution nach der anderen zurück. Aus dem einstigen Streben nach »Full Spectrum Dominance« ist eine Politik der »Full Spectrum Confrontation« und der »Full Spectrum Isolation« geworden. »America first« – das heißt nicht Rückzug aus der Weltpolitik. Es heißt: Weltpolitik einer anderen Art, insonderheit einer härteren Gangart. Multilateralismus, internationale Institutionen, Völkerrecht, Diplomatie, Vertragstreue – das sind Werkzeuge von gestern. Heute gilt: Wir handeln unilateral, und zwar gegen Freunde und Feinde gleichermaßen. Gefangene werden keine mehr gemacht. Wir ziehen unsere Linie durch. Dennoch sind wir keine Unmenschen. Wir lassen mit uns reden. Mit uns kann man sich jederzeit einigen – zu unseren Bedingungen, versteht sich, und am besten bilateral. Jeder, der sich nicht fügt, kriegt unseren Ärger zu spüren, mit Ausnahme Israels und – vielleicht – Saudi-Arabiens.

Unsere Mittel der internationalen Politik: Drohungen, Ultimaten, Erpressungen, Individual- und Kollektivstrafen, Propaganda jeglicher Art bis hin zu psychologischer Kriegführung, Cyberwar, Sanktionen. Sodann direkte Gewalt in Form von Waffenlieferungen, Militärbasen und -stützpunkten auf der ganzen Welt, Drohnenangriffen, verdeckten Operationen, Stellvertreterkriegen, Kriegsdrohungen und tatsächlichen Kriegen – in der Regel unerklärt und illegal, also ohne Autorisierung des US-Kongresses, ohne Zustimmung des UN-Sicherheitsrates.

Selbstverständlich geben wir unser schurkenstaatähnliches Verhalten niemals zu. Stattdessen nutzen wir unsere Medien- und Propagandamacht, um der Welt ein völlig anderes Bild vorzugaukeln. Wir erwecken den Eindruck unserer unendlichen Güte und Gutmütigkeit, und wir unterstellen all das, was wir selber tun (aber nie zugeben), geradewegs unseren Gegnern. Obwohl wir Wahlen auf der ganzen Welt manipulieren (auch in Russland 1996), echauffieren wir uns darüber, dass Russland angeblich unsere Wahlen manipuliert habe (ersparen uns aber, irgendwelche ernst zu nehmenden und gegebenenfalls gerichtsverwertbaren Beweise vorzulegen).

Die spannende Frage lautet: Sind solche Verhaltensweisen ein Zeichen von Stärke – oder von Schwäche? Zeugen sie von Selbstbewusstsein, Selbstvertrauen, Selbstsicherheit? Oder zeigen sie ein Land, das unkontrolliert und verzweifelt um sich schlägt, wie der angezählte Boxer oder das verwundete Raubtier? Laut dem Saker befinden sich die USA in einer Krise, aus der es nur einen Ausweg gibt: Sie müssten darauf verzichten, ein Empire zu sein. Sie müssten ins Glied zurücktreten, ein normales Land werden und sich in eine regelgebundene Staatengesellschaft einordnen. Dazu allerdings werden sie kaum bereit sein. Und so birgt der schmerzhafte Prozess des Niedergangs eine teils latente, teils manifeste Gefahr für den Weltfrieden. Es steht zu befürchten, dass die amerikanische Politik – statt sich ins Unvermeidliche zu fügen – militärisch zulegt und die Flucht nach vorn antritt.

Die beschriebene Tendenz existiert nicht erst seit Trump. Dessen Vor-Vorgänger George W. Bush (2001–2009), heutzutage gerne verklärt oder rehabilitiert, legte ein ganz ähnliches internationales Gebaren an den Tag. Er und seine neokonservative Entourage brachen 2003 den Irakkrieg vom Zaun. Sie schmiedeten eine »Koalition der Willigen«, nachdem sie wichtige Staaten (Russland) und wichtige Bündnispartner (Deutschland und Frankreich) nicht vom Sinn und Zweck ihres völkerrechtswidrigen, kriegsverbrecherischen Überfalls auf einen souveränen Staat hatten überzeugen können. Aber nicht nur der Irakkrieg, auch viele andere, weniger gravierende Vorgänge zeigten, dass die US-amerikanische Bereitschaft, sich notfalls über internationales Recht hinwegzusetzen oder sich ihm zu entziehen, merklich gewachsen war. Die Liste der US-Absagen an internationale Verträge, Übereinkommen und Projekte wurde unter Bush Junior immer länger. Sie reichte vom Klimaschutz bis zum Internationalen Strafgerichtshof, vom ABM-Vertrag bis zum Atomteststopp, von den Kleinwaffen über die Landminen bis zu den Biowaffen. Insofern befindet sich Trump in einer Kontinuität – einer Kontinuität, die keineswegs einen wie auch immer gearteten Rückzug des Global Players USA andeutet, sondern ein internationales Benehmen, das die Macht über das Recht und die verbindliche Regel, die einseitige Dominanz über den fairen Ausgleich setzt.

So hat sich Trumps Regierung aus dem Pariser Klimaabkommen verabschiedet, aus dem Nuklearabkommen mit dem Iran, aus der UNESCO, aus dem UN-Menschenrechtsrat. In Sachen Rüstungskontrolle hat sie den bedeutenden Vertrag über Mittelstreckenwaffen (INF) zur Disposition gestellt, und vermutlich wird das Gleiche mit dem Vertrag über strategische Waffen (START) geschehen. Im August 2018 haben die USA mehr als 200 Millionen Dollar an Hilfen für die Palästinenser im Gazastreifen und im Westjordanland gestrichen. Schon im Januar hatten sie ihre Zahlungen an das UN-Hilfswerk für Palästinaflüchtlinge (UNRWA) deutlich gekürzt; nach 360 Millionen Dollar im Jahr 2017 sind es 2018 nur noch 60 Millionen. Selbst die »Partner« und »Freunde« der USA (in der NATO, der G7, der EU) bekommen den Dominanzanspruch zu spüren und sind verstört. Die USA überziehen oder bedrohen Feind und Freund (also mittlerweile die halbe Welt) mit Strafmaßnahmen und einseitigen, illegalen Sanktionen. Wer als unbeteiligter Dritter das Sanktionsregime unterläuft, hat sekundäre Sanktionen zu gewärtigen. Zu alledem gesellen sich Provokationen: Die israelische US-Botschaft wurde von Tel Aviv nach Jerusalem verlegt, die durch Foltervorwürfe diskreditierte Gina Haspel zur neuen CIA-Chefin gemacht und ein Kriegstreiber der Extraklasse, John Bolton, zum Nationalen Sicherheitsberater.

Bolton ist ein besonders interessanter Fall. Er personifiziert die Kontinuität von Bush zu Trump, weil er in beiden Regierungsapparaten Schlüsselstellungen einnahm. Und er liefert ein Beispiel dafür, dass die USA sich nicht nur aus internationalen Organisationen zurückziehen und sie in ihrer Wirksamkeit beeinträchtigen. Der Fall Bolton zeigt auch, dass sie solche Organisationen bei Bedarf instrumentalisieren oder, schlimmer noch, sie und ihre Spitzenvertreter skrupellos unter Druck setzen und bedrohen. So etwa die Organisation für das Verbot chemischer Waffen (OPCW). Der frühere Leiter der OPCW, der brasilianische Diplomat José Bustani, bezeichnet John Bolton kurzerhand als »bully« (Rüpel, Rabauke). Und er hat seine Gründe.

Anfang 2002 übte die Regierung Bush starken Druck auf Bustani aus. Er solle von seinem Amt zurücktreten, forderte man. Und dies, obwohl sonst niemand an der Amtsführung der Generaldirektors etwas zu beanstanden hatte. Erst zwei Jahre zuvor war er einmütig als OPCW-Chef bestätigt worden. Womit hatte Bustani sich den Zorn Washingtons zugezogen? Er hatte Sand ins Getriebe der Kriegsvorbereitungen gegen den Irak gestreut, indem er die Arbeit der UN-Waffeninspektoren engagiert unterstützte und die Aufnahme des Irak (und Libyens) in die OPCW betrieb. Daran wiederum hatten die USA keinerlei Interesse, weil es die große Lüge von den irakischen Massenvernichtungswaffen – und damit den angeblichen Kriegsgrund – zu entlarven drohte. Nachdem Bolton, damals im US-Außenministerium für Rüstungskontrolle und internationale Sicherheitsfragen zuständig, bereits telefonisch Druck auf Bustani entfaltet hatte, tauchte er einige Wochen später persönlich im Hauptquartier der OPCW im niederländischen Den Haag auf, um ihn einzuschüchtern. »Cheney [damals US-Vizepräsident] will, dass Sie Ihren Hut nehmen«, sagte er, »wir können Ihre Art der Amtsführung nicht akzeptieren.« Um dann hinzuzufügen: »Sie haben 24 Stunden Zeit, sich dieser Entscheidung Washingtons zu fügen. Falls nicht, finden wir Mittel und Wege, um zurückzuschlagen.« Nach einer Pause sagte Bolton: »Wir wissen, wo Ihre Kinder leben. Sie haben zwei Söhne in New York.«[7] Am 21. April 2002 wurde Bustani aus seinem Amt entfernt.

Es war dies nicht das erste und nicht das einzige Mal, dass John Bolton auffällig wurde. Menschen, die mit ihm zu tun hatten, beschreiben ihn als Rüpel, als Verrückten, als Serientäter. Dass dieser Mann von Donald Trump zum Nationalen Sicherheitsberater gemacht wurde, könne für die Welt ein Desaster heraufbeschwören, fürchtet José Bustani.

Versteht ihr, was ihr angerichtet habt?

Kurz vor dem militärischen Eingreifen Russlands in den Syrienkrieg (2015) hielt Wladimir Putin eine Rede vor der Generalversammlung der Vereinten Nationen. Er erinnerte an die verheerenden Folgen der westlichen Interventions- und Kriegspolitik im Nahen Osten und in Nordafrika. Dann richtete er sich an die politisch und militärisch Verantwortlichen in Washington, Paris und London: »Versteht ihr wenigstens jetzt, was ihr angerichtet habt?« Eine gute Frage. Vor allem eine berechtigte. Ich kann mich allerdings nicht erinnern, dass Putin von den Angesprochenen einer vernünftigen Antwort gewürdigt worden wäre.

Infolge westlicher Machenschaften ist eine ganze Weltregion ins Chaos und aus den Fugen geraten. Millionen Tote, Verwundete, Geflüchtete, unfassbare materielle Zerstörungen – eine desaströse Bilanz.[8] Will man nicht unterstellen, dass genau dies das eigentliche Ziel der USA und ihrer Verbündeten gewesen sei, bleibt nur die Feststellung, dass deren Politik auf der ganzen Linie gescheitert ist. Wobei es sich ja nur selten um friedliche Strategien und diplomatische Bemühungen gehandelt hat, vielmehr um die Fortsetzung der Politik mit anderen Mitteln: Kriege, Sanktionen, Pressionen und verdeckte Aktionen aller Art. Irgendwelche Einsicht oder gar Reue ist bei den Verantwortlichen und Schuldigen nicht zu erkennen.

Doch merkwürdig! Was auch immer die USA tun, sie laufen nie Gefahr, vom westlichen Medien-Kommentariat an den Pranger gestellt zu werden: Niemand weist ihnen den Status eines Parias zu, niemand stigmatisiert sie als Schurkenstaat, niemand verortet sie auf einer Achse des Bösen. Sie bleiben das vorbildliche Mutterland der Demokratie, der gutherzige Hegemon, »the Land of the Free and the Home of the Brave«. So sehen es zumindest die politischen Führer des Landes und deren Lobredner in den Nachrichtenzentralen der westlichen Welt. Das Empire hält sich viel zugute auf seine Einzigartigkeit, glaubt an die große Bestimmung »Amerikas«, ist überzeugt, dass sein Wirken fürs Wohl und Wehe dieser Welt schlechthin unverzichtbar sei. Aber wenn Amerika – ein »Teil von jener Kraft, die stets das Gute will ...« – dann doch nur Killing Fields und Bloodlands hinterlässt? Dann handelt es sich selbstverständlich nie, wie Scholl-Latour gesagt hätte, um den »Fluch der bösen Tat«, sondern allenfalls um den Fluch der guten oder gut gemeinten Tat, um einen bedauernswerten »Fehler« oder gar um ein »tragisches Scheitern«.

Es ist westlicher Propaganda über Jahrzehnte gelungen, dieses völlig realitätsferne Konstrukt in den Köpfen vieler Menschen zu verankern. Es ist ihr so sehr gelungen, dass sich in der Regel keinerlei Protest erhebt, wenn es wieder einmal in einer Nachrichtensendung, einem Leitartikel oder einer Talkshow allen Ernstes zum Besten gegeben wird; niemand schüttelt den Kopf, niemand winkt ab, niemand bricht in Gelächter aus. Von der Leyen, Röttgen, Steinmeier, Stoltenberg, die Briten, die Franzosen, die Amerikaner – sie kommen damit durch, nach wie vor, immer wieder und immer noch.

Es bleibt mir ein Rätsel, weshalb selbst viele Kritiker dieses ebenso selbstgerechten wie heuchlerischen Selbstverständnisses so verständnisvoll, nachsichtig und gnädig mit dem Übeltäter verfahren. Warum konzedieren sie den verantwortlichen Politikern und Militärs unverdrossen eine gute Absicht, einen edlen Beweggrund? Warum verkleinern sie zum Beispiel bis heute den barbarischen amerikanischen Krieg in Indochina zu einem »Engagement« oder einer »Verstrickung«? Und die medialen Begleiter all dessen? Wie viel Chuzpe, Heuchelei, Arroganz und propagandistische Unverfrorenheit gehören dazu, Russland wegen seiner Krimpolitik als notorischen Völkerrechtsbrecher an den Pranger zu stellen und in diesem Zusammenhang die zahllosen (und andauernden) Völkerrechtsbrüche und Kriegsverbrechen des Westens einfach auszublenden?

Aber es war doch gut gemeint, sagen die Kriegsverbrecher. War es das wirklich? Selbst hartgesottene Realisten und Kritiker der westlichen beziehungsweise US-amerikanischen Außen- und Sicherheitspolitik schrecken allzu oft davor zurück, das Kind beim Namen zu nennen. Sie beschönigen, sie verniedlichen, sie verharmlosen. Sie unterstellen der Kriegs- und Aggressionspolitik selbst dort noch gute Absichten oder edle Beweggründe, wo die Absichten und Beweggründe nachweislich alles andere als gut oder edel sind.

Zwei Bücher sind 2018 in den USA erschienen, die dieses Phänomen bestens veranschaulichen. Sie wurden von zwei schon an früherer Stelle erwähnten Politikwissenschaftlern geschrieben, beide der realistischen Denkschule verpflichtet. Stephen M. Walts Buch heißt *The Hell of Good Intentions*.[9] Schon mit dieser Titelwahl macht der Harvard-Politologe deutlich, dass er zwar eine Fundamentalkritik der US-Außenpolitik vorträgt, aber ihren Machern letztlich doch »gute Absichten« zugesteht. Mehr noch: Er argumentiert – getreu dem Sprichwort »Der Weg zur Hölle ist mit guten Vorsätzen gepflastert« –, dass diese Außenpolitik nicht zuletzt deshalb scheitert oder gescheitert ist, weil sie nicht davon abläßt, Gutes tun zu wollen und hehre Ziele zu verfolgen. Walts Fazit lautet in etwa: Wer die Welt in US-Manier beglücken will, schafft am Ende eine Hölle auf Erden.

Ähnlich verhält es sich mit dem neuen Buch von John Mearsheimer. Es heißt *The Great Delusion* (Der große Wahn), im Untertitel: *Liberal Dreams and International Realities*.[10] Auch Mearsheimer formuliert eine radikale Kritik der US-Außenpolitik, doch auch er ist insoweit gnädig, als er den verantwortlichen Akteuren zwar jede Menge Verblendung, aber keine bösen Absichten unterstellt. Eher im Gegenteil: Es sind, wie bei Walt, gerade die guten Absichten, die das Scheitern bewirken. Ziel der USA, sagt Mearsheimer, sei eine liberale internationale Ordnung, eine »liberale Hegemonie«. Dieses Ziel sei nach dem Ende des Kalten Kriegs mit einer »Kreuzzugsmentalität« verfolgt worden; erreicht worden sei das genaue Gegenteil des Beabsichtigten. »Irgendwas ging gründlich schief«, wie er schreibt. Das große Projekt sei auf ganzer Linie gescheitert, weil es sich vom Realismus und den Grundsätzen der Realpolitik gänzlich verabschiedet hatte. Selbst die Rückwirkungen permanenter Kriege auf die inneren Verhältnisse der USA gerieten Mearsheimer deutlich in den Blick: »Liberalism abroad leads to illiberalism at home.«

Man fragt sich, warum ein so geradliniger und furchtloser Kritiker der US-Außenpolitik wie John Mearsheimer davor zurückscheut, den letzten Schritt zu tun. Obwohl er es besser wissen müsste und vermutlich auch besser weiß, erweckt er den Eindruck, als sei die Verbreitung liberaler Demokratie die Hauptleitlinie der US-Außenpolitik. Dass ein Realist wie er die deklaratorische Ebene, also die Selbstdarstellungen und Absichtserklärungen, kurzum: die ganze Propaganda, für bare Münze nimmt, ist kaum vorstellbar. Es genügt völlig, auf die Politik der USA in ihrem Hinterhof, also in Mittel- und Südamerika, zu verweisen, um zu erkennen, dass nicht liberale, demokratische Werte ihr großes Thema sind, sondern geopolitische und ökonomische Interessen und Abhängigkeiten.

Wie sagte doch Henry Kissinger nach dem Wahlsieg von Salvador Allende in Chile? »Ich sehe nicht ein, warum wir tatenlos zusehen und erlauben müßten, daß ein Land wegen der Unverantwortlichkeit seiner eigenen Bevölkerung kommunistisch wird.«[11] Am 11. September 1973 wurde die Regierung der Unidad Popular mit tatkräftiger Unterstützung der USA weggeputscht und eine rechte Militärdiktatur installiert, die der Demokratie und den chilenischen Demokraten den Garaus machte.

Wie im »Hinterhof«, so in anderen Weltteilen. Wäre es den USA um die Verbreitung liberaler Demokratie zu tun, hätten sie 1953 den demokratisch gewählten iranischen Ministerpräsidenten Mohammad Mossadegh nicht durch den autokratischen Schah ersetzt[12], sondern den überfälligen und bis heute ausstehenden Regimewechsel in Saudi-Arabien eingeleitet. Maßgeblich ist aus US-amerikanischer Sicht nicht, ob ein Staat liberal-demokratisch verfasst ist, sondern ob er sich kooperativ oder widerspenstig verhält. Ist er kooperativ, hat er nichts zu befürchten, und sei er im Inneren noch so illiberal. Wären beispielsweise Assads außenpolitische Orientierung und seine Pipeline-Politik den USA genehm, würde selbstverständlich niemand »Assad must go!« rufen, niemand vom Schlächter, vom Tier, von Fassbomben oder Chemiewaffen reden. Man würde ihn als Reformer, Stabilitätsanker, verlässlichen Verbündeten und Bekämpfer des Terrorismus feiern. Nicht die inneren Verhältnisse sind ausschlaggebend, sondern die außenpolitischen Vorzeichen. Unser Thema ist demzufolge nicht die liberale Hegemonie. Unser Thema sind Macht und Interessen. Und da die USA ein Empire, ein Imperium sind, geht es nicht zuletzt um imperiale Interessen, um Imperialismus.

Warum sagt Mearsheimer das nicht so deutlich? Weil er sich damit zu weit aus dem Fenster lehnen würde, weil er sich – in solcher Weise Tacheles redend – aus dem Mainstreamdiskurs verabschieden müsste. Er hatte es in den vergangenen Jahren, etwa im Rahmen der Ukraine/Russland-Diskussion, schon schwer genug, sich Gehör zu verschaffen. Die US-Außenpolitik als das zu analysieren, was sie ist, würde ihn endgültig zum Außenseiter stempeln.

Wenige Monate vor seinem Tod im Dezember 2018 erklärte der große anti-imperiale Publizist William Blum im Rahmen einer Podiumsdiskussion, warum die amerikanische Bevölkerung mit der Washingtoner Außenpolitik weitgehend zufrieden ist.[13] Die Menschen glaubten fälschlicherweise, dass die Vereinigten Staaten von Amerika es immer gut meinen, sagte Blum. Zwar werden Fehler gemacht, zwar gibt es Misserfolge – aber die USA meinen es immer gut. Wer die US-Außenpolitik ändern will, so Blum, müsse zuvörderst diese Illusion bekämpfen.

Der Schlüssel liegt in Washington

Wer sich mit der US-Geschichte beschäftigt und zu älteren Werken bedeutender amerikanischer Historiker greift, kommt um diverse Déjà-vu- und Déjà-lu-Erlebnisse nicht herum. Vor einiger Zeit blätterte ich mal wieder in Charles A. Beards *Geschichte der Vereinigten Staaten von Amerika*[14] und staunte nicht schlecht. Themen, die uns heute in Atem halten, standen auch in diesem Buch, das Ende der 1940er-Jahre erschienen war, schon im Vordergrund: Disparitäten zwischen Reich und Arm, Rassenprobleme, Immigrationspolitik, imperiale Außenpolitik. Charles Beard (1874–1948) war ein kritischer Geist und ein eloquenter Kritiker der US-Außenpolitik und ihres imperialen Gehabes. Sein Denken und seine Art der Geschichtsschreibung hatten Vorläufer, Zeitgenossen und Nachfahren. Zu den Zeitgenossen gehörten etwa Frederick Jackson Turner (1861–1932), Vernon Louis Parrington (1871–1929) oder Carl Lotus Becker (1873–1945). Richard Hofstadter hat diese Gelehrten einige Jahrzehnte später als »progressive Historiker« porträtiert und gewürdigt.[15]

Zu den Nachfahren von Beard & Co. zählt William Appleman Williams (1921–1990). Ich erwähne ihn, weil er für mich eine besondere Bedeutung erlangt hat. Auf einige seiner Bücher bin ich eher zufällig während meines Studiums gestoßen.[16] Sie schienen mir die großen Linien der US-Außenpolitik und nicht zuletzt die Zusammenhänge zwischen Innen- und Außenpolitik überzeugend darzustellen und zu erklären. Und sie enthielten normative und prognostische Elemente, die mir damals (wie heute) rein gefühlsmäßig zusagten.

Williams war ein »Radical«, ein Vertreter der Neuen Linken, der an der Vorstellung einer intakten, solidarischen, gerechten Community hing. Während der amerikanische Mainstream und insbesondere das außenpolitische Establishment überzeugt waren, dass die USA Weltpolitik betreiben müssten, damit es dem Land gut gehe, es sicher sei und prosperiere, war Williams genau gegenteiliger Ansicht. Wenn die USA weiterhin und wie gehabt Weltpolitik betrieben, sich als imperiale Macht gerierten, dann würden sie Freiheit, Demokratie und Wohlstand im Inneren des Landes aufs Spiel setzen. Auch außenpolitisch würden sich immer seltener Erfolge einstellen, da sich die Welt in weiten Teilen in einem Aufbruch befinde, der den Zielsetzungen Washingtons zuwiderlaufe. Dies müsse die politische Führung begreifen, andernfalls würde das Land immer stärker in die Isolation geraten. Letztlich, so seine im Laufe der Jahre immer eindringlichere Warnung, bedrohten die US-Eliten mit ihren globalen Machtansprüchen die gesamte Menschheit. Ohne einschneidende Kurskorrektur laufe alles auf eine nukleare Konfrontation und Katastrophe hinaus.

Williams hatte gehofft, nach dem Vietnamkrieg und der damit einhergehenden Protestbewegung würde sich eine Wende der US-

Außenpolitik anbahnen. Er wurde enttäuscht. Als 1980 Ronald Reagan die Präsidentschaft übernahm, erschien ihm dies als gefährlicher Rückfall in längst obsolete Denk- und Handlungsmuster. Reagan war von der ungetrübten Zuversicht beseelt, dass die USA »the world's best hope of salvation« seien und ihre herrlichsten Tage erst noch bevorstünden.[17] Er investierte in die militärische Aufrüstung, strebte nukleare Überlegenheit und Erstschlagsfähigkeit an, frönte einem aggressiven Antikommunismus in Wort und Tat und diffamierte die Sowjetunion als »Reich des Bösen«. Williams sah in Reagan einen Mann, »der unverhohlen die nostalgische Rückkehr zu Weltmachtgröße auf die politische Tagesordnung setzte«[18].

Als Williams 1990 starb, schien seine Deutung der amerikanischen Außenpolitik obsolet geworden zu sein. Reagan und seine Politik der Stärke (die sich, als Gorbatschow auf den Plan trat, zudem als überraschend flexibel erwies) hatten auf ganzer Linie gesiegt. Der Untergang der Sowjetunion und ihrer Verbündeten hatte alle etwa noch vorhandenen Zweifel an der Überlegenheit der liberalen Demokratie und der sogenannten freien Marktwirtschaft beseitigt. Die US-Außenpolitik hatte nicht in die Tragödie geführt, sondern zu einem Triumph. Williams' Skepsis, seine Mahnungen, seine Kritik, sie schienen gegenstandslos geworden zu sein, widerlegt, ins Unrecht gesetzt.

Tatsächlich? Williams hatte den Westen und insbesondere die USA zu einer grundlegenden Kurskorrektur gedrängt – doch nun, nach dem Ende des Kalten Kriegs, wiederholte sich, was sich schon in den 1950er-Jahren, also in der Auftaktphase des Konflikts, ereignet hatte. Wie damals, so erlebten die USA auch jetzt ihren »unipolaren Moment«. Und wie damals, so ließen sie ihn auch jetzt ungenutzt verstreichen – ohne Versuch, mit sich und dem Rest der Welt ins Reine zu kommen. Kein Innehalten, keine Reflexion, kein Umdenken. Die großen Probleme, die Williams beizeiten thematisiert hatte, wurden durch den Sieg im Kalten Krieg nicht gelöst, sondern nur verdrängt. Es dauerte nicht lange, da meldeten sie sich mit Macht zurück. Aus heutiger Sicht kann man sagen: Williams' Deutungen und Befürchtungen wurden von der weiteren Entwicklung eindrucksvoll bestätigt.

Die imperiale Orientierung der US-Politik war aus Williams' Sicht nicht erst seit Ende des 19. Jahrhunderts greifbar, sondern von Anfang an. Das lässt sich zum Beispiel anhand der *Federalist Papers* zeigen, einem der wichtigsten Dokumente aus der Gründungsphase der USA. Einer der drei Autoren, Alexander Hamilton, schreibt dort:

»Laßt es uns mit Verachtung zurückweisen, ein Werkzeug europäischer Größe zu sein! Laßt die dreizehn Staaten, zusammengefügt in einer festen und unauflösbaren Union, im Aufbau eines einzigen großen amerikanischen Systems zusammenwirken, das keiner Beherrschung durch die Macht oder den Einfluß transatlantischer Kräfte mehr unterliegt und dazu in der Lage ist, die Bedingungen zu diktieren, unter denen sich alte und neue Welt verbinden!«[19]

Die Gründer- und Verfassungsväter des Landes haben Williams zufolge die Richtung vorgegeben, in die sich die USA in den folgenden gut zweihundert Jahren entwickelten. Den berühmten Lehrsatz des französischen Philosophen Montesquieu, Selbstbestimmung könne nur in einem kleinen Staat existieren, kehrte James Madison kurzerhand um und verkündete, dass imperiale Großmacht für Freiheit unabdingbar sei. Mehr noch als Madison half Thomas Jefferson, die imperiale Expansion als akzeptierten »Way of life« zu etablieren. Am Ende seiner Präsidentschaft gab er sich überzeugt, »daß keine andere Verfassung jemals zuvor so gut ausgewogen war für ausgedehnte Großmacht und für Selbstregierung wie die unsere«[20]. Ein ganz ähnlicher Glaubenssatz ist einige Jahre später von Präsident James Monroe überliefert: »Unser System mag gefahrlos bis zu den äußersten Schranken unserer territorialen Grenzen ausgedehnt werden ..., und in dem Maße, wie es ausgedehnt wird, werden die Bande unserer Union, weit entfernt davon, geschwächt zu werden, stärker sein.«[21]

Es entwickelte sich in den USA eine in den folgenden Jahrzehnten nur selten ernsthaft herausgeforderte imperiale Denkkultur, eine »Weltanschauung« (Williams verwendet diesen deutschen Begriff). Sie basierte auf der Annahme, »daß Expansion der Schlüssel zu Selbstbestimmung, Wohlstand und sozialem Frieden sei«[22]. Williams' große Leistung als Historiker liegt darin, dass er die Wechselwirkung zwischen Freiheit, Wohlstand und Empire in der US-Geschichte herausgearbeitet hat. Sie stellt sich folgendermaßen dar:

Um die amerikanische Freiheit zu sichern, um das politische System funktionstüchtig zu halten, bedurfte es ständig wachsender ökonomischer Prosperität. Um die Prosperität zu erhalten und zu steigern, musste man auf äußere Märkte expandieren; ohne den gesicherten Zugriff auf Territorien, Ressourcen, Märkte konnte die amerikanische Ökonomie nicht florieren. Alles beruhte auf Wachstum, Dynamik, Fortschritt. Von einer Stagnation befürchtete man innere Unruhen und eine Bedrohung der Stabilität, das »Gespenst des Chaos«. Ökonomische Expansion war insofern die Voraussetzung, die Bedingung der Möglichkeit von heimischem Wohlstand und sozialem Frieden.

Die politische Praxis ging mit dieser Konzeption konform. Zunächst expandierte man auf dem Territorium der heutigen USA beziehungsweise in Nordamerika, dann geriet die gesamte westliche Hemisphäre ins Blickfeld. Erinnert sei in diesem Zusammenhang an die Monroe-Doktrin (1823), sodann an den Amerikanisch-Mexikanischen Krieg (1846–1848), durch den sich die USA neue Territorien einverleibten und den Durchbruch zum Pazifik schafften. Schon damals wurde übrigens dem Präsidenten James K. Polk von Kritikern wie John Quincey Adams vorgeworfen, den Krieg mit manipulativen Tricks und skrupelloser Unterdrückung von Nachrichten herbeigeführt zu haben.[23] An der Wende vom 19. zum 20. Jahrhundert kam der Höhe- und vorläufige Schlusspunkt in Gestalt des Spanisch-Amerikanischen Kriegs (1898 ff.), durch den die USA u.a. Kuba unter ihre Kontrolle brachten und sich die Philippinen einverleibten. Im 20. Jahrhundert dehnte sich der imperiale Anspruch schließlich global aus. Er materialisierte sich nicht in territorialer Expansion oder der Aneignung von Kolonien, sondern informell: durch Dominanz, Beeinflussung, Ausbeutung, Intervention. Sosehr handfeste Interessen diese Politik bestimmten, wurde sie doch auch von einer Weltanschauung geleitet und begleitet, die nicht bloß Legitimationsideologie war, sondern an die viele reinen Herzens glaubten, und zwar sowohl im Establishment als auch in der Breite der Gesellschaft. Die USA waren der festen Überzeugung, dass sie – was ihr politisches System betraf, ihre Verfassung, ihre Wirtschaftsordnung – den Stein der Weisen gefunden hätten, dass sie legitimes Vorbild für die Welt sein könnten, eine Mission zu erfüllen hätten. Es galt, die amerikanischen Errungenschaften zu verbreiten und auch andere mit ihnen zu beglücken.

Um die Jahrhundertwende – nach dem Spanisch-Amerikanischen Krieg – verkündete der US-Außenminister John Hay die Open Door Notes. Die Politik der offenen Tür bezog sich nicht allein auf den Umgang mit China – damals eines der begehrtesten Objekte imperialistischer Expansion –, sondern ganz generell auf die Art und Weise, wie der internationale Wettbewerb nach Ansicht der USA auszusehen hatte. In den Open Door Notes widerspiegelte sich eine neue große Strategie. Sie kam auf den ersten Blick antikolonial, gerecht und freundlich daher, war aber selbstverständlich so gestaltet, dass sie den Interessen der USA und ihrem schmeichelhaften Selbstbild entsprach. Unter den von Williams herausgearbeiteten Charakteristika des US-Imperialismus erscheinen mir vier besonders wichtig.

Erstens werden Freiheit, Sicherheit und Prosperität nicht nur aufeinander bezogen, stehen nicht nur in Wechselwirkung miteinander, sondern werden in einem weltweiten, amerikanisch dominierten Rahmen definiert. Die überkommene Unterscheidung zwischen Innen- und Außenpolitik fällt letztlich flach.

Zweitens zeigen die USA »eine imperiale Neigung zur Externalisierung des Bösen«. Anders gesagt: Was intern schief läuft, wird mit externen Entwicklungen erklärt. Im Zeichen imperialer Politik, so Williams, verliere eine Gesellschaft oder Gemeinschaft auf Dauer den Bezug zu sich selbst. »Zuletzt wird alles und jedes primär so betrachtet, als ob irgendwelche Ausländer Schuld daran hätten; die Kultur sieht sich als belagert und bekämpft an und wird folglich unfähig, die Realität so zu definieren und zu bewältigen, wie es angemessen und effektiv wäre.«[24] (Man bedenke, dass Williams diese Erkenntnis Jahrzehnte vor der aktuellen Russland-Hysterie zu Papier brachte!)

Nimmt man die beiden gerade erläuterten Aspekte zusammen, ergibt sich drittens ein geradezu paradoxes Bild der gegenwärtigen amerikanischen Politik: Einerseits verfügen die USA über den mit Abstand mächtigsten und kostspieligsten Militärapparat, sind in der Lage und oft willens, überall dort militärisch einzugreifen oder zu drohen, wo es ihnen ratsam erscheint oder sie vermeintliche oder tatsächliche Sicherheitsinteressen gefährdet sehen. Sie fordern die Welt heraus, indem sie Feindbilder pflegen, sie sind ständig auf der Suche nach neuen Feinden, sie drohen und bedrohen, sie strafen individuell wie kollektiv. Andererseits aber sehen sie sich auch selbst gefährdet, herausgefordert und bedroht, ja, sie stellen sogar Bedrohungsranglisten auf und erzeugen den Eindruck einer Verwundbarkeit, die angesichts der realen militärischen, ökonomischen und politischen Macht absurd erscheint.

Und viertens schließlich, wie schon an früherer Stelle angesprochen, erweckt die imperiale Politik der USA den Anschein, sie sei gar nicht imperial oder sogar das Gegenteil davon. Wo es in Wahrheit um Macht und Interessen geht, schafft sie eine deklaratorische Wohlfühlkulisse, die stets gute Absichten reklamiert. Die jeweils Regierenden – gleichviel, ob Demokraten oder Republikaner – gestehen das Imperiale ihrer Politik nicht ein, belügen andere und sich selbst. Dass dieses (Selbst-) Täuschungsmanöver immer wieder funktioniert, liegt an jener ebenfalls schon angesprochenen Ausblendung großer Teile der Realgeschichte.

Was immer man der Politik der offenen Tür ansonsten nachsagen mag, aus US-amerikanischer Sicht funktionierte sie lange Zeit hervorragend. Macht und Wohlstand wuchsen. Doch die Zeiten und die Verhältnisse haben sich inzwischen geändert. Die Ökonomie ist nicht länger die starke Seite der USA. Das Land kauft mehr als es verkauft, importiert mehr als es exportiert, und es überbrückt diese Kluft durch immer größere Defizite. Die einstige strategische Selbstgenügsamkeit hat sich in Abhängigkeit verwandelt, etwa im Rohstoffsektor. Und soweit das Wirtschaftsspiel manipuliert ist, genießen heute andere den Vorteil, an erster Stelle China – im Übrigen eine Ironie der Geschichte, war es doch China, auf dessen Markt es die Open Door Notes einst abgesehen hatten.

Da die USA den Niedergang ihres Empire nicht länger durch ökonomische oder technologische Leistungen aufhalten können, versuchen sie es mit militärischer Gewalt. Und hier sind sie nach wie vor Weltmarktführer.

»Die Vereinigten Staaten versuchten früher, ›den Lebensstil der Anderen zu verändern‹ – die ›Anderen‹ waren in dem Fall die Bewohner Lateinamerikas, Asiens und Europas –, indem sie ihnen allerlei Waren aus den Werken in Detroit und Chicago verkauften. Um heutzutage ›den Lebensstil der Anderen zu verändern‹ – wobei die ›Anderen‹ die Bewohner der islamischen Welt sind –, verlassen sich die USA auf den Dienst ihrer Armee und ihrer Marine. Noch vor einem Jahrhundert hegten die Amerikaner eine erklärte Abneigung gegen militärische Macht. Das war Sache der Deutschen oder der Japaner. Mittlerweile gehen die Amerikaner richtig in ihrer militärischen Macht auf. Am Ende des Tages ist es nun mal unsere Spezialität.«[25]

Die Probleme im eigenen Land wachsen, eine Entwicklung, die Williams schon früh erkannt hatte, die aber kaum jemand zur Kenntnis nehmen wollte, solange das Empire Gewinne abwarf oder abzuwerfen versprach. Es ist eine Doppelbewegung im Gange: Einerseits geraten die außenpolitischen Abenteuer in Sackgassen oder entpuppen sich als Desaster – und verschlingen Unmengen an Geld und Ressourcen. Andererseits sind die politisch Verantwortlichen unfähig oder unwillig, die Krise im Inneren des Landes zu bewältigen. Sie lenken sie nach außen ab und versuchen, ein Empire zu erhalten, das sich nicht erhalten lässt. Das alles unterfüttert die staatlich-mediale Propaganda mit schillernden Begründungen und irrealen Bedrohungsszenarien, die mit den wahren Triebkräften nichts zu tun haben.

Während des ersten Kalten Kriegs hörte man immer wieder den Satz: Der Schlüssel liegt in Moskau. Natürlich konnten Deutschland und andere westliche Länder in bilateralen Verhandlungen mit den Warschauer-Pakt-Staaten dies und jenes erreichen, doch die großen Schritte – etwa mit Blick auf die deutsche Frage, auf eine europäische Friedensordnung oder auf substanzielle Abrüstung – bedurften des Plazets der Sowjetführung. Dass dem tatsächlich so war, zeigte sich seit Mitte der 1980er-Jahre, als Michail Gorbatschow auf den Plan trat. Im Laufe weniger Jahre konnten Erfolge erzielt werden, die zu den Hochzeiten des Kalten Kriegs unvorstellbar gewesen wären.

Heute, fast drei Jahrzehnte nach dem Ende des Ost-West-Konflikts und im Zeichen eines neu beginnenden kalten Kriegs, gilt ein anderer Satz: Der Schlüssel liegt in Washington. Soll eine große militärische Konfrontation verhindert und sollen die vielen globalen Probleme kooperativ angegangen werden, dann müssen sich vor allem die außenpolitischen Orientierungen und Prioritäten der USA grundlegend ändern. Wahrscheinlich müssen sich sogar die USA als solche grundlegend ändern (wie es seinerzeit die Sowjetunion getan hat). Solange sich die USA querstellen und im internationalen System eine anmaßende, selbstsüchtige und destruktive Rolle spielen, sind keinerlei Fortschritte zu erwarten, und das Land wird weiterhin ein schwer berechenbarer Störfaktor und Unruheherd bleiben. Es genüge nicht mehr, so hatte Williams schon in den 1980er-Jahren geschrieben, einfach nur eine Umorientierung der US-Außenpolitik zu verlangen; vonnöten sei vielmehr eine grundlegende, revolutionäre Umkehr des ganzen Landes.

United States of Amnesia[26]

Von einem Verteidigungsministerium sollte man annehmen, dass es sich der Landesverteidigung widmet. Anders das US-Pentagon! Auf seiner Prioritätenliste dürfte die Befriedung der Provinz Kandahar einen höheren Stellenwert einnehmen, ebenso die Bekämpfung von Terrorgruppen in Somalia. Die Streitkräfte der USA kämpfen nicht zu Hause, sondern anderswo. Sie sind Expeditionsstreitkräfte. Sie projizieren militärische Macht im globalen Maßstab. Der berühmte Ökonom John Kenneth Galbraith attestierte den USA schon vor Jahrzehnten einen »strategischen Geist«, der auf den Globus blickt, nur um ihn sofort »in Sphären gegenwärtiger oder möglicher Einflußnahme« zu unterteilen.[27]

Diese Unterteilung ist militärisch längst vollzogen: Es gibt ein European Command, ein Africa Command, ein Central Command, ein Southern Command, ein Northern Command, ein Indo-Pacific Command. Und wenn das Polareis sich weiter zurückzieht, wird es wohl bald auch ein Artic Command geben.[28] Ein US Cyber Command existiert schon, also nur eine Frage der Zeit, bis ein US Galactic Command ins Leben gerufen wird. Wie anmaßend das alles ist, erklärt sich schon aus der Tatsache, dass kein anderer Staat sich auch nur ansatzweise etwas dergleichen erlaubt oder erlauben könnte. Man stelle sich den Aufschrei in Washington vor, schreibt Andrew Bacevich, wenn Chinas Präsident Xi Jinping ein »People's Republic of China Latin America Command« installierte und einen chinesischen Vier-Sterne-General damit beauftragen würde, für Ordnung und Stabilität zwischen Mexiko und Argentinien zu sorgen.[29]

40 Prozent der globalen Rüstungsausgaben entfallen auf die USA. Der Rüstungshaushalt für 2019 beträgt über 700 Milliarden US-Dollar; allein die Steigerung gegenüber dem Vorjahr übertrifft den gesamten nominellen russischen Rüstungshaushalt. Die USA haben nach dem Zweiten Weltkrieg ein historisch beispielloses globales Netzwerk militärischer Einrichtungen geschaffen. Sie unterhalten weltweit 800 Militärbasen, verteilt auf über 80 Länder (während selbstredend kein anderer Staat eine Militärbasis in den USA besitzt). In insgesamt 160 Staaten sind US-Truppen oder anderes militärisches Personal zugegen und zugange. Die jährlichen Ausgaben für die zahllosen Stützpunkte betragen circa 150 Milliarden US-Dollar.[30]

Mehr als die Hälfte der 80 Länder, in denen die USA Militärbasen unterhalten, sind repressive, autoritäre Systeme. Diese Affinität zu undemokratischen und oft despotischen Staaten durchzieht die gesamte US-Geschichte seit dem Zweiten Weltkrieg, von Truman bis Trump. David Vine, einer der besten Kenner des Militärbasennetzes, kritisiert: »Dieses Muster der täglichen Unterstützung für Gewaltherrschaft und Unterdrückung in der ganzen Welt sollte ein nationaler Skandal in einem Land sein, das angeblich der Demokratie verpflichtet ist.«[31]

Entgegen ihrem demokratischen Anspruch haben die USA zahllose Regierungen destabilisiert oder entfernt, Befreiungsbewegungen zerschlagen, brutale Diktaturen unterstützt, ausländische Politiker ermordet oder dies versucht und sich immer wieder in Wahlen anderer Länder eingemischt. Blickt man in die westliche Hemisphäre, an der die USA spätestens seit der Monroe-Doktrin ein besonderes Interesse haben, wird man wohl keinen Staat finden, der einer militanten Einmischung Washingtons entgangen wäre. Militärputsche, militärische Interventionen, Stabilisierungen rechter und Destabilisierungen linker Regierungen, strukturelle Gewalt in Gestalt ökonomischer Ausbeutung: Guatemala, Dominikanische Republik, Chile, Haiti, Grenada, Panama, El Salvador, Nicaragua, Bolivien, Honduras, Paraguay, Ecuador, Venezuela, Argentinien, Brasilien ...

Ein Kapitel für sich ist die US-Kriegsgeschichte.[32] Lassen wir die Ausrottung der indigenen Bevölkerung, den Sklavenhandel und die kriegerischen Konflikte des 19. Jahrhunderts außen vor und beginnen mit dem Spanisch-Amerikanischen Krieg an der Wende zum 20. Jahrhundert. Die USA schlugen während dieses Kriegs die Revolte auf den Philippinen nieder und rissen sich das Land unter den Nagel. Was hatte es mit Freiheit, Demokratie und Menschenrechten, mit christlich-jüdischer Zivilisation oder regelbasierter internationaler Ordnung zu tun, dass die amerikanischen Truppen in diesem Krieg Massaker begingen, die auf den Vietnamkrieg sechzig Jahre später vorauswiesen? Teile des Landes wurden regelrecht entvölkert. Einmal wurde der Befehl erteilt, »alles über zehn Jahre« zu töten. Eine Stadt mit 17 000 Einwohnern wurde ausgelöscht – keine Überlebenden.[33]

Der kalifornische Sozialwissenschaftler Carl Boggs wirft seinem Land vor, es sei »kriegsbesessen« und unterhalte »die größte und aggressivste Kriegsmaschine der Geschichte«. Der US-Massenvernichtungsapparat, so Boggs, betreibe seit Jahrzehnten insbesondere »Luftterrorismus« und bombe sich seine Bahn, unbekümmert um Recht und Moral. Die USA hätten sämtliche Kategorien von Massenvernichtungswaffen entwickelt und eingesetzt: konventionelle, atomare, biologische und chemische, dazu Sanktionen (laut Boggs die fünfte Kategorie). Die Luftbombardements mit konventionellen Waffen hätten bislang den größten Blutzoll unter Kombattanten wie Zivilisten gefordert.[34]

Ein Beispiel ist der Luftkrieg gegen Japan während des Zweiten Weltkriegs. Hier wurde von den USA – im Unterschied zu ihrer Luftkriegführung in Europa – keinerlei Rücksicht auf Zivilisten genommen. Im März 1945 warf die US-Luftwaffe fast 1 700 Tonnen Brandbomben auf Tokio ab, um die Stadt auszulöschen; die unmittelbare Opferzahl betrug 100 000. Über 60 japanische Städte traf das gleiche Schicksal, bis die Atombomben auf Hiroshima und Nagasaki den Krieg schließlich beendeten. Fünf Jahre später dann der Vernichtungskrieg in Korea mit Angriffen auf alle erdenklichen Ziele: Städte und Dörfer, Fabriken, Kommunikationsmittel, landwirtschaftliche Anbauflächen, Staudämme. Neben verheerenden Flächenbombardements setzte man auch in großem Stil Napalm ein und bediente sich der biologischen Kriegführung, um Epidemien auszulösen und einen Zusammenbruch des Systems herbeizuführen.[35] Mehrfach wurde die Option diskutiert, Atomwaffen einzusetzen.

Die offizielle Geschichte des Luftkriegs in Korea *(The United States Air Force in Korea 1950–1953)* berichtet, dass die US-geführten Luftwaffen der Vereinten Nationen mehr als eine Million Einsätze flogen und insgesamt fast 700 000 Tonnen Munition gegen den Feind einsetzten. General Curtis LeMay, der Architekt der Brandbombenattacken auf japanische Städte (»Wenn wir den Krieg verloren hätten, wären wir alle als Kriegsverbrecher bestraft worden.«), leitete auch das strategische Bombardement Koreas: »Wir haben fast jede Stadt in Nord- und Südkorea niedergebrannt ... Wir haben über eine Million koreanische Zivilisten getötet und mehrere Millionen aus ihren Häusern vertrieben, mit den unvermeidlichen zusätzlichen Tragödien, die daraus folgen.«[36]

LeMay spricht von einer Million ziviler Opfer. Die Gesamtopferzahl des US-geführten Koreakriegs ist bis heute unklar. Zwei Millionen? Drei Millionen? Fünf Millionen? Sicher ist nur, dass die Toten und Verwundeten mehrheitlich Zivilisten waren.

Weniger als ein Jahrzehnt nach dem Koreakrieg begannen die USA in Vietnam, Laos und Kambodscha eine neue Phase der Barbarei und ließen acht Millionen Tonnen Bomben fallen; das entsprach 640 Hiroshimas.[37] Die Flächenbombardierung wurde gegenüber Japan und Korea perfektioniert: B-52 bombardierten systematisch große Zonen, gefolgt von einer Flut von Anti-Personen-Waffen wie Streubomben, Weißphosphor und speziell aufgerüstetem Napalm. Insgesamt wurden auf Vietnam 373 000 Tonnen Napalm abgeworfen, verglichen mit 32 000 Tonnen in Korea. In Vietnam stützte sich das Pentagon stark auf chemische Kampfführung: Zwischen 1962 und 1971 wurden rund 6 500 Flüge zum Sprühen von Agent Orange und anderen toxischen Substanzen durchgeführt; auf diese Weise sollten Ernte und Laub vernichtet werden. Operation Ranch Hand kontaminierte mehr als 31 000 Quadratkilometer, vergiftete mindestens vier Millionen Menschen und hinterließ Hunderttausende Fälle von Krebs, Lungenkrankheiten und Geburtsfehlern. Es fand keinerlei Unterscheidung in Kombattanten und Zivilisten statt.[38]

Im Indochina- wie im Koreakrieg war das Zielen auf »alles, was sich bewegte« quasi ein Mantra unter den US-Streitkräften, eine Art Passwort, das unterschiedsloses Abschlachten legitimierte. Nixons Befehl, Kambodscha mit einem massiven Bombardement zu überziehen, leitete sein Außenminister Kissinger mit den Worten weiter: »Anything that flies on anything that moves.« In Laos trug die CIA zwischen 1964 und 1973 dazu bei, das größte Luftbombardement pro Kopf in der Geschichte zu steuern und im Verlauf von 580 000 Bombenangriffen mehr als zwei Millionen Tonnen Munition einzusetzen, darunter ein riesiger Anteil an Streubomben. Ungefähr zehn Prozent der laotischen Bevölkerung wurden getötet. Da viele Streubomben nicht explodiert sind, ist das verwüstete Land bis heute mit tödlichen Sprengkörpern übersät.[39]

Zu dieser »Kreuzigung Südostasiens« (Noam Chomsky) trugen auch zahlreiche Massaker an der Zivilbevölkerung bei. Das Massaker von My Lai am 16. März 1968 ist sicher das bekannteste, aber kein Einzelfall. Jede militärische Einheit von der Größe einer Brigade, so sagte Army Colonel Oran Henderson, hat irgendwo ihr My Lai versteckt. Nachdem Seymour Hersh die Geschichte an die Öffentlichkeit gebracht hatte[40], trauten sich plötzlich auch andere in Vietnam stationierte Journalisten aus der Deckung und wussten von vergleichbaren Vorfällen zu berichten.[41]

Der amerikanische Krieg gegen Vietnam, Laos und Kambodscha kostete circa fünf Millionen Südostasiaten das Leben – gegenüber

58 000 US-Soldaten. Allein durch das CIA-Folterprogramm Operation Phoenix wurden 40 000 Vietnamesen umgebracht, was etwa zwei Dritteln der gesamten US-Verluste entspricht. Der moralisch angeblich so sensible US-Präsident Jimmy Carter stellte 1977 fest, dass keine Reparationen oder Entschuldigungen der USA gegenüber Vietnam angebracht seien, da die Zerstörungen wechselseitig gewesen seien. Dazu Paul Street:

»Als hätten in den Sechzigern und Siebzigern furchterregende Flotten vietnamesischer Bomber amerikanische Städte in Schutt und Asche zerlegt und amerikanische Felder vergiftet. Als wären ganze Armeen vietnamesischer Killer eingeflogen worden, um Amerikaner in ihren Häusern zu ermorden, während vietnamesische Kampfhubschrauber amerikanische Schulen und Krankenhäuser zerstörten. Haben die Vietnamesen amerikanische Häfen vermint? Sind amerikanische Kinder nackt durch die Straßen gerannt, um sich vor vietnamesischen Napalmangriffen zu retten?«[42]

Heute erinnern sich die Amerikaner an Vietnam vage, an Kambodscha und Laos überhaupt nicht; der verengte Begriff »Vietnamkrieg« (statt Indochinakrieg) unterstützt diese Amnesie. Auch der Koreakrieg gilt als »vergessener Krieg«; richtiger müsste man ihn als »unbekannten Krieg« ansprechen, weil er in seiner ganzen Brutalität nie die große öffentliche Aufmerksamkeit gefunden hat.[43]

Um Ziele auf grausamste Weise durchzusetzen, bedurfte es für die USA nicht immer einer direkten militärischen Intervention. In Indonesien zum Beispiel vernichteten Teile der dortigen Armee und verbündete Milizen 1965/66 in einem entsetzlichen Massaker die Mitglieder und Sympathisanten der Kommunistischen Partei sowie viele aus China stammende Bürger – alles unter dem Kommando des Generals und späteren Präsidenten Suharto. Wie viele Menschen dem Gemetzel zum Opfer fielen, ist unklar; die Schätzungen schwanken zwischen einer halben Million und drei Millionen.[44] Zehn Jahre später erhielt Suharto aus Washington von Präsident Ford und Außenminister Kissinger grünes Licht für die Invasion der kleinen Inselnation Ost-Timor. Mit US-Zustimmung und -Unterstützung verübte Indonesien genozidale Massaker und Massenvergewaltigungen; mindestens 100 000 Inselbewohner wurden getötet.[45]

Im zweiten Golfkrieg 1991 (nach der irakischen Invasion Kuwaits) massakrierte der gütige Weltpolizist USA viele Zehntausend Iraker, die bereits geschlagen waren und sich auf dem Rückzug aus Kuwait befanden. Sie wurden auf der Straße des Todes zwischen Kuwait und Basra von den US-Streitkräften gnadenlos abgeschlachtet, ohne jeden militärischen Sinn. Es ging dem damaligen US-Präsidenten, dem 2018 verstorbenen George H.W. Bush, einfach nur darum, Amerikas unbegrenzte Macht zu demonstrieren und – vor allem – wieder einen sichtbaren Kriegserfolg der USA einzufahren, um das »Vietnam-Syndrom« zu vertreiben. Gegen das Votum seines verantwortlichen Generals Norman Schwarzkopf Jun. setzte sich Bush durch, und das unfassbare Geschehen nahm seinen Lauf. Die amerikanisch-libanesische Journalistin Joyce Chediac berichtete über die Bestialität des 26. und 27. Februar 1991:

»Amerikanische Flieger haben den gesamten Konvoi festgesetzt, indem sie jeweils Fahrzeuge am Anfang und am Ende betriebsunfähig machten. Den resultierenden Stau haben sie dann stundenlang bearbeitet. ›Wir hatten leichtes Spiel‹, sagte ein Kampfpilot. Über dem 60 Meilen langen Abschnitt der Küstenstraße liegt eine schreckliche Ruhe, schwarz ausgebrannte Skelette irakischer Fahrzeuge und Soldaten pflastern die Straße unter der Sonne. … Auf 60 Meilen wurde jedes einzelne Fahrzeug bombardiert, alle Scheiben waren zerschossen, jeder Panzer ausgebrannt und kein Lastwagen ohne Schrapnell-Löcher. Überlebende sind mehr als unwahrscheinlich und nicht bekannt. … ›Selbst in Vietnam hatte ich nichts dergleichen gesehen. Es ist erbärmlich‹, sagte Major Bob Nugent, Offizier des U.S.-Geheimdienstes. … Die Piloten schnappten sich alle Bomben, die sie in die Finger kriegen konnten, egal ob Clusterbomben oder 500-Pfund-Bomben. … Die amerikanischen Einheiten haben den Konvoi bombardiert, bis restlos alle Menschen tot waren. Über der Straße drehten so viele Jets ihre Runden, dass die Flugkontrolle Kollisionen in der Luft befürchtete. ... Die Opfer leisteten keinen Widerstand. ... Es war nichts anderes als ein einseitiges Massaker an Zehntausenden Menschen, die sich weder schützen noch verteidigen konnten.«[46]

Rücksichtslose und rassistische Folter war ein besonderes Merkmal des US-Vorgehens im Irak nach der Invasion 2003. Vincent Emanuele, ein früherer US-Marine, erinnerte sich an Dinge, die ihm mehr als ein Jahrzehnt später noch Albträume bereiteten:

»Ich denke oft an die vielen hundert Gefangenen, die wir in provisorisch zusammengezimmerten Internierungslagern gefoltert haben. ... Ich kann mich sehr bildlich daran erinnern, wie mir die Marines erzählten, dass sie die Irakies mit allen möglichen Schlägen und Tritten bearbeiten. Ich erinnere mich auch an die Geschichten über sexuelle Folter: Irakische Männer werden gezwungen, sexuelle Handlungen aneinander vorzunehmen, während Marines ihnen ein Messer an die Hoden halten oder ihnen ihre Schlagstöcke in den After schieben. ... Die Infanteristen unter uns ... sammelten die Iraker bei nächtlichen Überfällen ein. Mit durch Kabelbinder gefesselten Händen und schwarzen Säcken über den Köpfen warfen sie die Männer hinten in die Humvees, während ihre Frauen und Kinder heulend zusammenbrachen. ... Manchmal ließen die Gefangenen nicht von ihrer Familie ab und bekamen den Gewehrkolben ins Gesicht, während sie noch die Hände ihrer Liebsten hielten. ... Wenn sie freigelassen wurden, fuhren wir sie immer von der Basis in die Mitte der Wüste, einige Meilen entfernt von ihrer Heimat. ... Nachdem wir die Gefangenen von den Kabelbindern und den Säcken befreit hatten, schossen einige der stärker entgleisten Marines in die Luft oder in den Boden, was die soeben Entlassenen in Angst und Schrecken versetzte. Solche Aktionen waren nur zum Spaß. Die meisten Iraker rannten einfach, während sie immer noch wegen der langen Quälereien heulten.«[47]

Seymour Hersh, der solche Folterskandale aufgedeckt hat, berichtete 2014, im Pentagon lagere geheimes Material (darunter Filmaufnahmen), das noch schlimmere Verbrechen beweise. »Das ganze Ausmaß der Grausamkeiten können Sie sich nicht im Ansatz ausmalen, bevor Sie gesehen haben, welche Grausamkeiten US-Soldaten vor laufender Kamera den Kindern der weiblichen Gefangenen angetan haben.«[48]

Lassen wir es mit diesen Erinnerungen an die US-Kriegsgeschichte im 20. Jahrhundert bewenden. Stellen wir uns stattdessen die naheliegende Frage, wie es sein kann, dass die USA trotz alledem bei ihrer eigenen Bevölkerung, aber auch immer noch in großen Teilen der Welt den Nimbus einer Kraft genießen, die stets das Gute will, die für Freiheit, Demokratie, Menschenrechte und die Geltung des Völkerrechts steht. Die USA können bis heute und ohne einen Aufschrei der Entrüstung zu ernten im UN-Sicherheitsrat auf dem moralisch hohen Ross daherreiten, sich als untadelige Verfechter hehrer Prinzipien präsentieren und mit anderen, die weit weniger auf dem Kerbholz haben, ungeniert ins Gericht gehen.

Ist es nicht ein Aberwitz, dass die »grünen Männchen« auf der Krim, die maskierten Angehörigen der russischen Streitkräfte, und die vergleichsweise diskrete russische Unterstützung für die Kämpfer in der Ostukraine ein propagandistischer Dauerbrenner sind, jedoch die auf den vorangegangenen Seiten (höchst unvollständig!) zusammengetragenen Fakten im öffentlichen Bewusstsein nicht präsent und also bei der Urteilsbildung auch nicht relevant sind? Was hat es zu bedeuten, dass vielen Menschen diese unglaubliche Diskrepanz nicht bewusst ist? Wie ist es möglich, dass ein Staat immer wieder teuflisch agiert und sich doch eines engelsgleichen Medienimages erfreut? Oder konkret: Wie ist zu erklären, dass ein US-Präsident – gemeint ist Barack Obama – sich Woche für Woche in den Situation Room des Weißen Hauses begeben konnte, um die nächste Tötungsliste des Drohnenterrors abzusegnen, aber dennoch in der Öffentlichkeit als der große Friedensfürst erschien?[49] Nach Obamas Ausscheiden aus dem Präsidentenamt hat sich dieser Nimbus eher noch verstärkt. Die Organisatoren des Evangelischen Kirchentages 2017 zeigten sich jedenfalls beglückt, dass der Chef-Drohnenmörder ihrer Großveranstaltung seine Aufwartung machte. Obamas treffende Selbstcharakterisierung schien sie nicht sonderlich zu irritieren: »Turns out I'm really good at killing people.«[50]

Die Antwort auf all diese Fragen: Was sich hier abspielt, dokumentiert einen geradezu fantastischen Erfolg US-amerikanischer und westlicher Propaganda, der es offenbar gelungen ist und immer noch gelingt, historische Fakten unter Verschluss zu halten oder von der Bildfläche verschwinden zu lassen, andere Fakten hingegen in einer völlig disproportionalen Weise zu skandalisieren. Und es bestätigt Orwells Erkenntnis, dass die Macht über die Geschichte auch Macht über Gegenwart und Zukunft verleiht. Diese propagandistisch erzeugte Amnesie ist aus meiner Sicht die größte Kriegsgefahr überhaupt. Wenn man Menschen die Chance nimmt, aus der Geschichte, aus *ihrer* Geschichte, zu lernen, sind sie beinahe grenzenlos manipulierbar.

Die Kriegsverkäufer

Irakkrieg 2003 (USA, Großbritannien)

Der Krieg gegen den Irak 2003 wird nicht in Erinnerung bleiben durch die Art und Weise, wie er geführt wurde, sondern wie er verkauft wurde, schreibt der Enthüllungsjournalist Jeffrey St. Clair. Es handelte sich, so der Autor weiter, um einen Propagandakrieg, einen Krieg des Wahrnehmungsmanagements, in dem emotional aufgeladene Schlagworte – »Massenvernichtungswaffen« etwa oder »Schurkenstaat« – wie Präzisionswaffen auf das Zielpublikum gefeuert wurden.[1]

Anders als Amerikas Kriegspartner, der britische Premier Tony Blair, hatten US-Präsident George W. Bush und seine Herolde nie ein Interesse daran, einen triftigen rechtlichen Grund für den Irakkrieg zu präsentieren oder irgendeinen der gegen das Land erhobenen Vorwürfe zu beweisen. Stattdessen schürte man eine Kriegsstimmung, die auf Angst basierte. Um die Invasion voranzutreiben, engagierten Donald Rumsfeld und Colin Powell PR-Gurus in Spitzenpositionen des Pentagon und des State Department. Der Einfluss dieser Spin-Doktoren war außerordentlich. Sie hatten bald mehr Mitsprache dabei, wie die Kriegsgründe öffentlich dargestellt wurden, als Geheimdienste und Spitzendiplomaten.

Nehmen wir Charlotte Beers. Sie war keine Diplomatin, nicht einmal Politikerin. Sie hatte Werbekampagnen organisiert und wurde auf den Business- und Klatschseiten als »die Königin der Madison Avenue« bewundert. Eine ihrer Kampagnen warb für Uncle Ben's Rice, eine andere für ein Head-&-Shoulders-Shampoo ... Als Staatssekretärin im Außenministerium arbeitete Beers am »Branding der US-Außenpolitik«, wie ihr Chef Colin Powell es ausdrückte. Der Kongress bewilligte ihr mehr als 500 Millionen US-Dollar für die Kampagne, mit der sie die Marke Amerika in der muslimischen Welt bewarb (dort vor allem auf Jugendliche fokussiert).

»Public Diplomacy ist auf Dauer ein wichtiger neuer Arm bei der Bekämpfung des Terrorismus«, ließ Beers verlauten. Die überkommene, altmodische Diplomatie hatte ungeachtet aller Finten und Täuschungen, derer sie sich bediente, auf dem direkten Austausch, dem Gespräch beruht; sie war ein Geben und Nehmen. Die öffentliche Diplomatie à la Beers war etwas ganz anderes: eine Form des informationellen Flächenbombardements, wie St. Clair schreibt.

Fürs Pentagon engagierte Donald Rumsfeld ein Pendant, Victoria »Torie« Clarke. Bevor sie Rumsfelds Sprachrohr wurde, hatte sie das Washingtoner Büro von Hill and Knowlton geleitet – jener PR-Agentur, die schon 1991 dabei geholfen hatte, die USA in den Golfkrieg zu manipulieren, indem sie im Auftrag der Organisation Citizens for a free Kuwait und für ein Salär von zehn Millionen US-Dollar die frei erfundene Geschichte von den kuwaitischen Babys in die Welt setzte, die von Saddam Husseins Soldaten angeblich aus ihren Brutkästen gerissen, auf den Steinboden geworfen und ihrem grausamen Schicksal überlassen wurden. Amnesty International hatte diese Vorwürfe seinerzeit bestätigt. Und eine 15-jährige Kuwaiterin (die später als Tochter des kuwaitischen Botschafters identifiziert werden sollte) legte vor dem US-Kongress Zeugnis ab, tränenreich und überzeugend.[2] (Diese Gräuelgeschichte war übrigens ein Wiedergänger aus dem Ersten Weltkrieg; damals wurden die Deutschen beschuldigt, Babys in die Luft zu werfen und mit dem Bajonett aufzuspießen.)

Unter Clarkes Mithilfe entstand die Idee, den Anti-Terror-Krieg nicht bloß gegen nebulöse Organisationen wie Al-Qaida zu richten, sondern gegen Staaten, sogenannte Schurkenstaaten, die angeblich als Hintermänner und Drahtzieher des Terrors wirkten. Es galt also, ein konkretes Ziel zu schaffen, gegen das die eigenen Cruise Missiles oder Clusterbomben eingesetzt werden konnten. Auch vermeintliche Verbindungen zwischen solchen »Schurkenstaaten« wurden hergestellt. Das war die Geburtsstunde der Achse des Bösen (die alles war, nur keine Achse, da zwei Achsenmitglieder, Iran und Irak, sich spinnefeind waren, und der Dritte im Bunde, Nordkorea, keinerlei Beziehungen zu den beiden anderen unterhielt). Zig Millionen Steuergelder wurden aufgewendet, um den amerikanischen Steuerzahlern so richtig Angst vor einem unmittelbar bevorstehenden chemischen oder atomaren Schlag Saddam Husseins einzujagen.

Ein weiterer Top-Propagandist war John Rendon, den Jeffrey St. Clair als »Beltway fixer« und einen von »Washington's heaviest hitters« bezeichnet. Er war schon im Golfkrieg 1991 mit an Bord. Damals sackte er 100 000 Dollar pro Monat von der königlichen Familie Kuwaits für seine Dienste ein. Anschließend zog er einen Vertrag über 23 Millionen Dollar mit der CIA an Land; die Aufgabe bestand darin, Anti-Saddam-Propaganda in der Region zu verbreiten. Nach 9/11 fiel es an Rendon, das US-Bombardement Afghanistans plausibel und schmackhaft zu machen. Auch 2003 im Irak hatte er seine Hände im Spiel, obwohl man, so St. Clair, hier nicht allzu viel Genaues weiß, weil sowohl seine Firma als auch das Pentagon sich in Schweigen hüllen. Man kann aber wohl davon ausgehen, dass einige medienwirksame Schlüsselereignisse des Irakkriegs, etwa die umstürzende Saddam-Statue in Bagdad mit Jubelirakern im Hintergrund, Inszenierungen Rendons gewesen sind. Es habe sich bei seinen Aktivitäten um »off-the shelf psyops« gehandelt, wörtlich: um gebrauchsfertige psychologische Kriegführung, also um die Privatisierung offizieller Propaganda. Rendon selbst bezeichnet sich als Informationskrieger und Perzeptionsmanager.

Neben der umstürzenden Saddam-Statue ist noch eine andere Geschichte aus dem Irakkrieg in Erinnerung geblieben: das Heldenepos um Jessica Lynch, jene tapfere junge Frau, im Kampf verwundet, von ruchlosen Feinden gefangen genommen und gefoltert, aber dann vor dem sicheren Tod bewahrt durch den selbstlosen Einsatz einer Rettungsgruppe. Diese Lynch-Geschichte wurde den leichtgläubigen Medien von der Pentagon-Organisation Combat Camera eingeflößt, einem Netzwerk aus Fotografen, Videofilmern und Redakteuren, das täglich 800 Fotos und 25 Videoclips an die Medien verteilte.[3]

Nur wenige Zeitungen haben die Hysterie über die von Saddam Husseins Massenvernichtungswaffen ausgehende Bedrohung so hartnäckig angefacht wie die *Washington Post*. In den Monaten vor dem Krieg übertrafen in den Meinungsbeiträgen des Blattes die Kriegsbefürworter die Kriegsgegner im Verhältnis von drei zu eins. Einst hatte es in den USA Experten gegeben, die Saddam Hussein gar nicht positiv genug würdigen konnten; das war damals, in den 1980er-Jahren, als er noch ein Verbündeter der USA war. Als der Wind sich gedreht hatte, verbreiteten dieselben Leute zügelloseste Anti-Hussein-Propaganda (getreu dem Motto »Was kümmert mich mein Geschwätz von gestern«). Selbstverständlich fanden sie privilegierten Zugang zu den Kommentarspalten der Zeitungen, waren gern gesehene Gäste in den nationalen Talkshows. Hilfreich zur Seite standen ihnen versierte und erfolgreiche Agenten wie Eleana Benador, die darauf spezialisiert waren, dezidierten Kriegstrommlern die Türen zu Redaktionen und Fernsehstudios zu öffnen. Umso schwerer hatten es die wenigen Kriegsgegner: Der MSNBC-Moderator Phil Donahue wurde im Vorfeld des Kriegs aus dem Sender gekickt. Seine unpatriotischen Aktivitäten galten als nicht länger tragbar. MSNBC behauptete, die Quoten von Donahues Sendung seien zu stark abgerutscht. Tatsächlich war das Gegenteil der Fall.

Großbritanniens Beteiligung am Irakkrieg wurde im Laufe der Jahre Thema einer umfangreichen und kritischen Untersuchung, die 2016 unter dem Titel *Iraq Inquiry Report* der Öffentlichkeit vorgelegt wurde. Besser bekannt ist der zwölfbändige Abschlussbericht unter dem Namen *Chilcot Report*, benannt nach dem Vorsitzenden der Kommission. Die Analyse des *Chilcot Reports* zeigt, dass die USA frühzeitig bereit waren, militärische Gewalt gegen den Irak einzusetzen. Auch Großbritanniens Premier Tony Blair wollte unbedingt den Sturz von Saddam Hussein und dessen Regime, plädierte aber für den Weg über die UNO.[4] Er hatte den Eindruck, dass ein rücksichtsloses Vorgehen gegen den Irak zu geringe Unterstützung in der eigenen Bevölkerung finden werde; auf internationaler Ebene erwartete er den Widerstand Russlands, von einigen EU-Staaten und in Teilen auch von denen des Nahen und Mittleren Ostens. Die große Täuschung der Öffentlichkeit bestand darin, dass insbesondere die britische Politik den Eindruck erweckte, es bestehe eine reale Chance auf eine friedliche Lösung des Konflikts, wenn Saddam Hussein sich kooperativ zeige und abrüste. Die entscheidende Frage war jedoch ganz offen: Würde dieser Regimewechsel durch eine westliche Intervention gewaltsam herbeigeführt werden müssen, oder würde das Regime schon vorher unter dem Druck der UNO und der Waffeninspekteure implodieren?

Entgegen dem Eindruck, der gegenüber der Öffentlichkeit erweckt wurde, war also nie vorgesehen, Saddam Hussein für eine etwaige Kooperationsbereitschaft mit dem Überleben seines Regimes zu belohnen. Insofern waren die UNO-zentrierten Aktivitäten der USA und Großbritanniens lediglich ein Mittel zur Konsensbeschaffung. Der Öffentlichkeit wollte man sagen können: Seht her, wir haben alles versucht. Nun bleibt uns nur noch *eine* Lösung des Problems. Wir haben sie nicht unbedingt gewollt, doch sie ist uns von Saddam Hussein aufgezwungen worden.

Die Beseitigung Saddam Husseins und seines Regimes war schon lange vor dem 11. September 2001 offizielle US-Politik. Im *Chilcot Report* finden sich diverse Belege, dass auch Großbritannien sich dieser Zielsetzung bereits vor den Anschlägen angeschlossen hatte. Es ist allerdings auch zu erkennen, dass nach 9/11 der irakische Regimewechsel oberste Priorität gewann. Die damit verfolgten Absichten wurden zum Teil unverblümt ausgesprochen – allerdings nur intern, nicht gegenüber der Öffentlichkeit. Als sich der britische Premier und der US-Präsident am 20. September 2001 trafen, sprach Bush zum Beispiel darüber, »how they could go after Saddam's oilfields«, also: wie sie (die Amerikaner und Briten) sich der Ölfelder Saddams bemächtigen könnten.[5]

Schon am 17. September 2001 war von einer »Phase 2« im Kampf gegen den Terror die Rede (die erste Phase hatte Afghanistan und Osama bin Laden gegolten). Ein auf den 4. Dezember datiertes Memo Blairs trägt den Titel »The War Against Terrorism: the Second Phase«. In ihm werden der Irak, die Philippinen, Syrien, Iran, Jemen, Somalia und Indonesien genannt. Mit Blick auf Syrien und Iran wurden militärische Optionen diskutiert; beide Länder gerieten bald nach 9/11 auf die Regimewechsel-Liste. Allerdings riet Blair zu taktischer Klugheit, also zu einer gewissen Zurückhaltung und zur Einhaltung einer zeitlichen Reihenfolge: Wenn man sich den Irak vornehme, sei es hilfreich, Syrien und Iran als Unterstützer oder zumindest in neutraler Position zu haben. Dieses Vorgehen sei sinnvoller, als alle drei gleichzeitig zu attackieren.

Während gegenüber der Öffentlichkeit die Reichweite des Anti-Terror-Kriegs eher heruntergespielt wurde, machte man intern große Pläne und diskutierte insbesondere, wie man die Phasen 1 und 2 propagandistisch inszenieren könne. Der Chilcot Report macht deutlich, dass es sich beim War on Terror nach Auffassung seiner Betreiber nicht um einen eng begrenzten, sondern um einen großen geostrategischen Konflikt handelte.[6]

Die politisch Verantwortlichen in Großbritannien waren keineswegs irgendwelchen Selbsttäuschungen, Fehlwahrnehmungen oder sachlichen Irrtümern erlegen; sie waren keinem Gruppendenken verfallen. Der *Chilcot Report* dokumentiert genügend interne Aussagen, die deutlich machen, dass die Beteiligten sehr wohl wussten, was sie taten. Sie führten die Öffentlichkeit absichtlich in die Irre: durch Übertreibungen, Verzerrungen, Auslassungen. Diese Täuschungen bezogen sich auf die angeblichen Massenvernichtungswaffen des Irak. Dem Irak-Dossier der Regierung wurde ein Report X hinzugefügt, der, wie alle Verantwortlichen wussten, auf höchst fragwürdiger Grundlage stand. Auch der von Blair favorisierte Weg über die UNO war ein bewusstes Täuschungsmanöver, das nicht dazu gedacht war, tatsächlich mit dem Irak übereinzukommen, sondern Unterstützung für die geplante Militäraktion zu mobilisieren und dem Unternehmen einen legalen Anstrich zu geben. Die öffentlichen Wahrnehmungen wurden bewusst manipuliert.

Und schließlich war da der von Blair forcierte Übergang von Anti-Terror-Phase 1 zu 2. In der Öffentlichkeit schien es, als handele es sich beim Krieg gegen den Terror primär um eine Auseinandersetzung mit den Folgen des islamischen Fundamentalismus. Blair verfolgte aber eine viel weitergehende Vision, nämlich eine ausgreifende Regimewechsel-Strategie, die durch umfassende Propagandamaßnahmen gestützt werden sollte. Der britische Premier ging davon aus, dass sich im Nahen und Mittleren Osten ein Konflikt von enormer Größe zwischen schiitischem und sunnitischem Islam entwickelte. Er sowie andere britische (und amerikanische)

Offizielle haben dies aber offenbar nicht als Gefahr wahrgenommen, die man unbedingt reduzieren oder stoppen musste, sondern als geopolitische Chance, die es auszubeuten galt. Und all die genannten Ziele verfolgte man hinter dem Rücken der Öffentlichkeit.

Piers Robinson fragt: »Mal ganz unverblümt: In welchem Ausmaß wurden westliche Bevölkerungen dahingehend manipuliert, einen Krieg gegen den Terrorismus zu unterstützen, der in Wirklichkeit mindestens genauso sehr ein geopolitisch motivierter Angriffskrieg war …?«[7]

Libyenkrieg 2011 (Großbritannien, Frankreich)

Acht Jahre nach dem Irakkrieg begab sich Großbritannien erneut auf den Kriegspfad, diesmal im nordafrikanischen Libyen. Wie der Irakkrieg war auch dieser Krieg völkerrechtswidrig, also illegal, also ein Kriegsverbrechen. Die Libyen-Resolution des UN-Sicherheitsrats wurde krass überdehnt, um am Ende etwas zu bewerkstelligen, was die Resolution keinesfalls hergab: einen Regierungswechsel in Libyen, den Sturz Gaddafis.

Nebenbei: Russland, das die Resolution des UN-Sicherheitsrats hatte passieren lassen, fühlte sich verständlicherweise von seinen westlichen Partnern betrogen. Wenn man nach einzelnen Gründen für die Verschlechterung der westlich-russischen Beziehungen sucht, kann man sie nicht zuletzt hier, im Fall Libyen, finden. Und auch die seither deutlich robustere Politik Russlands, etwa in Syrien (wo man ein zweites Libyen oder einen zweiten Irak verhindern will), ist eine Frucht dieser Erfahrung.

Im Vorfeld der militärischen Intervention tobte eine heftige politische und mediale Kampagne, die den Eindruck erweckte, das repressive Vorgehen des Regimes gegen die Opposition treibe auf eine humanitäre Katastrophe größten Ausmaßes zu, auf ein weiteres Srebrenica. Ein rettendes und schützendes Eingreifen der Staatengemeinschaft wurde zur moralischen Pflicht erklärt.

Die Wirklichkeit in Libyen sah deutlich anders aus. Die Behauptungen und Befürchtungen, die im Zuge des Propagandafeldzuges vorgebracht wurden, entsprachen nicht den Tatsachen oder waren deutlich übertrieben. Dass in Bengasi ein Massaker bevorstehe, dass Gaddafi an seine Soldaten Viagra verteile, damit sie besser vergewaltigen können, dass er schwarze Söldner engagiert habe et cetera – das alles sind Dinge, die zwar im Vorfeld des Kriegs weithin als gesichertes Wissen gehandelt wurden, sich rückblickend aber als unhaltbar erwiesen. Dass man als Journalist die Tatsachen vor Ort nicht hätte erkennen können, trifft nicht zu. Wie immer gab es auch in diesem Fall einzelne Medienvertreter, wie John Pilger oder Seumas Milne, die den Propagandanebel durchschauten und adäquate Lageeinschätzungen abgaben. Das linke Magazin *Counterpunch* brachte im Sommer 2011 Maximilian Fortes Analyse, die sämtliche Kernfragen der Anti-Libyen-Propaganda der Reihe nach sezierte.[8] Der Beitrag ist auch heute noch eine lohnende Lektüre, weil er zeigt, was man zum damaligen Zeitpunkt wissen konnte, wenn man denn wissen wollte.

Fünf Jahre nach dem Libyenkrieg, am 9. September 2016, legte das Foreign Affairs Committee des britischen Unterhauses einen umfassenden, bemerkenswert offenen und kritischen Bericht vor, der den Weg zur Libyen-Intervention rekonstruiert. Die britischen Medien berichteten zwar über die wenig schmeichelhaften Ergebnisse der Untersuchung, legten den Akzent aber nicht etwa auf ihr eigenes (wiederholtes) Versagen, sondern auf die Verantwortung der Politik.

Die westliche Intervention, so das Ergebnis des Komitees, habe zum politischen und ökonomischen Kollaps Libyens geführt, zu kriegerischen Auseinandersetzungen zwischen diversen Milizen und Stämmen, zu einer humanitären Krise, zu einer Migrationskrise, zu weitreichenden Menschenrechtsverletzungen, zur Verbreitung von Waffen aus Gaddafis Arsenalen in der Region sowie zum Wachstum des Terrorverbandes Islamischer Staat in Nordafrika.

Naja, hinterher sei man eben immer klüger, meinte der *Guardian* sinngemäß. Da sei es dann einfach, Libyen mit dem Irak in einen Topf zu werfen und beide Kriege als politische Torheiten zu qualifizieren. Die Autoren des medienkritischen Portals Media Lens bemerken dazu trocken[9], dass Libyen und der Irak in der Tat in einen Topf gehörten, weil die Gemeinsamkeiten zwischen den Kriegen und den Kriegsbegründungen offenkundig seien. Allerdings handele es sich in beiden Fällen keineswegs, wie der *Guardian* meint, um »Torheiten«, sondern um schwerwiegende Kriegsverbrechen.

Media Lens erinnert mit vielen eindrücklichen Zitaten an die wilde Medienkampagne, die den Libyenkrieg vorbereitete und begleitete. Mehr noch als im Fall des Irakkriegs waren sich Korrespondenten und Kommentatoren in ihren Urteilen einig. Selbst linke, regierungskritische Autoren befürchteten in Libyen ein humanitäres Desaster und hielten es für geboten, Gaddafi in den Arm zu fallen – so etwa Noam Chomsky oder Robert Fisk, die für gewöhnlich Zurückhaltung üben, wenn sie sehen, dass der Westen sich wieder einmal anschickt, Gutes zu tun.

Auch im Vorfeld des Libyenkriegs wurde die Öffentlichkeit von den beteiligten Regierungen getäuscht. Der damalige britische Premier David Cameron versicherte im März 2011 dem Unterhaus, in Libyen sei kein Regimewechsel geplant. Drei Wochen später jedoch verpflichtete er sich bei einem Treffen mit Frankreichs Präsident Nicolas Sarkozy auf »eine Zukunft ohne Gaddafi«. Auch Sarkozy spielte keineswegs mit offenen Karten. Am 2. April 2011 berichtete Sidney Blumenthal, Berater der damaligen US-Außenministerin Hillary Clinton, von einem Gespräch mit französischen Geheimdienstmitarbeitern. Sie hatten Blumenthal unverblümt erklärt, von welchen Zielsetzungen Sarkozys Eingreifen in Libyen bestimmt wurde: 1. ging es ihm um einen größeren Anteil Frankreichs an der libyschen Ölproduktion, 2. um die Stärkung des französischen Einflusses in Nordafrika, 3. um die Verbesserung der innenpolitischen Situation in Frankreich, 4. sollte dem französischen Militär Gelegenheit gegeben werden, seine internationale Position zu bekräftigen, und 5. fürchtete Sarkozy (aufgrund von Einflüsterungen seiner Berater), Gaddafi könne danach streben, Frankreich als dominante Macht im frankophonen Afrika zu ersetzen.[10]

Viel weiter können die wohlklingenden öffentlichen Verlautbarungen eines Politikers und seine wahren Motive wohl nicht auseinanderklaffen; von ehrenhaften Absichten kann auch in diesem Fall keine Rede sein.[11]

Von Bagdad nach Damaskus – mediale Wiederholungstäter

Ob Irak, Libyen oder in jüngerer Zeit Syrien – wir finden immer wieder die gleichen Konstellationen: also ein angebliches Desaster, das die jeweils andere Seite anzurichten im Begriff steht, sowie die Forderung, beizeiten einzugreifen, um Schlimmeres oder das Schlimmste zu verhüten. Was die journalistische Unterstützung all dessen angeht, kann man durchaus von medialen Wiederholungstätern sprechen, und man kann ihr höchst tendenziöses Tun und Lassen nicht mit Dummheit oder Naivität erklären oder entschuldigen. Sie wissen, was sie tun. Sie wissen zum Beispiel sehr genau, wann und warum sie jemanden an den Pranger stellen und die Trommel für den Krieg rühren, und sie wissen ebenso genau, wann sie den Mund zu halten und die Dinge mit Stillschweigen zu übergehen haben.

So kam es angesichts des Entscheidungskampfes um das syrische Aleppo zu einem humanitären Aufschrei sondergleichen. Die wesentlich gravierenderen Opfer unter der Zivilbevölkerung bei den US-geführten Kämpfen um das irakische Mossul oder das syrische Rakka blieben dagegen weitgehend unbeachtet; stattdessen wurde dem Publikum eine heroisierende, affirmative Kriegsberichterstattung vorgesetzt. Journalisten, denen dieses eklatante und empörende Messen mit zweierlei Maß gar nicht mehr auffällt oder die sich wie selbstverständlich an ihm beteiligen, sind faktisch Teil des Propagandaapparates. Das lässt sich auch und nicht zuletzt an der Art und Weise erkennen, wie sie mit Kritikern und Gegnern der öffentlichen Verlautbarungen verfahren. Statt deren Argumente aufzugreifen und als wesentlichen und willkommenen Teil des Diskurses zu behandeln, ziehen sie es vor, sie zu ignorieren.

Diese Erfahrung machte im Vorfeld des Irakkriegs zum Beispiel eine so wichtige und gewichtige Persönlichkeit wie Scott Ritter. Der ehemalige UNO-Waffeninspekteur, ein versierter, über jeden Zweifel erhabener Fachmann, hatte 2002 ein Buch publiziert, in dem er das böse Märchen von den irakischen Massenvernichtungswaffen überzeugend entkräftete.[12] Ritter wies nach, dass der Irak bis Ende 1998 umfassend abgerüstet hatte und ihm in militärischer Hinsicht nur noch »nutzloser Schlamm« (»useless sludge«) geblieben war. Doch obwohl Ritter aufgrund seines Fachwissens und seiner persönlichen Integrität unbedingt hätte Gehör finden müssen, wurde sein Beitrag beinahe komplett ausgeblendet. Scott Ritter fand in den Medien nicht statt.

Auch nachträglich wurde er von der so verdienstvollen Chilcot-Kommission nicht rehabilitiert. Obwohl John Chilcot von Außenstehenden vielfach auf Ritters Publikationen hingewiesen wurde, enthält sein Bericht nur vier beiläufige Bezugnahmen auf ihn, die zudem allesamt nichts mit dem Zentralthema, also den angeblichen irakischen Massenvernichtungswaffen, zu tun haben. Dieser Aspekt seines Wirkens wurde vollkommen ausgeklammert – und das in einem Bericht, der zwölf Bände und 2,6 Millionen Wörter umfasst. Kein Mainstream-Medium hat diese schwer begreifliche Tatsache erwähnt oder gar beklagt.

Ebenso wenig interessierte es die Chilcot-Kommission oder die Medien, dass zwei Jahre vor der Veröffentlichung des Abschlussberichts der frühere NATO-Oberkommandierende in Europa, der US-General Wesley Clark, eine erstaunliche, geradezu haarsträubende Geschichte zu erzählen wusste, die ein bezeichnendes Licht auf die diversen Pläne zu einem Regimewechsel wirft, die schon unmittelbar nach 9/11 ausgeheckt wurden (wie schon erwähnt, auch vom britischen Premier Blair). Clark hat die entsprechende Geschichte zweimal erzählt, hier die Version aus dem Gespräch mit Amy Goodman von »Democracy Now!«:

»Etwa zehn Tage nach dem 11. September sah ich auf meinem Weg durchs Pentagon Verteidigungsminister Rumsfeld und seinen Stellvertreter, Paul Wolfowitz. Ich ging einen Stock tiefer, um ein paar Leuten aus meiner ehemaligen Belegschaft Hallo zu sagen, als mich einer der Generäle zu sich rief.

Er sagte: ›Kommen Sie doch bitte für einen Moment rein, wir müssen kurz reden.‹ Ich sagte: ›Sehr nett, aber Sie müssen doch zu beschäftigt sein.‹ Er sagte dann: ›Nein, nein.‹ Und fügte hinzu: ›Wir haben uns dazu entschieden, gegen den Irak in den Krieg zu ziehen.‹ Das muss am oder um den 20. September [2001] rum gewesen sein. Ich sagte: ›Wir ziehen gegen den Irak in den Krieg? Warum?‹ Er sagte: ›Ich weiß nicht. Ich schätze mal, dass sie nicht wissen, was sie sonst tun sollen.‹ Ich sagte: ›Haben Sie irgendwelche Informationen, die auf eine Verbindung zwischen Saddam und Al-Qaida schließen lassen?‹ Er sagte: ›Nein, nein. Es gibt nichts, das darauf hinweist. Sie haben sich schlichtweg dazu entschieden, gegen den Irak in den Krieg zu ziehen.› Er sagte: ›Es sieht so aus, als wüssten wir einfach nicht, was wir gegen den Terrorismus unternehmen sollen, aber wir haben ein starkes Militär und wir sind in der Lage, Regierungen zu stürzen.‹ Er sagte dann noch: ›Ich glaube, wenn ein Hammer dein einziges Werkzeug ist, muss jedes Problem eben wie ein Nagel aussehen.‹

Ein paar Wochen später trafen wir uns wieder, mittlerweile bombardierten wir Afghanistan. Ich fragte: ›Ziehen wir immer noch gegen den Irak in den Krieg?‹ Er sagte darauf: ›Oh, viel schlimmer als das.‹ Er holte einen Zettel von der anderen Seite seines Schreibtisches und sagte: ›Das kam von oben runter (womit er das Büro des Verteidigungsministers meinte), heute.‹ Er sagte: ›Dieses Memo beschreibt, wie wir in den kommenden fünf Jahren sieben Länder ausschalten. Zuerst der Irak, dann Syrien, der Libanon, Libyen, Somalia und zuletzt der Iran.‹«[13]

Wie David Edwards und David Cromwell von Media Lens völlig zu Recht feststellen, sind dies außerordentliche Enthüllungen eines hochkarätigen Zeugen. Wesentlich ist: Wesley Clarks Aussagen widersprechen im Grunde allem, was der Medienmainstream in den vergangenen Jahren zum Irakkrieg, zum Libyenkrieg und zum Syrienkrieg verbreitete.

Die Propagandamacher

Als in den 1970er-Jahren in der ehemaligen britischen Kolonie Rhodesien (dem heutigen Simbabwe) der Konflikt zwischen der weißen Rebellenregierung unter Ian Smith und der schwarzen Guerilla eskalierte, berichtete selbstverständlich auch der Londoner *Daily Telegraph* aus dem Kriegs- und Krisengebiet im Süden Afrikas. Sein Korrespondent in Salisbury hieß Brian Henry. Was jedoch nur wenigen Lesern des *Telegraph* bekannt gewesen sein dürfte: Brian Henry war identisch mit dem Rhodesien-Korrespondenten der *Daily Mail*, Peter Norman. Dieser Peter Norman wiederum berichtete auch für den *Guardian*, dort allerdings unter dem Namen Henry Miller. Im wirklichen Leben steckte hinter all diesen Korrespondenten ein rhodesischer Journalist namens Ian Mills, der – wer hätte es gedacht? – auch für die BBC tätig war.[1]

Eine skurrile Geschichte, aus der man eine hübsche Erklärung für die viel beklagte Homogenisierung der Medien ableiten könnte. Etwas anders und ernster verhält es sich mit einem gewissen Guy Sims Fitch. Er war amerikanischer Staatsbürger und mag älteren Lesern vielleicht noch in Erinnerung sein. In den 1950er- und 1960er-Jahren war Guy Sims Fitch ein angesehener und produktiver Journalist. Er schrieb zahlreiche sachkundige Artikel zu ökonomischen Fragen, die in sechs verschiedenen Sprachen und somit fast auf der ganzen Welt verbreitet wurden, auch in deutschen Zeitungen.

Fitch war tief überzeugt von der segensreichen Wirkung privater amerikanischer Investitionen allüberall, warb für freie Märkte und den ungehinderten Zugang zu ihnen als probates Mittel zur Gestaltung der internationalen Beziehungen – Fitch, ein liberaler Geist im Kalten Krieg. Jedoch: Guy Sims Fitch hatte ein Problem. Er existierte gar nicht. Er war eine Erfindung der United States Information Agency (USIA), also des Propagandaarms der US-Regierung.[2] Wie viele und welche Autoren unter dem Decknamen Guy Sims Fitch Propagandastücke im Interesse der USA verfassten, ist nicht bekannt. Auch nicht, ob noch weitere fiktive Journalisten vom Schlage des Guy Sims Fitch existierten – man darf es zumindest vermuten. In amerikanischen Zeitungen und Zeitschriften publizierte Fitch übrigens nicht. Die USIA durfte ihre Aktivitäten nur im Ausland entfalten; Propaganda im eigenen Haus war untersagt. Natürlich fand solche im Ausland verbreitete Desinformation dennoch oft ihren Weg in die USA, dann zum Beispiel, wenn Nachrichtenagenturen die Propaganda aufgriffen und sie in die US-Medien zurückspielten.

Anders als heute, wo man gerne mit gefälligen Euphemismen wie »strategische Kommunikation« arbeitet, fanden die Mitarbeiter der USIA während des Kalten Kriegs nichts dabei, das Produkt ihrer Tätigkeit als Propaganda zu bezeichnen. Sie waren sogar stolz darauf und überzeugt, einer guten Sache zu dienen, glaubten sie sich doch in einem heroischen Abwehrkampf gegen die kommunistische Gefahr zu befinden. Bei einzelnen Projekten hat die USIA folgerichtig mit der CIA zusammengearbeitet. Auch im Falle von Guy Sims Fitch darf man unterstellen, dass die CIA über dessen fiktiven Charakter Bescheid wusste.

Das Konstrukt Guy Sims Fitch führt natürlich den Journalismus ad absurdum und steht in denkbar schärfstem Gegensatz zu echtem Journalismus, wie ihn zum Beispiel in den USA Edward R. Murrow verkörperte. Viele erinnern sich wehmütig an Figuren seines Schlages, von denen sich im verflachten und angepassten Medienbetrieb unserer Tage immer weniger finden. Murrow hat sich bleibende journalistische Verdienste im Zweiten Weltkrieg und sodann in der McCarthy-Ära erworben. Der 2005 veröffentliche Spielfilm *Good Night and Good Luck* (mit George Clooney als Ed Murrow) erinnert an diese heroische Zeit. Woran er freilich nicht erinnert, ist die Tatsache, dass der berühmte und geschätzte Ed Murrow gegen Ende seiner Karriere dem Journalismus Adieu sagte und von 1961 bis 1964 Chef jener Propagandaorganisation USIA wurde, für die wiederum auch Guy Sims Fitch wirkte. Murrow machte also Propaganda, und zwar handfest. So entwickelte er zum Beispiel für die Regierung Kennedy Ideen, wie man einen Aufstand in Kuba anstacheln könne.

Ed Murrow und Guy Sims Fitch – ein ungleiches Paar und doch ziemlich beste Freunde? Les extrêmes se touchent, wie die Franzosen sagen – die Extreme berühren sich. In der Welt der Propaganda ist nichts unmöglich.

Ende der 1960er-, Anfang der 1970er-Jahre kam in der US-amerikanischen Gesellschaft einiges zusammen: Protestbewegungen unterschiedlicher Art, Rassenunruhen, schockierende politische Morde, der verlorene Krieg in Indochina, der Watergate-Skandal, der erzwungene Rücktritt des Präsidenten Nixon. Das Land steckte in einer Krise: eine misstrauische Bevölkerung, eine verunsicherte politische Führung, eine (verglichen mit heute) ziemlich aufmüpfige und unberechenbare Medienwelt. Untersuchungsausschüsse des Kongresses brachten einiges ans Tageslicht, was man vielleicht schon vermutet hatte, aber nun bestätigt fand, etwa zu den Machenschaften des Geheimdienstes CIA.

In den 1980er-Jahren dann die Trendwende. Mit Ronald Reagan bezog ein Mann das Weiße Haus, der (wie die Thatcher-Regierung in Großbritannien) einem ungezügelten Kapitalismus das Wort redete. Den Staat schnitt er dort zurück, wo man ihn dringend gebraucht hätte, und stärkte ihn dort, wo man gut und gerne auf ihn hätte verzichten können. Nach Jahren der Entspannung befeuerte Reagan erneut den Kalten Krieg. Vor allem befürchtete er, Zentralamerika könnte zu einem »sowjetischen Brückenkopf« werden.

Gerade in dieser Frage jedoch gingen viele seiner Landsleute nicht mit Reagan konform. Sie sahen im amerikanischen »Hinterhof« brutale Oligarchen am Werk, die ihre skrupellosen Sicherheitskräfte einsetzten, um Priester, Nonnen, Gewerkschafter, Studenten oder Bauern abzuschlachten. Reagan und seine Berater erkannten, dass sie diese Wahrnehmungen umkehren mussten, wollten sie eine dauerhafte Finanzierung für die Streitkräfte von El Salvador, Guatemala und Honduras erreichen oder für die nicaraguanischen Contra-Rebellen, also jene von der CIA organisierte paramilitärische Truppe, die gegen die sandinistische Revolutionsregierung kämpfte. Diese Auseinandersetzung ließ sich nur erfolgreich gestalten, wenn es gelänge, den US-Kongress, die Medien und die Bevölkerung mit ins Boot zu holen.[3]

Am Anfang beschränkte sich die Regierung eher auf ad-hoc-Maßnahmen gegen die missliebige Berichterstattung einzelner Journalisten wie die des *New York Times*-Korrespondenten Raymond Bonner. Ab etwa 1982 nahmen die Aktivitäten dann systematischere Formen an. Was man in früheren Zeiten ungeschminkt als Propaganda bezeichnet hätte, hieß nun anders. Die Rede war jetzt von Public Diplomacy, Psychological Operations (Psyops), von Perception Management (Wahrnehmungsmanagement), Smart Power, Soft Power etc. Da Steuergelder nicht eingesetzt werden durften, um die eigene Bevölkerung gezielt mit Propaganda zu bearbeiten oder auf Kongressabgeordnete Einfluss zu nehmen, sahen sich die Lenker und Einflüsterer der öffentlichen Meinung nach privaten Finanzierungen um. Eine Rolle in diesem Zusammenhang spielte offenbar Rupert Murdoch, der schon an früherer Stelle erwähnte rechte Medienmagnat australischer Herkunft. Er verfügte über enge Beziehungen zur konservativen britischen Premierministerin Margaret Thatcher (später auch zum Labour-Premier Tony Blair) und war im Januar und Juli 1983 Gast von Ronald Reagan im Weißen Haus. Beim zweiten Treffen, also im Juli, wurde er interessanterweise vom damaligen Chefredakteur der Londoner *Times* begleitet (die *Times* war erst seit zwei Jahren das prestigeträchtigste Stück im wachsenden Medienimperium Murdochs). Reagan sah in Murdoch einen politischen Verbündeten und eine wertvolle Finanzquelle für private Gruppen, die ihre Propagandaaktivitäten mit denen der US-Regierung koordinierten.[4]

Im Januar 1983 unterzeichnete Reagan die National Security Decision Directive 77. Sie verfolgte das Ziel, die Public Diplomacy in Angelegenheiten der nationalen Sicherheit zu stärken (das heißt: deren Organisation, Planung und Koordination). Der Präsident ordnete die Bildung einer speziellen, beim Nationalen Sicherheitsrat angesiedelten Planungsgruppe an, um Propagandakampagnen zu steuern. Den Vorsitz der Gruppe übernahm Walter Raymond Jr., ein routinierter CIA-Mann, der im Geheimdienst für verdeckte Operationen zuständig gewesen war und eine enge Verbindung zum damaligen Chef der CIA, William Casey, unterhielt. Eine der wichtigsten Aktivitäten der Planungsgruppe konzentrierte sich in einem neuen Büro, das sich Office of Public Diplomacy for Latin America nannte, beim Außenministerium angesiedelt war, aber unter Kontrolle des Nationalen Sicherheitsrats stand.

Als einige Jahre später der Iran-Contra-Skandal untersucht wurde, enthielt der Abschlussbericht auch einen Kapitelentwurf, der die gerade skizzierte Public-Diplomacy-Geschichte aufarbeitete. Er wurde allerdings aufgrund eines Deals zwischen Republikanern und Demokraten nicht veröffentlicht. So blieb der amerikanischen Bevölkerung zunächst verborgen, dass die Reagan-Regierung durch die Einrichtung eines geheimen Mechanismus dafür Sorge getragen hatte, den Kongress, die Medien und die Öffentlichkeit in ihrem Sinne zu manipulieren.[5]

In den 1980er-Jahren bauten die USA auch ihre Fähigkeiten im Bereich »psychologischer Operationen« (Psyops) deutlich aus. Ursprünglich galten Psyops als militärische Technik. Sie sollten eine feindliche Macht durch Lügen, Verwirrung und Terror unterminieren. Die Reagan-Regierung zeigte sich jedoch überzeugt, dass Psyops auch in Friedenszeiten erforderlich seien und zudem die amerikanische Öffentlichkeit selbst einbeziehen müssten. Oberst Alfred R. Paddock Jr. bezeichnete in einem einflussreichen Papier vom November 1983 (»Militarypsychological Operations and US Strategy«) Psyops als das einzige Waffensystem, das in Friedenszeiten, während eines Kriegs sowie nach dessen Beendigung einzusetzen sei. Im März 1984 stimmte Reagan der National Security Decision Directive 130 zu. Sie erlaubte Psyops auch in Friedenszeiten, falls die Regierung eine Bedrohung der nationalen Interessen geltend machen konnte.

Ende Juli 1986 wurde offiziell ein Psychological Operations Committee (POC) eingesetzt, an dem der Nationale Sicherheitsrat, das Außen- und das Verteidigungsministerium, die CIA und die US Information Agency beteiligt waren. Das POC beschäftigte sich in den Folgemonaten vor allem mit Mittelamerika – El Salvador, Guatemala, Honduras, Costa Rica, Panama, Nicaragua –, aber auch mit den Philippinen, wo 1986 der langjährige und von den USA unterstützte Diktator Ferdinand Marcos gestürzt worden war.

Die frühen Aktivitäten auf den Gebieten der Public Diplomacy oder des Perzeptionsmanagements wurden also schon nach einigen Jahren mit einer Psyop-Bürokratie zusammengeschlossen. Und zur anfänglichen Zusammenarbeit mit privaten Unterstützern (wie Murdoch) oder etablierten und scheinbar unabhängigen Organisationen (wie dem überwiegend von der US-Regierung finanzierten Freedom House, das sich der weltweiten Förderung liberaler Demokratien verschrieben hat) trat die Gründung völlig neuer Organisationen hinzu. Dieser Trend setzt sich bis in die Gegenwart fort und scheint sich im Zeichen des Kampfes gegen angebliche russische Propaganda sogar noch zu verstärken. Es handelt sich um eine regelrechte Wachstumsindustrie. Immer neue Akteure treten auf den Plan, immer neue Querverbindungen und Netzwerke entstehen, sodass man als interessierter Beobachter vor lauter Bäumen kaum noch den Wald sieht. Die wohl wichtigste Neugründung der Reagan-Ära war das National Endowment for Democracy (NED), das seit 1983 ohne Unterbrechung von dem Neokonservativen Carl Gershman geleitet wird. CIA-Direktor Casey hatte die Gründung des NED forciert, und sein Mann im Nationalen Sicherheitsrat, Walter Raymond, stand Carl Gershman mit Rat und Tat zur Seite.[6]

Obwohl vom US-Kongress mit über 100 Millionen US-Dollar pro Jahr finanziert, steht das NED vielerorts im Ruf der Unabhängigkeit. Manche glauben sogar, es handele sich um eine Nichtregierungsorganisation. Doch nichts könnte abwegiger sein. Faktisch ist das NED ein Propaganda- und Regimewechselinstrument der Regierung in Washington. Der einstige CIA-Mann Philip Agee sagte, das NED tue auf anspruchsvollere Weise das, was die CIA früher mit ihren vergleichsweise altmodischen verdeckten Operationen zu erreichen versuchte. Und auch Allen Weinstein, ein Gründungsmitglied des NED (und wie viele Neokonservative ein früherer Trotzkist), bestätigte 1991 gegenüber der *Washington Post*: »Ein großer Teil dessen, was wir heute machen, hat die CIA vor 25 Jahren verdeckt getan.«[7]

Am 26. September 2013 hatte Carl Gershman in einem Gastkommentar für die *Washington Post* die Ukraine als »den größten Preis« bezeichnet. Das Land sei ein wichtiger Zwischenschritt auf dem

Weg nach Moskau. Putin könne am Ende als Verlierer dastehen, meinte der stets zuversichtliche Gershman, und zwar nicht nur im »nahen Ausland«, also in der Ukraine, sondern auch in Russland selbst.[8]

Im Sommer 2018 trat Gershman bei einer Anhörung des US-Kongresses auf. Begleitet wurde er von zwei weiteren Anwälten des Regimewechsels und der Einmischung in die inneren Angelegenheiten anderer Staaten: Daniel Twining vertrat das dem NED angeschlossene und den Republikanern nahestehende International Republican Institute (IRI), Kenneth Wollack das entsprechende, den Demokraten verbundene National Democratic Institute (NDI). Während der Anhörung feierten die drei ihre jüngsten Erfolge in Malaysia, Armenien oder Nicaragua und zeigten sich guten Mutes, auch schwierigere Projekte, wie Russland, China oder Nordkorea auf längere Sicht zu einem guten Ende führen zu können.[9] In Nicaragua, wo es 2018 zu erheblichen inneren Unruhen kam, hat das NED seit 2014 insgesamt 4,1 Millionen Dollar investiert.

Ein weiterer großer und aktiver Förderer des Regimewechsels in Nicaragua ist die Organisation USAID.[10] USAID – das klingt nach interesse- und selbstlosem Einsatz für die Bedürftigen dieser Welt: Brunnen bohren, Krankenhäuser bauen, für Schulunterricht in armen Ländern sorgen. Das alles macht USAID in der Tat. Aber die Organisation tut noch mehr. Sie finanziert auch weltweit Journalisten, die der US-Außenpolitik freundlich gegenüberstehen beziehungsweise deren Arbeit von den USA als nützlich eingeschätzt wird. USAID stärkt »freie« oder »unabhängige« Medien und Blogger, kümmert sich um Journalistenausbildung, um die Geschäftsentwicklung, um die Stärkung des rechtlichen Rahmens für »freie Medien« (mit 40 Millionen US-Dollar jährlich).

Zusammen mit der Open Society Foundation von George Soros finanziert USAID auch das Organized Crime and Corruption Reporting Project (OCCRP). Es betreibt »investigativen Journalismus« in Sachen Korruption und richtet seine Vorwürfe in der Regel gegen Regierungen, die in Washington nicht wohlgelitten sind. Das OCCRP arbeitet auch mit der Ermittlungswebsite Bellingcat des Bloggers Eliot Higgins zusammen. Higgins wiederum ist seit einiger Zeit Fellow der NATO-Denkfabrik Atlantic Council; er und seine Publikationen erfreuen sich der Aufmerksamkeit und Zustimmung führender westlicher Medien wie der *New York Times* oder der *Washington Post*. Obwohl Higgins' »Enthüllungen« und Recherchen meist kontrovers aufgenommen werden und teilweise nachweislich fehlerhaft sind, genießt der Blogger bei Google eine Art Vertrauensvorschuss, während weniger genehme Websites mittels Veränderung der Algorithmen herabgestuft und damit in ihrer Reichweite beschnitten werden (mehr zu diesem Thema ab S. 151).

Die freundliche Aufnahme ist sicher auch darauf zurückzuführen, dass Higgins' »Erkenntnisse« immer mit dem gerade angesagten Propagandathema der US-Regierung und ihrer westlichen Verbündeten übereinstimmen.

Um einen ähnlichen Fall handelt es sich bei der von westlichen Medien so gern und so oft zitierten Syrischen Beobachtungsstelle für Menschenrechte, auch unter dem Kürzel SOHR bekannt (für Syrian Observatory for Human Rights). Auch die SOHR ist ein Ein-Mann-Betrieb mit Sitz im britischen Coventry. Der britische Journalist Peter Hitchens hat sich die Beobachtungsstelle im Frühjahr 2018 genauer angesehen und eine sehr interessante Information veröffentlicht. Am 13. Mai 2018 wunderte er sich in seiner Kolumne in der *Mail on Sunday*, dass sich die SOHR auf ihrer Website als unabhängig darstelle, wörtlich: »not associated or linked to any political body«.[11] Wie aber, so fragt Hitchens, ist es mit dieser angeblichen Unabhängigkeit zu vereinbaren, dass das britische Außenministerium der SOHR die beachtliche Summe von 194 769,60 Pfund zur Verfügung gestellt hat, um das Unternehmen mit »Kommunikationsausrüstung und Kameras« auszustatten? Das Foreign Office habe ihm diese Zahl bestätigt, sagt Hitchens, um dann süffisant hinzuzufügen: »That's quite a lot, isn't it?« Das Portal Media Lens verweist auf den Journalisten Ian Sinclair, der die in Rede stehende Summe bestätigt habe.[12] Man darf also davon ausgehen, dass es mit der Unabhängigkeit der SOHR nicht allzu weit her ist.

Deutsche Medien ordnen die SOHR nicht selten als oppositionsnah ein (was immer das heißen mag). Tagesschau.de zum Beispiel fügt in seine Beiträge zum Syrienkrieg gelegentlich einen kleinen Infokasten ein: »Die oppositionsnahe Syrische Beobachtungsstelle für Menschenrechte ... sitzt in Großbritannien und will Menschenrechtsverletzungen in Syrien dokumentieren. Sie bezeichnet sich als unabhängig. Die Informationen der Beobachtungsstelle lassen sich nicht unabhängig überprüfen.« Da auch die *Tagesschau* »oppositionsnah« ist (zumindest in Bezug auf Syrien), verbreitet sie die Informationen natürlich trotzdem …

Manchmal tut sie es aber auch nicht – und andere westliche Medien auch nicht. Wie ist das zu erklären? Die Antwort liefert das Portal Moon of Alabama. Es hat eine bemerkenswert differenzierte Würdigung der Beobachtungsstelle veröffentlicht, die deutlich macht, dass westliche Medien vor allem dann SOHR-Informationen aufgreifen, wenn sie ins offiziöse Syrien-Narrativ passen. Verbreitet die SOHR hingegen Dinge, die weniger genehm sind (auch das kommt gelegentlich vor), werden sie geflissentlich übersehen.[13] So bezweifelte die SOHR den von den Weißhelmen und anderen behaupteten Giftgasangriff vom 7. April 2018 in Duma. Wenige Tage später bestätigte sie im Wesentlichen die Darstellung der syrischen Luftabwehr, sie habe einen Großteil des amerikanischen Vergeltungsangriffs (er erfolgte am 14. April) abwehren können.

Aus Sicht des 2018 verstorbenen Investigativjournalisten Robert Parry, der die Herausbildung der Reaganschen Propagandamaschine aufgrund der in den vergangenen Jahren freigegebenen Dokumente rekonstruiert hat, hat sich der Prozess der propagandistischen Formierung unter den nachfolgenden Präsidenten bruchlos fortgesetzt. Insbesondere die journalistische Zunft und die Mainstream-Medienlandschaft seien inzwischen dermaßen angepasst und »auf Linie«, dass im Grunde keine besonderen Bemühungen staatlicherseits mehr erforderlich seien. Es würde ein Lächeln auf William Caseys oder Walter Raymonds Gesicht zaubern, sagt Parry, wenn die beiden sehen könnten, wie reibungslos das von ihnen erdachte System inzwischen funktioniert. Journalisten müssen nicht mehr speziell bearbeitet, unter Druck gesetzt oder schikaniert werden – sie sind alle schon an Bord. Dieser Befund gilt auch, wie wir noch sehen werden, für den Journalismus in Zeiten eines Präsidenten vom Schlage Donald Trumps. Soweit sich hier medialer Widerstand bemerkbar macht, richtet er sich jedenfalls nicht gegen die vertrauten Grundlinien amerikanischer Außen- und Sicherheitspolitik.[14]

Anfang Februar 2009, zu Beginn der Präsidentschaft Barack Obamas, veröffentlichte die Nachrichtenagentur Associated Press (AP) eine umfangreiche Recherche zu den Propagandaaktivitäten des Pentagon. Die wichtigsten Ergebnisse[15]: Zwischen 2004 und 2009 ist der Etat des Pentagon für Öffentlichkeitsarbeit (im weitesten Sinn) innerhalb und außerhalb der US-Grenzen um 63 Prozent gestiegen. Im Jahr 2009 gab das Ministerium 4,7 Milliarden US-Dollar für solche Zwecke aus. Davon gingen 1,6 Milliarden in die Bereiche Rekrutierung und Werbung, gut eine halbe Milliarde in den Bereich Public Affairs, mit dem das US-amerikanische Publikum angesprochen wird, und knapp eine halbe Milliarde für »psychologische Operationen«, die aufs Ausland zielten. Hinzu kamen die Personalkosten für diese Aufgaben, 2,1 Milliarden US-Dollar. Die tatsächlichen Ausgaben dürften noch höher ausgefallen sein, da viele Budgets der Geheimhaltung unterliegen. Besonders problematisch ist der Bereich Public Affairs, weil es zum damaligen Zeitpunkt untersagt war, die amerikanische Öffentlichkeit zum Objekt von Propaganda zu machen. Im Jahr der AP-Studie, also 2009, beschäftigte das Pentagon 27 000 Mitarbeiter für die Bereiche Rekrutierung, Werbung und PR.

Auf einer stillgelegten Luftwaffenbasis in San Antonio, Texas, residiert der Joint Hometown News Service. Hier betätigen sich Pentagon-Mitarbeiter als »Journalisten«. Ihre Beiträge erscheinen in diversen Medien, ohne dass für deren Nutzer erkennbar wäre, wo das jeweilige Produkt herkommt. Der AP-Recherche zufolge plante der Joint Hometown News Service für das Jahr 2009 insgesamt 5 400 Presseartikel, 3 000 Fernsehbeiträge und 1 600 Radio-Interviews. Die Aktivitäten in San Antonio, so die AP-Recherche, sind nur ein kleiner Mosaikstein im schnell wachsenden Medienimperium des Pentagon, das inzwischen größer und mächtiger ist als viele amerikanische Medienunternehmen.

Kurz nach der Veröffentlichung der AP-Studie trat der damalige Chef der Nachrichtenagentur, Tom Curley, an die Öffentlichkeit und kritisierte den Ausbau des Pentagon zu einer »weltweit führenden Propagandamaschine«. Curleys Ausführungen bezogen sich auf die gerade zu Ende gegangene Bush-Ära und waren offenbar von der (irrigen) Hoffnung getragen, dass sich unter Obama Grundlegendes ändern werde. In seiner Rede an der University of Kansas beklagte Curley auch Menschenrechtsverletzungen des US-Militärs. Er zitierte mehrere Fälle, in denen Journalisten vom amerikanischen Militär in Kriegsgebieten widerrechtlich festgehalten worden waren; im Irak sei ein Fotoreporter sogar mehr als zwei Jahre lang inhaftiert gewesen. Unbequeme Journalisten seien im Irak und in Afghanistan schweren Repressionen ausgesetzt worden. Das Militär übe Druck auf unabhängige Berichterstatter aus. Dabei arbeite man offenbar auch mit Drohungen. »Führende Kommandeure hätten ihm [Curley, U.T.] zu verstehen gegeben, dass man ›die AP und ihn zerstören wird, wenn er und die Nachrichtenagentur weiterhin auf journalistische Prinzipien bestehen‹ würden.«[16]

Was den staatlichen Druck auf Journalisten angeht, ist kein Unterschied zwischen republikanischen und demokratischen Regierungen zu erkennen. Unter Clinton wurde es für diejenigen, die amerikanischer Propaganda nicht folgen wollten oder sie konterkarierten, geradezu tödlich. So während des Kosovokriegs 1999, als die NATO zwei Cruise Missiles auf den Weg schickte, um die Studios des serbischen Fernsehens in Belgrad zu zertrümmern. 16 Journalisten wurden getötet. Die Bush-Regierung wiederum hatte es auf den Sender Al Jazeera abgesehen. Im November 2001 wurde das Büro des Senders in Kabul von einer US-Rakete getroffen; im April 2003 traf es die Büros in Bagdad, wobei ein Reporter getötet wurde.[17] Dass es sich, wie die US-Regierung behauptete, um unbeabsichtigte Angriffe handelte, ist unwahrscheinlich. Immerhin deutet ein 2005 an die Öffentlichkeit gekommenes Al Jazeera Bombing Memo darauf hin, dass George W. Bush sogar die Überlegung anstellte, die Al-Jazeera-Zentrale im katarischen Doha zu bombardieren; der britische Premier Blair hat ihn aber von dieser Idee wieder abgebracht.[18]

Unter Obama erlangte 2017 der Countering Disinformation and Propaganda Act (CDPA) Gesetzeskraft; er ist Teil des National Defense Authorization Act (NDAA), das alljährlich den Etat des Verteidigungsministeriums und gegebenenfalls auch die Befugnisse des Militärs regelt. Bereits im 2013 verabschiedeten NDAA hatte Obama zugelassen, dass propagandistische Maßnahmen direkt auf die US-amerikanische Bevölkerung abzielen dürfen. Das war bis dahin zwar offiziell verboten, konnte aber natürlich nicht verhindern, dass die medialen Sprachrohre der Regierung das heimische Publikum mit einer täglichen Propagandadosis versorgten.[19]

Als Ersatzbegriff für Propaganda ist seit Obamas Zeiten der Euphemismus »strategische Kommunikation« en vogue. In Lettland wurde inzwischen das NATO-Kompetenzzentrum für strategische Kommunikation (STRATCOM) in Betrieb genommen, eine von mittlerweile zahlreichen und kaum noch überschaubaren Initiativen und Programmen unterschiedlichster Träger (NATO, EU, einzelne Staaten, Stiftungen et cetera), die allesamt vermeintliche russische Desinformationen aufdecken sollen. Schon unter Obamas Ägide habe das Konzept der strategischen Kommunikation immer größere Dimensionen angenommen, sagt der renommierte und über jahrzehntelange Berufserfahrung verfügende Kriegsberichterstatter und Dokumentarfilmer Don North: »Die Verhinderung des Informationsflusses ist beispiellos.«[20]

Der »Permanent War Complex«

Als US-Präsident George W. Bush am 1. Mai 2003 Vollzug meldete und nach nur sechswöchigem Kampf den Sieg der von ihm geschmiedeten »Koalition der Willigen« im Irak verkündete, hat er wohl nicht geahnt, dass ihm der eigentliche Krieg erst noch bevorstehen würde.

Fünf Jahre später präsentierten die Ökonomen Joseph Stiglitz und Linda Bilmes eine vorläufige Bilanz des Konflikts, die für die Regierung Bush kaum verheerender hätte ausfallen können.[1] Dies umso mehr, als sich die Autoren vielen zentralen Fragen des Kriegs nur am Rande widmen: so dem horrenden Blutzoll der irakischen Zivilbevölkerung, den Millionen Flüchtlingen innerhalb und außerhalb des Landes, der infrastrukturellen, ökonomischen und sozialen Misere, der alltäglichen Gewalt oder den politischen Verwerfungen im Nahen und Mittleren Osten. Das Hauptanliegen ihrer Analyse sind vielmehr die oft vernachlässigten ökonomischen Folgen des Kriegs – ausgedrückt in US-Dollars. Auch in diesem Punkt hatten Bush und seine Gefolgsleute das, was auf die Amerikaner zukommen könnte, in unverantwortlicher Weise bagatellisiert. Kurz vor dem Krieg vermutete der damalige Wirtschaftsberater des Präsidenten, Larry Lindsey, dass die Gesamtkosten sich auf etwa 200 Milliarden Dollar belaufen könnten. Verteidigungsminister Rumsfeld tat diese Prognose als »Quatsch« ab; allenfalls 50 bis 60 Milliarden würden anfallen.

In ihrer Gegenrechnung müssen Stiglitz und Bilmes zwar mit etlichen Unbekannten klarkommen. Dennoch gelingt ihnen eine jederzeit schlüssige, nachvollziehbare Kalkulation. Am Ende, so lautet ihr Ergebnis, dürften sich die Gesamtkosten auf drei Billionen Dollar allein für die USA summieren; die Kosten der anderen

Kriegsteilnehmer sowie des Irak sind da noch nicht mitgerechnet. Eine kaum glaubliche Summe. Doch das ist längst nicht alles. Das Watson Institute for International and Public Affairs an der Brown University in Providence, Rhode Island, zeigt in seinem Projekt Costs of War, dass seit 9/11 die Ausgaben für den Krieg gegen den Terror sich auf eine noch weit höhere Summe belaufen: fast sechs Billionen US-Dollar.[2] In dieser Summe sind nicht nur die Kosten für die militärischen Operationen im Irak, in Afghanistan, Pakistan und Syrien enthalten, sondern auch Teile dessen, was im Rahmen des Heimatschutzes für Terrorismusabwehr auf US-amerikanischem Boden ausgegeben wird sowie die Kosten für verwundete oder traumatisierte Post-9/11-Veteranen.[3] Der Krieg gegen den Terror spielt sich im Nahen und Mittleren Osten ab, aber breitet sich auch nach Afrika und in andere Regionen aus – ist jedenfalls umfassender, als viele Amerikaner glauben. Auch die längerfristigen Folgekosten sind exorbitant: Selbst wenn Washington morgen aufhörte, auch nur noch einen Dollar in diese Konflikte zu investieren, würden sich allein die auflaufenden Zinslasten in den 2050er-Jahren auf mehr als acht Billionen US-Dollar summieren.[4]

Die finanziellen Kriegskosten werden meist aus der Perspektive der USA ermittelt. Was aber ist zum Beispiel mit den vielen völlig zerstörten Städten im Irak, in Syrien oder Libyen? Wer beziffert diese Schäden? Und wer kommt dafür auf? Sodann zählen zu den Kriegskosten selbstverständlich nicht nur die finanziellen Aufwendungen, sondern auch und vor allem die menschlichen Opfer, also die durch unmittelbare Kriegshandlungen Getöteten oder Verwundeten, oder jene Menschen, die als Folge von Kriegshandlungen (wie Krankheiten, Unterernährung, Umweltzerstörung) ums Leben kamen.

Das Costs-of-War-Projekt liefert zwar umfängliche Daten dieser Art, doch das Interesse der US-Bevölkerung ist wenig ausgeprägt. Im August 2018 veröffentliche das Projekt zum Beispiel einen Bericht über die nepalesischen, kolumbianischen oder philippinischen Immigranten, die im Irak oder in Afghanistan vom US-Militär beziehungsweise seinen privaten Vertragspartnern ausgebeutet werden. Sie verrichten dort Koch- oder Reinigungsarbeiten oder sind im Sicherheitsbereich tätig. Die Projektmitarbeiterin Stephanie Savell: »Unserem Bericht kann man die Praktiken der Sklaverei und die Menschenrechtsverletzungen entnehmen, mit denen [die Immigranten] regelmäßig konfrontiert werden. Oft ist es so, dass sie dann hier hängen bleiben, in gefährlichen und verwahrlosten Verhältnissen leben und bei weitem weniger verdienen, als ihnen bei der Rekrutierung versprochen wurde. Schutz oder Zuflucht gewähren ihnen dann weder das amerikanische Militär noch zivile Behörden noch die Regierung des Herkunftslandes.«[5]

Savell war anfangs davon überzeugt, dass diese der amerikanischen Öffentlichkeit weitgehend unbekannten Enthüllungen Wirkung zeigen und ein weiteres Argument gegen die Fortsetzung der beiden Kriege sein würden. Zudem stellte der Bericht die Privatunternehmen an den Pranger, die seit Jahren von den Kriegen so üppig profitierten. Jedoch, die Analyse fand so gut wie keine Beachtung. Das sei oft so, sagt Savell mittlerweile ernüchtert, wenn man das menschliche Leid thematisiere, das die Kriege anrichten. Auf Interesse stoße es allenfalls dann, wenn es amerikanische Soldaten betreffe.

Wie werden die Kriege finanziert? Die Kosten werden nicht, wie etwa im Zweiten Weltkrieg oder im Koreakrieg, durch Steuererhöhungen, Kriegsanleihen und sonstige Maßnahmen aufgebracht. Im Gegenteil, die Regierung George W. Bushs hat 2001 sogar die Steuern gesenkt – und dennoch den Afghanistan- und den Irakkrieg vom Zaun gebrochen. Sein Nachfolger Obama ist von dieser Linie nicht wesentlich abgewichen. Aber wo kommt das Geld her? Ganz einfach: Heutzutage führen die USA ihre Kriege auf Pump. Kritiker sprechen von »Credit Card Wars«. So neoliberal man sich auch ansonsten geriert, im militärischen Bereich bedient man sich der keynesianischen Methode des Deficit Spending. Für das Verteidigungsministerium haben die Regeln des freien Marktes keine Gültigkeit.

Diese Entwicklung hatte einen langen Vorlauf (auch der übrigens schon vor vielen Jahren in den Schriften William A. Williams' präzise analysiert). Im Zweiten Weltkrieg ist das Bündnis zwischen Industrie, Wissenschaft und Militär entstanden; es hat die Grenzen zwischen militärischer und ziviler Produktion und Konsumtion verwischt. Technologische Durchbrüche führten immer zu beidem: zu noch gewaltigeren Waffen der Zerstörung sowie noch besserer Technik zur Erleichterung des Lebens. Der amerikanische Blogger und Medienkritiker Tom Engelhardt, der die Plattform tomdispatch.com betreibt, spricht mit Blick aufs Heute von einem »militärischen Keynesianismus«, William Hartung, der sich seit Jahren mit dem militärisch-industriellen Komplex befasst, von »Pentagon-Sozialismus«. Die Trump-Jahre versprechen ein Goldenes Zeitalter für das US-Militär zu werden. Die Pentagonpolitik der endlosen Kriege und Kriegsvorbereitungen zielt darauf ab, die US-Wirtschaft dauerhaft in den Dienst des militärisch-industriellen Komplexes (MIK) zu stellen, sie so umfassend wie möglich den Bedürfnissen der militärischen Produktion anzupassen und in diesem Zusammenhang sämtliche Fenster der Verwundbarkeit zu schließen (sei es die Abhängigkeit von einem bestimmten Zulieferer oder von Rohstoffen wie den »seltenen Erden« oder von jungen Fachkräften für die Rüstungsproduktion). Trumps eigentliche Strategie, so Hartung, heiße nicht »America First«, sondern »Pentagon First«.

Die Frage lautet natürlich: Wohin soll es führen, wenn man den ineffizientesten Sektor der US-Wirtschaft (also den MIK) zu deren Leitwolf macht? Läuft man damit nicht Gefahr, ebenso in eine Sackgasse zu geraten wie einstmals die Sowjetunion? Deren exorbitante Ausgaben für den Rüstungssektor hatten dazu geführt, dass das sowjetische System immer rigider und unflexibler wurde und sich auf schnelle Veränderungen in der ökonomischen und technologischen Welt nicht mehr einstellen konnte. Sei's drum, sagt sich Trump, setzt massive Steuererleichterungen für die Reichen durch, sorgt für eine drastische Erhöhung des Pentagon-Budgets, verwickelt Feind und Freund in Wirtschaftskriege ...[6]

Trotz eines Mangels an wirklichen, substanziellen Feinden und trotz ausbleibender Kriegserfolge haben sich Pentagon, Ministerium für Heimatschutz, der US-Nuklearkomplex, die 17 Geheimdienste, die Rüstungsunternehmen sowie die privaten Sicherheits- und Militärunternehmen zu einer riesigen, komplexen, ineinandergreifenden Struktur entwickelt – für die Beteiligten extrem profitabel, fürs Land extrem kostspielig. Der Historiker und Investigativjournalist Gareth Porter spricht in diesem Zusammenhang nicht länger von einem militärisch-industriellen Komplex, sondern von einem »Permanent War Complex«.[7] Er habe seine ausgedehnte Macht und seine Kontrolle über die Ressourcen des Landes erlangt, indem er sich die angebliche, von islamistischen Terroristen ausgehende Bedrohung der nationalen Sicherheit zunutze machte. Tatsächlich aber wurzelt seine Macht dort, wo auch schon die des älteren MIK gewurzelt hatte: in der Allianz zwischen den für die nationale Sicherheit zuständigen Institutionen mit den privaten Rüstungsunternehmen.

Die erste Phase der Verwandlung des MIK in einen Permanent War Complex sieht Porter in der weitreichenden Privatisierung von Einrichtungen des Militärs und der Geheimdienste. Sie höhle das bei diesen Institutionen angesiedelte Fachwissen aus; beide gerieten in zunehmende Abhängigkeit von privaten Unternehmen (wie Halliburton, Booz Allen Hamilton et cetera). Zwischen 1998 und 2003 vereinnahmten private Unternehmen etwa die Hälfte des Verteidigungsbudgets. Sie übernahmen – insbesondere im Pentagon – sogar genuine Regierungsaufgaben. Viele altgediente Pentagon- oder CIA-Mitarbeiter wechselten mit ihrem Wissen und ihrer Erfahrung zu den privaten Unternehmen, weil sie dort erheblich mehr für die gleiche Arbeit verdienten. Erwartungsgemäß drehte sich da auch immer öfter eine entsprechende Drehtür, indem zum Beispiel Generäle aus dem Pentagon in die Rüstungsindustrie wechselten oder Rüstungsmanager (insbesondere unter Bush jun.) Schlüsselfunktionen im Ministerium übernahmen.

Die zweite Phase setzte mit dem globalen Krieg gegen den Terror ein, der rasch zu einem permanenten und endlosen Krieg wurde und sich zu großen Teilen um den Einsatz von Drohnenbombardements drehte. Die Drohnenkriege sind eine Art Public-private-Partnership auf militärischem Gebiet. Privatunternehmen sind hier in strategische Aspekte des Kriegs involviert. Und so haben die Drohnenunternehmen – allen voran der Marktführer General Atomics – ein starkes Interesse und auch die politische Macht (etwa über ihre Lobbyarbeit im Kongress), die zeitlich unbegrenzte Fortsetzung der Kriege zu gewährleisten.

Während der Obama-Jahre wurden Tausende Drohnenangriffe durchgeführt (Porter nennt die Zahl 5 000). Unter Trump scheint sich diese Linie bruchlos fortzusetzen; es sind sogar eine quantitative Steigerung und noch weniger Rücksicht auf mögliche zivile Opfer zu erwarten. Und Drohnenunternehmen werden immer tiefer in die Kill Chain des Drohnenkriegs (find, fix, fight, finish the enemy) integriert – aus Porters Sicht eine neue Etappe im Prozess der Privatisierung des Kriegs in einem Permanent War Complex.

Im April 2017 hat die Regierung Trump eine »Buy American«-Initiative auf den Weg gebracht und drei Monate später festgezurrt. Sie zielt darauf ab, dass mehr Länder mehr und größeres US-Kriegsgerät kaufen können. Auch und vor allem sollen Vertragsverhandlungen deutlich schneller abgewickelt und Abschlüsse entsprechend schneller zustande gebracht werden als bisher. Trumps Kabinettsmitglieder sollen sich gegebenenfalls persönlich einschalten, hohe Regierungsoffizielle auch bei Waffenmessen persönlich Werbung machen.[8] Auch Trump selbst kümmert sich aktiv um die weitere Steigerung der Rüstungsexporte. Schon Obama war ein guter Freund der Rüstungsindustrie gewesen; verglichen mit George W. Bush hatten sich in seiner Zeit die Waffenexporte verdoppelt. Unter Trump scheint es noch besser zu werden. »He's become a reliable arms-dealer-in-chief.«[9]

Es ist nicht verwunderlich, dass ein so gigantischer und profitträchtiger Permanent War Complex, bestehend aus öffentlichen und privaten Komponenten, dem Missbrauch und der Verschwendung Tür und Tor öffnet. Bereicherung, Betrug, Korruption sind an der Tagesordnung, ebenso mangelnde Effektivität und Effizienz, unzureichende Kontrolle, Misswirtschaft, Fehlinvestitionen. Statt strikt im öffentlichen Interesse gesteuert zu werden, wurde das System von privaten beziehungsweise partikularen Interessen usurpiert. Es entwickelt sich eigendynamisch, ohne Bremsmechanismus in immer größere Dimensionen. Die scheinbar endlos zur Verfügung stehenden finanziellen Mittel führen zu organisierter Verantwortungslosigkeit. Es sind nicht die Sicherheitslage oder die real existierende Bedrohungen, die das System antreiben, sondern die Profitinteressen derer, die an ihm beteiligt sind und es aufrechterhalten. Das Gerede von Bedrohungen ist weitgehend Propaganda; sie wird nachgereicht, um gegenüber der Öffentlichkeit zu rechtfertigen, was aus ganz anderen Gründen (und sowieso) geschieht. Tatsächlich ist es so, dass sich eine oligarchische Klasse durch Krieg bereichert und dabei auch vor schweren Kriegsverbrechen und Menschenrechtsverletzungen nicht zurückschreckt. Man erinnere sich beispielsweise an den früheren US-Vizepräsidenten Dick Cheney, der seine Rolle im Irakkrieg mit seiner Beziehung zu einem der großen Kriegsprofiteure, dem Unternehmen Halliburton, verquickte.[10]

Die führenden Waffenexporteure haben ein Geschäftsmodell entwickelt, das Profite aus Kriegen, Chaos, Terrorismus, politischer Instabilität und Menschenrechtsverletzungen schlägt. Als am 9. August 2018 die saudische Luftwaffe im Jemenkrieg einen Schulbus bombardierte und 44 Kinder ermordete, stammte die Bombe von Lockheed Martin. Und als Trump im Mai 2017 seinen 110-Milliarden-Rüstungsdeal mit Saudi-Arabien verkündete, konnte Lockheed Martin einen Anteil von fast 30 Milliarden US-Dollar verbuchen.[11] Ob die USA unmittelbar verantwortlich sind oder das Bombardieren an ihre saudischen, ägyptischen oder israelischen Stellvertreter delegieren, ob die Massaker im Jemen, im Gazastreifen oder in Afghanistan stattfinden, immer sind Unternehmen wie Raytheon, Northrop Grumman, Lockheed Martin, Boeing und General Dynamics mit dabei. Sie generieren ihre Profite auf Kosten der ärmsten und verwundbarsten Menschen dieser Welt. Echte Diplomatie, Abrüstung und Frieden bedrohen ihr Geschäftsmodell.

Die durch die Kriege verursachte finanzielle Last spüren die meisten Amerikaner nicht, oder besser: Sie stellen keinen Zusammenhang zu den exorbitanten Kriegskosten und der Art der Kriegsfinanzierung her. Letztere bleibt allerdings nicht folgenlos, wie an der vielfach maroden Infrastruktur, an der Gesundheitsversorgung, im Bildungs- und Erziehungssystem oder am Immobilienmarkt ablesbar.

Jedenfalls sind die USA fast zwei Jahrzehnte nach dem Beginn des Kriegs gegen den Terror ein weithin demobilisiertes Land. Kaum jemand interessiert sich ernstlich für die diversen Kriege. Viele sind sich nicht einmal bewusst, dass sie stattfinden. Die Regierung verlangt und erwartet so gut wie nichts von der Bevölkerung. Die Kriege laufen faktisch unter Ausschluss der Öffentlichkeit ab.

Die nicht vorhandene oder allenfalls lockere Verbindung zwischen der US-Bevölkerung und den Kriegen, die in ihrem Namen geführt werden, ist ein Phänomen, das deutlich älter ist als die Präsidentschaft Donald Trumps. Es reicht zurück bis zum Krieg in Indochina. Gegen dessen Ende wurden die Disziplinprobleme, das Aufbegehren und die Renitenz der dort eingesetzten Soldaten immer bedrohlicher.[12] Die amerikanische Wehrpflichtigenarmee war an ihre Grenzen gestoßen, die Einberufenen votierten mit ihren Füßen gegen den Krieg. Den Ausweg sahen viele Militärs in der Umwandlung der Streitkräfte in eine Freiwilligenarmee. Diesen Schritt tat Präsident Nixon 1973. In den folgenden Jahrzehnten verwandelte sich das US-Militär in eine Art Fremdenlegion. Nach 9/11 wurde zudem ein weiterer Strang etabliert, die Spezialeinsatzkräfte (Special Operations Forces), 70 000 Mann stark und auf der ganzen Welt aktiv. Sie bilden andere Fremdenlegionäre aus oder führen Einsätze durch, über die die amerikanische Öffentlichkeit wenig weiß oder bewusst im Unklaren gelassen wird. Wer unter den Amerikanern nicht Angehörige oder Freunde in Kriegseinsätzen hat, bekommt von den Kriegen wenig bis gar nichts mit. Der Vorfall in Niger, wo vier Green Berets, also Angehörige des Special Forces, im Oktober 2017 bei einem Routineeinsatz umkamen, hat selbst Kongressabgeordnete überrascht. Sie hatten keine Ahnung, dass und warum US-Militär in Niger tätig ist.[13] Tatsächlich sind die Aktivitäten der USA gegen den Terrorismus noch erheblich weiter gestreut, als viele Menschen ahnen. Das US-Militär ist inzwischen in fast 80 Ländern (also 40 Prozent aller Länder der Erde) auf die eine oder andere Weise mit der Bekämpfung des Terrorismus beschäftigt.[14]

Ronald Reagan hatte Vietnam rückblickend als hehres Anliegen bezeichnet. Mit einem professionalisierten und von (wehrpflichtigen) Störenfrieden gesäuberten Militär begann er alsbald neue Kriege zu führen (offen in Grenada und Panama, verdeckt andernorts). Auch die Medien spielten fortan eine andere Rolle: Zunächst, im Oktober 1983, wurden sie auf dem Kriegsschauplatz in Grenada ganz ausgesperrt, später dann in Pools zusammengefasst oder »eingebettet«.

Jahr um Jahr wurden Kriege wichtiger – und rückten doch immer weiter vom Leben des Durchschnittsbürgers weg. Die jetzt hochprofessionalisierte Armee wandelte sich, wurde Schritt für Schritt privatisiert und von unternehmerischen Prinzipien durchdrungen. Der Krieg wurde nun nicht mehr (zumindest theoretisch) von Bürgern für Bürger ausgefochten, sondern von und für Lockheed Martin, Halliburton, KBR, DynCorp, Triple Canopy, Blackwater (später umbenannt erst in Xe Services, dann in Academi). Die Mannschaft um George W. Bush war geradezu davon besessen, jegliche Wiederholung der Vietnam-Erfahrungen zu vermeiden. Sie wollte keine kritische Berichterstattung, keine ständigen Verlustmeldungen, keine Leichensäcke mit toten Soldaten, die zu Hause die Kriegsgegner auf den Plan riefen. Welche Rolle die US-Öffentlichkeit fortan spielen sollte, hat Bush in einem berühmten Ausspruch klargestellt: »Go down to Disney World in Florida, take your families, and enjoy life the way we want it to be enjoyed.«

Tom Engelhardt glaubt, dass Nixons Aufhebung der Wehrpflicht die Grundvoraussetzung für diese Kriegführung unter weitgehendem Ausschluss der Öffentlichkeit gewesen ist. Die vielen jungen Amerikaner, die nicht in den Krieg ziehen müssen, weil das System für diese Arbeit seine Leute hat, sind für ihn »Nixon's children«.

Auch das Thema Geschichtspolitik begegnet uns hier wieder: Die Erinnerung an 9/11 hat geholfen, all das zu rechtfertigen, was die USA seither getan haben. Auf Seiten der Regierenden besteht ein lebhaftes Interesse, 9/11 im kollektiven Gedächtnis zu verankern, und zwar genau in der Deutung, die es offiziell erfahren hat. Der Indochinakrieg hingegen darf getrost verblassen, ohne dass ein Pentagon-Verantwortlicher sich deswegen grämen würde.

Die USA haben es mit einer Reihe gescheiterter oder scheiternder Kriege zu tun: Afghanistan, Irak, Syrien, Jemen, anderswo im Nahen und Mittleren Osten und bis weit hinein nach Afrika. Das US-Militär hat trotz größter Mühe in den letzten 20 Jahren nichts von dem erreicht, was es sich vorgenommen hatte. Wo immer es eingesetzt wurde, konnte es nicht gewinnen, wurde der Gegner nicht Herr, denen es nominell haushoch überlegen war. Und es bewirkte nichts Konstruktives, sondern hinterließ fast ausschließlich Tod,

Chaos, Leid, Zerstörung und Perspektivlosigkeit – also gescheiterte Staaten, die nur neuen und größeren Terror hervorbringen. Trotz dieser fürchterlichen Bilanz lässt niemand locker, sucht man, im Gegenteil, schon nach den nächsten Feinden, mit denen man sich anlegen könnte.

Nach Ende des Zweiten Weltkriegs sanken die Rüstungsausgaben zunächst deutlich. Wie sollten also bestimmte kostspielige geopolitische Projekte noch finanziert werden können, fragte sich US-Präsident Harry Truman. Der Senator Arthur Vandenberg wusste Rat: Truman solle dem amerikanischen Volk »Angst und Schrecken einjagen«. Genau das tat der Präsident denn auch mit großem Erfolg. Und seine Amtsnachfolger machten es genauso. Als mit der Auflösung der Sowjetunion auch das »rote Gespenst« vertrieben war, bekannte Colin Powell, damals Chef der Joint Chiefs of Staff, dass ihm »die Dämonen ausgehen« und nur noch Fidel Castro und Kim Il-sung (damals die Staatschefs von Kuba und Nordkorea) übrig seien.[15]

Wenn es keine Bedrohungen gibt, dann werden sie eben erfunden. Während des ersten Kalten Kriegs haben die Ideologen der nationalen Sicherheit zeitweise eine Bedrohungsinflation erzeugt. In den frühen Stadien des Konflikts machten sich amerikanische Politiker und Militärs lautstark Sorgen um eine Bomberlücke, dann um eine Raketenlücke. Sie behaupteten, die Sowjetunion habe die US-amerikanische Produktion von Bombern und Atomraketen massiv übertroffen. Nach Schätzungen des US-Geheimdienstes hatte die UdSSR 1959 zwischen 1 000 und 1 500 nuklearfähige Interkontinentalraketen im Vergleich zu den 100 der Vereinigten Staaten. In Wirklichkeit verfügte die UdSSR bis September 1961 über nur vier Interkontinentalraketen. Um die Jahrtausendwende herum wiederholte sich dieses Schauspiel mit Saddam Husseins angeblichen Massenvernichtungswaffen. Und ständig, sagt der ehemalige Luftwaffen-Oberstleutnant William Astore, werden neue Episoden hinzugefügt: nordkoreanische ballistische Raketen, die iranische Atomwaffenproduktion, die Erhöhung der chinesischen Militärproduktion et cetera. All dies mögen ja echte Sorgen sein, räumt Astore ein, aber sie sind »blass im Vergleich zu der globalen Reichweite und der globalen Macht des US-Militärs. All diese atemlose

Bedrohungsinflation sorgt dafür, dass das Geld (zusammen mit den Munitionskisten) weiter ans Militär fließt.«[16]

Gerade in heutiger Zeit, da der militärisch-industrielle Komplex beziehungsweise der Permanent War Complex eine so unverkennbare Eigendynamik gewonnen hat, da er ganz unabhängig von der realen Bedrohungslage seine stets expansiven Bahnen zieht, muss man noch weit stärker als in der Vergangenheit davon ausgehen, dass viele der Bedrohungen, mit denen uns tagtäglich das Fürchten gelehrt wird, nichts anderes sind als interessengeleitete Übertreibungen, Verzerrungen, Täuschungen oder Lügen – Kriegspropaganda ohne Grundierung in der realen Welt.

Krieg, Zensur, Repression – damals und heute

»Violence abroad breeds violence at home«, stand einst auf einem Protestplakat gegen den Vietnamkrieg. John Mearsheimers schon zitierter Satz »Liberalism abroad leads to illiberalism at home« ist ein spätes, konservatives Echo dieser Erkenntnis. Was speziell in den USA auf dem Spiel steht, hat Tom Engelhardt so formuliert: »Die Vereinigten Staaten sind in mehrfacher Hinsicht eine Nation, die aus Kriegen entstanden ist. Die Frage dieses Jahrhunderts lautet: Wird ihre Bevölkerung, wird ihr politisches System an diesen Kriegen scheitern?«[1]

Es ist offenkundig: Das Außenverhalten eines Staates hat Rückwirkungen auf dessen innere Verhältnisse. Hier zwei Beispiele aus der jüngeren Geschichte der USA.

Dass die USA während des Zweiten Weltkriegs japanisch-stämmige Bürger internierten, ist weithin bekannt. Weniger bekannt ist, dass der Zugriff sich nicht auf die USA beschränkte, sondern auf die gesamte westliche Hemisphäre erstreckte, und dass er nicht nur Japaner betraf, sondern auch Deutsche und Italiener.[2] Schon vor dem amerikanischen Kriegseintritt im Dezember 1941 beschworen viele Politiker und Wissenschaftler des Landes die angebliche Gefahr einer deutschen oder japanischen Infiltration von Peru, Guatemala oder anderen mittel- und südamerikanischen Ländern, die schließlich, so die Befürchtung, in eine Invasion der USA münden könnte. Um die vermeintliche Gefahr abzuwehren, wurde von der Roosevelt-Regierung kurzzeitig sogar ein militärisches Vorgehen in Erwägung gezogen. Schließlich gründete sie stattdessen das Emergency Advisory Committee for Political Defense (CPD), dem 21 Staaten beitraten, von Kanada im Norden bis zu Argentinien und Chile im Süden. Es bekämpfte angebliche

Agenten, überwachte Personen und zensierte Publikationen. Doch dabei blieb es nicht. Ab Winter 1942 wurden in Lateinamerika in großem Stil Häuser gestürmt und vorbeugende Verhaftungen vorgenommen. In die Fänge gerieten Tausende Zivilisten vor allem japanischer, deutscher oder italienischer Herkunft, die meisten von ihnen völlig unbescholten und keinerlei Gefahr. Unter den Verhafteten befanden sich vereinzelt sogar deutsche Juden, die sich gerade erst vor der Nazi-Verfolgung nach Lateinamerika gerettet hatten. 1943 wurden dann 8 000 Gefangene in die USA deportiert, wo sie in Konzentrationslagern ohne Anklage und rechtliche Möglichkeiten festgehalten wurden. Nach Kriegsende hat man sie nach Europa oder Japan abgeschoben; die meisten haben Süd- oder Mittelamerika nie wiedergesehen.

Auch der erste Kalte Krieg hatte erhebliche repressive Rückwirkungen im Inneren des Landes. Der Senator Joseph McCarthy und seine Gehilfen setzten angebliche oder tatsächliche Kommunisten oder deren Sympathisanten unter enormen Druck. Weniger bekannt ist indessen, dass sich die Hexenjagd nicht allein auf politische Gegner konzentrierte, sondern im großen Stil auch gegen Homosexuelle vorging.

Der Zusammenhang zwischen äußerem Feindbild und innerer Repression ist historisch wie aktuell von kaum zu überschätzender Bedeutung. Daher hier nun zwei kleine Fallstudien: Die eine erzählt aus den deutschen Revolutionstagen 1918/19, die andere berichtet über die »Infowars« unserer Tage.

Damals: Russiagate 1918/19

In seinem Buch *Am Anfang war Gewalt* beschreibt der Historiker Mark Jones in bislang nicht gekannter Eindringlichkeit die Geburtsphase der Weimarer Republik, die Monate vom November 1918 bis zur Jahresmitte 1919.[3] Was damals geschah, ist im historischen Bewusstsein der Deutschen allenfalls bruchstückhaft präsent. In dieser hochdramatischen Phase der deutschen Geschichte galt: Politik war Gewalt und Gewalt war Politik. Jones erklärt, warum der Zusammenbruch des Kaiserreichs und die Novemberrevolution noch weitgehend unblutig abliefen, es dann jedoch ab Dezember 1918 zu sich steigernden Gewaltexzessen gekommen ist.

Auffällig ist, dass es in der Studie immer wieder um zwei Dinge geht: um die (tatsächliche) Rolle der Medien und die (angebliche) Rolle der Russen. Zu den zahllosen Quellen, die Jones für sein Buch auswertete, gehören auch über 60 deutsche Zeitungen. Wie agierten sie im sich aufheizenden politischen Klima kurz nach dem Weltkrieg? Jones' Antwort fällt eindeutig aus. Schon auf Seite 69 verwendet er den heute so modischen Begriff Fake News. Die Medien, egal welcher Couleur, taten so gut wie nichts, um Fakten zu klären, zu versachlichen, die Wogen zu glätten. Stattdessen gossen sie Öl ins Feuer und unternahmen so einiges, um die im Land kursierenden wilden, haarsträubenden Gerüchte, die verbreiteten Ängste, Imaginationen und Autosuggestionen als real und wohlbegründet hinzustellen.

Die allermeisten Medien ergriffen einseitig und zum Teil hochgradig tendenziös Partei für die »Ordnungsmächte«, also für die in Berlin regierenden Mehrheitssozialdemokraten und ihre Verbündeten im Militär und unter den rechtsnationalistischen Freikorpsverbänden. Deren Gegenspieler, die weiter links angesiedelten Unabhängigen Sozialdemokraten und der kommunistische Spartakusbund, wollten die Revolution in eine sozialistische Richtung weitertreiben, konnten sich aber lediglich auf die parteieigenen Medien stützen.

Selbstverständlich kannte man auch damals schon den bis heute beliebten Propagandakniff, die innenpolitischen Gegner als Hilfstruppe, als fünfte Kolonne eines außenpolitischen Widersachers zu diffamieren. In Deutschland hieß der Vorwurf: Die linke Opposition wird von Russland inspiriert und munitioniert.

Kurze Rückblende. Ein Jahr vor der deutschen Novemberrevolution hatten in Russland Lenins Bolschewiki die Macht an sich gerissen. Es folgte ein mehrjähriger Bürgerkrieg, inklusive ausländischer Interventionen. Das deutsche Kaiserreich diktierte der noch schwachen russischen Regierung in Brest-Litowsk einen Friedensvertrag und beließ etwa eine Million deutsche Soldaten im östlichen Europa, um seine territoriale Kriegsbeute zu sichern. Viele dieser Soldaten konnten die russischen Umwälzungen und den

Bürgerkrieg aus der Nähe miterleben; einige beteiligten sich an den Kämpfen oder gerieten unter Beschuss. An der Schwarzmeerküste zum Beispiel kam es im Juni 1918 zu einem feindlichen Überfall auf deutsche Truppen, dem 39 Männer zum Opfer fielen; die Deutschen ließen als Vergeltung 2 000 bolschewistische Gefangene erschießen.

Was die deutschen Medien ihrem Publikum in Reportagen und Berichten aus Moskau oder Sankt Petersburg zu vermelden hatten, versetzte viele Deutsche in Angst und Schrecken. Die russische Revolution, so erfuhren sie, war gleichbedeutend mit Chaos und Terror, mit Mord, Plünderungen und Hunger. Schon bald machte das Wort von den »russischen Zuständen« die Runde.

Als enormes Gefahrenpotenzial wurden die (mindestens) 1,4 Millionen unterernährten russischen Kriegsgefangenen wahrgenommen, die sich auf deutschem Boden befanden. In ihnen witterte man eine tickende Zeitbombe, eine Bürgerkriegsarmee im Wartestand, die jederzeit in Aktion treten und Deutschland zur proletarischen Diktatur umfunktionieren konnte.

Kein einzelner Mensch wurde in dieser historischen Phase derart dämonisiert wie der Spartakistenführer Karl Liebknecht. Im Oktober 1918 aus der Haft entlassen, hatte er in den Folgemonaten versucht, seiner politischen Gruppierung eine Massenbasis zu verschaffen. Obwohl ihm das zu keiner Zeit gelungen ist, galt er vielen Deutschen als eminente Gefahr. Mit medialer Hilfe wurde er zum überlebensgroßen nationalen Anti-Helden stilisiert, zu einem Mann, der angeblich über exorbitante Machtmittel verfügte. So wurde ihm angedichtet, er befehlige eine Geheimarmee von 30 000 Mann; später war sogar von 100 000 Mann die Rede. Die *Deutsche Zeitung*, das Organ des Alldeutschen Verbandes, sah in Liebknecht den »Dämon der Revolution« und einen Fanatiker, der in seinen Reden »die R in ›revolutionär‹ abschnurrt und die letzten Silben in Berliiiin und Diktatuuuuur endlos gedehnt hinaussingt, wie ein Muezzin vom Minarett hinab sein gottbegeistertes Allah!«[4] Selbst der im Allgemeinen besonnene Harry Graf Kessler schlug in diese Kerbe: Er verglich »die Welle des Bolschewismus, die von Osten kommt« mit der »Überflutung durch Mohammed im siebenten Jahrhundert«.[5] Liebknecht galt vielen als Inkarnation einer russischen Einmischung in deutsche Angelegenheiten. Die Fäden liefen angeblich in der russischen Botschaft in Berlin zusammen. Über die Botschaft würde per Diplomatenpost gefährliches bolschewistisches Propagandamaterial nach Deutschland geschleust. Natürlich seien auch Waffen dabei. Als am Bahnhof Friedrichstraße wieder einmal aus Russland stammende Kisten verladen wurden, brach eine von ihnen auf und bestätigte, so das Zeugnis deutscher Agenten, die schlimmsten Befürchtungen; die Kiste enthielt angeblich gefährliche bolschewistische Propagandaschriften. Der deutsche Botschafter wurde daraufhin aus Moskau abberufen, die russische Botschaft in Berlin geschlossen, das Personal ausgewiesen. Russiagate 1918/19.

Jones schreibt:

»In einem Chor der Empörung beschuldigte die deutsche Presse den bolschewistischen Botschafter Joffe (der Jude war), mit verschwörerischen Mitteln die Revolution herbeiführen zu wollen, und warnte, Deutschland stehe an der Schwelle zu einer gefährlichen Spirale der Gewalt. Selbst die liberale *Frankfurter Zeitung* zeigte sich befremdet. Das Blatt, das bis 1914 zu den wichtigsten kritischen Stimmen gegen den Antisemitismus im kaiserlichen Deutschland gehört hatte, erklärte jetzt, die Erkenntnisse der politischen Polizei bestätigten den alten Verdacht, dass ›Juden‹ im Zusammenwirken mit der russischen Botschaft die Verbreitung gefährlichen Materials förderten.«[6]

Major Gustav Böhm, ein Beamter im preußischen Kriegsministerium, glaubte zu wissen, dass Liebknecht, die Spartakusgruppe und mehrere russische Bolschewisten »fieberhaft« auf einen Umsturz hinarbeiteten. »Unter [Liebknechts] Fahne sammelt sich ein übles Gesindel von Verbrechern und Fahnenflüchtigen, dem er 20 M[ark] pro Kopf und Tag zahlen soll«, so Böhm. Das Geld sei »offensichtlich russischen Ursprungs«. Und weiter: »Es ist eine Organisation zur Beseitigung der Offiziere gebildet [worden]. Das Bürgertum wird planmäßig entwaffnet und das ganze Reich mit einem Netz von Spartakuszellen überzogen.« Theodor Wolff, Chefredakteur des *Berliner Tageblatts*, behauptete, Liebknecht und sein Genosse Georg Ledebour hätten »die entwendeten Maschinengewehre und Handgranaten, das russische Geld, einige Häupter der ›Sicherheitsbehörden‹ [und] die unreifsten Elemente unter den heutigen Kasernenbewohnern« auf ihrer Seite.

Böhm und Wolff waren nicht die einzigen, die eine Massenpanik schürten. Mark Jones:

>»Viele glaubten, jede Menge russisches Geld ströme nach Berlin und helfe, den Aufstand zu finanzieren. Auf Plakaten wurden die Spartakisten beschuldigt, russischen Methoden nachzueifern. Ein Gerücht wollte wissen, in Berlin seien bis zu tausend russische Bolschewisten, verkleidet als uniformierte deutsche Soldaten, unterwegs. Eine konservative Zeitung äußerte die Vermutung, die Spartakisten seien im Besitz von mehr als 20 000 Gewehren.«

Antirussische und antibolschewistische Ausfälle, dazu antisemitische und antimuslimische – und das alles gut vermengt: So kreiert man Feindbilder! Feindbilder, also die Dämonisierung und Entmenschlichung des politischen Gegners, senken die Hemmschwellen, erleichtern die Gewaltanwendung, fordern sie geradezu heraus. So auch hier. Als sich Regierungstruppen daran machten, den Berliner Januar- oder Spartakusaufstand 1919 niederzuschlagen, stieg die Zahl der Opfer dramatisch an; unter den Ermordeten waren Karl Liebknecht und Rosa Luxemburg. Auch in der Garde-Dragoner-Kaserne wurde unter den Gefangenen ein Blutbad angerichtet: »Obwohl unter den Erschossenen kein einziger Russe war, brüllten die Soldaten, als sie den ersten der Gefangenen töteten, ›Russenschwein‹ und andere Beschimpfungen.«

Ausgelöst hatte den »Aufstand« (der nicht wesentlich über die Besetzung einiger Verlagsgebäude und Störungen des Zugverkehrs hinauskam) eine Solidaritätsdemonstration für den Berliner Polizeipräsidenten Emil Eichhorn. Der gehörte zum linken Flügel der USPD und war den Regierenden ein Dorn im Auge; sie wollten ihn loswerden. Eichhorn wurde vorgeworfen,

>»Beziehungen sowohl nach Moskau als auch zu Unterweltkreisen in Deutschland zu unterhalten. Anhänger der Regierung un-

terstellten sogar, ihm flössen Einkünfte aus Beutezügen der organisierten Kriminalität zu ... und er pflege enge Kontakte zu bolschewistischen Agenten. Des Weiteren beschuldigte man ihn, überall in der Stadt geheime Waffendepots zu unterhalten und gegen die vorübergehende Besetzung des *Vorwärts*-Verlagsgebäudes am 25. Dezember 1918 nichts unternommen zu haben.«

Jones bestreitet demgegenüber, dass der Januaraufstand russisch infiltriert war:

»Eine kaum bekannte Auswertung, die sich in den Akten des preußischen Justizministeriums findet, beleuchtet detailliert Herkunft und Hintergrund von 400 Personen, die wegen ihrer Rolle im Januaraufstand angeklagt wurden, in der Mehrheit Spartakisten, die während und nach der Kapitulation der Besetzer des *Vorwärts*-Gebäudes festgenommen wurden. Wie daraus hervorgeht, waren die Leute, die sich im Verlagsgebäude befanden, fast ausnahmslos Deutsche. Nur zwanzig der Festgenommenen, das waren fünf Prozent, hatten eine andere als die deutsche Staatsangehörigkeit; zu ihnen gehörten Italiener und Schweizer sowie, in sehr geringer Zahl, Russen.«

Als Drahtzieher des Januaraufstands wurde lange Zeit Karl Radek verdächtigt, ein bolschewistischer Abgesandter, der sich illegal in Deutschland aufhielt. Mark Jones kann demgegenüber nachweisen, dass Radek den Aufstand ausdrücklich missbilligte, sich aber mit seiner Position nicht durchsetzen konnte.

Nur wenige Wochen später wurden in den Berliner Märzkämpfen innerhalb von nur zehn Tagen etwa 1 200 Menschen getötet. Die Kämpfe konzentrierten sich auf den Osten der Stadt, die Regierung setzte Maschinengewehre, Artilleriegeschütze, Mörser, Handgranaten, sogar Jagdflugzeuge gegen ihre Gegner ein. Eine vergleichbar hohe Opferzahl forderte die brutale Niederschlagung der (ohnehin schon in Agonie liegenden) zweiten Münchner Räterepublik. Wie in Berlin gab es auch hier schockierende Gräueltaten einer außer Kontrolle geratenen Soldateska. Am schlimmsten wüteten die militärischen Verbände am 2. Mai 1919 in Gräfeling bei München. Bei Tagesanbruch wurden 53 russische Kriegsgefangene unter dem Vorwurf, auf Seiten der Rebellen gekämpft zu haben, erschossen. Vielfach wurde behauptet, die Russen hätten deutsche Uniformen getragen.

In den *Münchner Neuesten Nachrichten* war zu lesen, was auf dem Polizeirevier geschah, das die Regierungstruppen vorübergehend zu einem ihrer Stützpunkte umfunktionierten: »Zahlreiche Gefangene wurden gleich darauf eingebracht. Darunter waren wahre Verbrechertypen, Strolche, denen wir aus den Hosentaschen die Dumdum-Geschosse herauszogen, die sie selbst fabriziert hatten. Einen dieser Verbrecher ereilte sofort das verdiente Schicksal der Erschießung.«

Jones macht deutlich, dass auch die Revolutionäre Schuld auf sich luden. Im Luitpold-Gymnasium zu München beispielsweise hatte noch während der Kämpfe Ende April ein schockierender Geiselmord an Gegnern der Räterepublik stattgefunden; auch Haila Gräfin von Westarp fiel dem Massaker zum Opfer, angeblich war sie vor ihrem Tod sexuell missbraucht worden. Die Betriebs- und Soldatenräte verurteilten zwar die Tat, konnten sie aber nicht ungeschehen machen. Interessant ist, dass auch diese Mordorgie wahrheitswidrig den Russen in die Schuhe geschoben wurde. Es hieß, die Russen hätten die Geiseln mit ihren Gewehrkolben und mit Bajonetten abgeschlachtet. Der Lehrer, Essayist und Nietzsche-Forscher Josef Hofmiller wusste es noch genauer. In seinem Tagebuch hielt er am 4. Mai fest: »Zuerst wurden die Geiseln im Keller des Gymnasiums ermordet. Und zwar ganz bestialisch: Man machte Russen betrunken, bis sie vollkommene Tiere geworden waren, und ließ sie dann auf die unglücklichen Geiseln los.« Dazu Jones: »Diese Gerüchte über die Zerfleischung der Opfer und die sexuelle Schändung der Gräfin Westarp prägten für Jahrzehnte die Wahrnehmung des Geiselmords und die Art und Weise seiner Überlieferung. Sie waren frei erfunden.«

Mark Jones versäumt es nicht, an die bittere Ironie jener dramatischen Tage zu erinnern: Die Deutschen, die sich während der Revolutionsmonate in eine russophobe Hysterie hineinsteigerten und sich über die angeblich bolschewistische Einmischung lauthals empörten, hatten, als sie noch dem Kaiser huldigten und im Krieg standen, zahllose Agenten hinter den feindlichen Linien abgesetzt mit dem Auftrag, alle Welt zum Kampf gegen Frankreich, Großbritannien und Russland anzustacheln. Von Erfolg gekrönt waren diese Bestrebungen nur in Russland. Schließlich hatten die Deutschen Lenin und einige seiner Genossen in einer Nacht-und Nebel-Aktion an den Ort des revolutionären Geschehens expediert – getreu dem (damals wie heute kurzsichtigen) Motto »Der Feind meines Feindes ist mein Freund«.

Und heute: Desinformationskriege

Am 31. Oktober 2017 wurden Vertreter von Facebook, Twitter und Google vor dem Rechtsausschuss des US-Senats gehört. Thema der Sitzung waren »extremistische Inhalte und russische Desinformation im Internet«. Besonders interessant war der zweite Teil der Sitzung, als die meisten Senatoren die Veranstaltung bereits verlassen hatten. Da nämlich hatte Clint Watts, einst US-Offizier und FBI-Agent, heute Mitglied der Alliance for Securing Democracy, seinen großen Auftritt.

»Bürgerkriege beginnen nicht mit Schüssen, sondern mit Worten. Amerikas Krieg mit sich selbst hat schon begonnen. Wir müssen jetzt alle auf dem Schlachtfeld der sozialen Medien tätig werden, um Informationsrevolten zu unterdrücken, die sehr schnell zu gewaltsamen Auseinandersetzungen führen und uns leicht in die Gespaltenen Staaten von Amerika verwandeln könnten. ... Das Artilleriefeuer von Falschinformationen, denen die Nutzer sozialer Medien ausgesetzt sind, wird nur beendet, wenn die Kanäle, die gefälschte Geschichten verbreiten, zum Schweigen gebracht werden. Bringt die Waffen zum Schweigen und das Trommelfeuer hat ein Ende. ... (Bislang jedoch) verharrt unser Land in einer Beobachterposition, gelähmt durch Debatten und mit jedem Tag mehr gespalten durch manipulative Kräfte, die von weither kommen«.[7]

Keine Frage, für Clint Watts hat der Krieg längst begonnen. Zwar werden nicht überall auf der Welt solch alarmistische Töne gespuckt. Dennoch kann man ganz generell festhalten, dass die Auseinandersetzung an Schärfe zunimmt. Das gilt auch für Deutschland, für Europa – und vor allem für die USA, die uns immer ein Stück voraus sind. Bei Clint Watts jedenfalls erleben wir nicht nur die Sprache des Kriegs und des Kriegers, sondern auch die schon diskutierte und für das Empire so typische Neigung, Probleme im Inneren des Landes den bösartigen, schwer fassbaren, von außen wirkenden Kräften in die Schuhe zu schieben. Und selbstverständlich bringt man die äußeren Störenfriede mit den inneren Unruhestiftern in Verbindung – ein Verfahren, das Anwendung findet, seit es Propaganda gibt.

Verbale Eskalationen der zitierten Art sind zwar nicht neu, aber sie treten in jüngerer Zeit häufiger und heftiger auf. Wie immer geht es um die »Herstellung von Konsens« (Noam Chomsky), und zwar national wie international. Und da sich dies immer schwieriger gestaltet, also die bislang erfolgreichen Methoden an Grenzen stoßen, werden andere Saiten aufgezogen. Einen ersten Pflock schlug die *Washington Post* drei Wochen nach der Präsidentschaftswahl 2016 ein. Ihr Autor Craig Timberg beschuldigte an prominenter Stelle über 200 Alternativmedien (linke, konservative, libertäre), mit Russland unter einer Decke zu stecken oder als nützliche Idioten des Kreml zu agieren.[8] Darunter waren so renommierte Portale wie Counterpunch, Truthdig oder Consortiumnews. Die Liste war von einer dubiosen, bis dahin nie in Erscheinung getretenen Gruppe namens PropOrNot zusammengestellt worden.[9] Es handelte sich hier um den ersten brachialen und denunziatorischen Angriff auf den medialen Alternativsektor – McCarthy ließ grüßen. Die *Post* sah sich zwar einige Zeit später gezwungen, ein wenig zurückzurudern, aber da war der Schaden längst angerichtet. Interessant am Rande: In seinem Artikel erwähnt Timberg namentlich den eingangs zitierten Clint Watts; dieser war also schon am Start dabei, mischte bereits mit, als die berüchtigte »Russiagate«-Kampagne lanciert wurde.

Im August 2017 trat urplötzlich eine weitere Initiative nach Art von PropOrNot auf den Plan. Ihr Name: Alliance for Securing Democracy.[10] Wir erinnern uns: Clint Watts ist Mitglied dieser Organisation und sprach vor dem Senatsausschuss als ihr Vertreter. Gesponsert vom German Marshall Fund wollte die Alliance unter anderem zeigen, wie russische Twitter-Bots den politischen Diskurs der USA durchdringen. Sie veröffentlichte täglich das Online-Dashboard Hamilton 68. Der Erfolg hielt sich in engen Grenzen. Am Ende musste sie zugeben,»dass die Masse der Twitter-Accounts, die sie ursprünglich als ›russische Bots‹ identifiziert hatte, weder eindeutige Bots noch russischen Ursprungs waren«.[11]

Was der einen NATO-Vorfeldorganisation recht ist, das ist der anderen billig – womit wir vom German Marshall Fund zum Atlantic Council kommen. Im März 2018 fand im US-Verteidigungsministerium eine Konferenz hochrangiger Militär-, Polizei- und Unternehmensvertreter zum Thema »Souveränität im Informationszeitalter« statt. Über was genau wurde dort gesprochen und zu welchen Ergebnissen ist man gelangt? Aus den Medien war zunächst nichts zu erfahren. Einige Monate später hat die NATO-treue Denk- und Propagandafabrik Atlantic Council einen gut 20-seitigen Report veröffentlicht mit dem Titel »Whose Truth? Sovereignty, Disinformation and Winning the Battle of Trust« (»Wessen Wahrheit? Souveränität, Desinformation und wie man die Schlacht um das Vertrauen gewinnt«), in dem die Erkenntnisse besagter Konferenz zusammengefasst werden.

Die Bestandsaufnahme skizziert zwei unterschiedliche, aber sich wechselseitig verstärkende Entwicklungen: Einerseits erodiert das Systemvertrauen, insbesondere das Vertrauen in den Staat. Dissens und Opposition wachsen. Andererseits schwindet die staatliche Steuerungsmacht, die Souveränität ist bedroht. Verstärkt wird dieser Erosionsprozess durch das Internet, das es ermöglicht, vom Mainstream abweichende Meinungen und Informationen in bislang nicht gekanntem Umfang, nicht gekannter Reichweite und insbesondere nicht gekannter Geschwindigkeit zu verbreiten.[12]

Die herrschaftsgefährdenden, destabilisierenden Folgen des Internet werden im Atlantic-Council-Report mit einer anderen epochalen Zäsur, der Erfindung und Verbreitung des Buchdrucks, verglichen. Die Druckmaschine habe zum Ende der feudalen Ordnung beigetragen und ein konflikthaltiges, instabiles Zeitalter eingeleitet, heißt es. Ähnliches stehe nun durch das Internet zu befürchten. Noch bis in die jüngere Vergangenheit hätten professionelle Gatekeeper des Mainstreams die Informationsflüsse kontrollieren und regulieren sowie die Grenzen des gesellschaftlichen Diskurses weitgehend unangefochten festlegen können. Nun aber finde eine technologisch bedingte Demokratisierung statt. Sie ermögliche es kleinen Gruppen oder sogar Individuen mit begrenzten Ressourcen, sich nachhaltig bemerkbar zu machen und Wirkung zu erzielen.

So problematisch und gefährlich das alles aus Sicht der etablierten Mächte ist – die Lösung besteht für den Atlantic Council nicht im direkten, repressiven staatlichen Zugriff. Ansatzpunkt sind vielmehr jene Megakonzerne, über die der größte Teil der globalen Internetkommunikation läuft, also Google, Facebook, Twitter & Co. Die Forderung lautet: Diese Unternehmen dürfen sich keinesfalls länger als neutrale Plattformen verstehen, die sich nicht weiter für die von ihnen transportierten Inhalte interessieren. Im Gegenteil! Sie sind in die Pflicht zu nehmen, müssen sich ihrer Verantwortung stellen. Oder anders: Sie müssen auswählen, was ihre Nutzer zu sehen bekommen und was nicht. Nach welchen Kriterien das zu geschehen hat, ist angesichts der skizzierten Problemlage offensichtlich. Zu fördern ist das, was das System stabilisiert – auszusondern und als Fake News, Hate Speech, russische Propaganda et cetera zu bewerten all das, was den eng gesteckten Mainstream-Rahmen sprengt.

Bei alledem handelt es sich nicht um bloße Absichtserklärungen, also um Dinge, die man irgendwann in der Zukunft zu tun gedenkt, sondern um die aktuelle Praxis. Die Zensur-Infrastruktur ist schon da. Und sie wird weiter ausgebaut. Die ergriffenen Maßnahmen werden zwingender, die zu ihrer Rechtfertigung verwendete Sprache wird rüder. Es geht da nicht mehr um die kleinen und manchmal kleinkarierten Kämpfe um Deutungshoheit, wie sie sich Mainstream- und Alternativmedien seit ein paar Jahren liefern. Was in der Studie des Atlantic Council oder in der eingangs zitierten Stellungnahme von Clint Watts verlautet, liegt auf einer ganz anderen Ebene: Da ist von Krieg, Bürgerkrieg, Schlachtfeld, Trommelfeuer, Artilleriefeuer, Spaltung, Informationsrevolte, Erosion des Systemvertrauens oder Souveränitätsverlust die Rede. Und zweimal davon, die Gegenseite und ihre Waffen »zum Schweigen« zu bringen. Das ist ernst gemeint und ernst zu nehmen.

Im Laufe des Jahres 2017 wurde nachgewiesen, dass Google und andere Social-Media-Unternehmen über die Veränderung von Algorithmen dafür sorgen, dass die Zugriffszahlen insbesondere auf linke und Antikriegs-Seiten deutlich zurückgehen, in einzelnen Fällen um die 75 Prozent. Eric Schmidt, der CEO von Googles Muttergesellschaft, hat gesagt, dass er nicht viel von direkter Zensur halte; er bevorzuge das vergleichsweise elegante »De-ranking«. Dass es bei dieser zynischen Haltung bleibt, ist unwahrscheinlich. Am 9. Oktober 2018 wurde ein internes Google-Dokument bekannt, in dem es unverblümt heißt: »Die Technologiefirmen gehen schrittweise von uneingeschränkter freier Meinungsäußerung zur Zensur über.«[13]

Aber, werden da einige einwenden, kann man denn in diesem Zusammenhang überhaupt von Zensur sprechen? Zensur ist Angelegenheit des Staates, aber hier handeln Facebook, Twitter, Google, also private Unternehmen. Auf den ersten Blick ist dieser Einwand triftig, auf den zweiten Blick bestenfalls naiv. Die Bloggerin Caitlin Johnstone hält dagegen:

»In einem von Konzernen gesteuerten politischen System, in dem es keine wirksame Trennung zwischen der Macht der Konzerne und der Staatsmacht gibt, ist eine von Konzernen ausgehende Zensur *gleichzusetzen* mit Staatszensur. ... Die Vereinigten Staaten haben zweifellos ein solches Regierungssystem. Große, einflussreiche Konzerne sind vom Staat nicht zu trennen, demnach ist auch deren Zensur nicht von Staatszensur zu trennen. Das trifft besonders auf die Megakonzerne aus dem Silicon Valley zu.«[14]

Selbstverständlich geht man im Kampf gegen die Meinungs- und Medienfreiheit nicht sofort flächendeckend und brachial zu Werke. Praktischer und zielführender ist es, sich zunächst einzelne Personen oder Medien vorzunehmen. WikiLeaks-Gründer Julian Assange ist sicher der prominenteste Fall. Dieser Mann hat ein Martyrium auf sich genommen, von dem derzeit (Dezember 2018) kein Ende absehbar ist, geschweige denn, ob ein gutes oder ein schlimmes. 2012 hatte Assange in der ecuadorianischen Botschaft in London Zuflucht gefunden. Sechs entbehrungsreiche Jahre hat er mittlerweile dort verbracht, lebt unter immer schwierigeren Bedingungen und immer größeren gesundheitlichen Problemen. Viele Mainstream-Medien – auch solche, die einst von WikiLeaks-Enthüllungen profitiert hatten – fallen ihm in den Rücken.[15] Selbst manche Alternativmedien gehen auf Distanz. Den Journalisten John Pilger, Freund und Landsmann des Australiers Assange, macht dieses Verhalten fassungslos: »Es ist eine schreckliche Zeit für den Journalismus«, sagt er. »Ich habe in meiner ganzen Karriere nie dergleichen erlebt.«[16]

Würde Ecuador, wofür zurzeit manches spricht, Assange in absehbarer Zeit seinen Feinden in London beziehungsweise Washington ausliefern, hätte das für den großen publizistischen Aufklärer vermutlich fatale Folgen. Er würde einer politischen Justiz überantwortet, von der er keine Gerechtigkeit zu erwarten hat, sondern nur Rache. Es steht einiges auf dem Spiel, nicht nur das Leben und die Freiheit des Menschen und Kollegen Julian Assange, sondern auch die Zukunft eines unabhängigen Journalismus. Assange hat wahrheitsgemäße Informationen veröffentlicht, die ihm von Dritten zugespielt wurden. Sollte man ihm dies zum Vorwurf machen, sollte ihm dies gar zum Verhängnis werden oder sollte es gelingen, ihn als Agenten einer feindlichen Macht zu diffamieren und zu verurteilen, wäre ein Präzedenzfall geschaffen und der Kriminalisierung von herrschaftskritischem Journalismus die Bahn geebnet.[17]

Assange ist ein Opfer. Aber er ist kein leichtes Opfer. Durchaus möglich, dass seine Verfolgung auf ihre Urheber zurückschlägt, sich als gefährlicher Bumerang erweist. Das ist allerdings nur zu erwarten, wenn eine massive internationale Solidaritätsbewegung Assanges Häscher unter Druck setzt und zum Einlenken nötigt.

Andere Opfer des Kampfs gegen Meinungs- und Medienfreiheit sind die ausländischen englischsprachigen Nachrichtenkanäle. Einige von ihnen sind in den USA nicht wohlgelitten: an erster Stelle das russische RT (ehemals Russia Today), dann das lateinamerikanische Telesur sowie (immer noch) das katarische Al Jazeera. Sie sind insofern leichte Opfer, als Solidarität durch etablierte Medien nicht zu erwarten ist. Angesichts der derzeit in den USA grassierenden antirussischen Hysterie sorgen insbesondere administrative Schikanen gegen RT kaum für Widerspruch oder gar Aufregung. Westliche Journalisten solidarisieren sich nicht mit ihren verfemten Kollegen, rechtfertigen eher das Vorgehen der Staatsmacht. »Sie werden versuchen, euch auszuschalten«, hatte Julian Assange der RT-Chefredakteurin einst prophezeit. Behält er am Ende Recht? Ganz ohne Zweifel ist das RT-Programm der politischen Klasse der USA (aber auch Großbritanniens) ein Dorn im Auge; ganz offenbar sieht sie in ihm eine Gefahr. Das zeigte schon die noch von Obama in Auftrag gegebene, von handverlesenen Mitarbeitern des FBI, der CIA und der NSA erstellte und im Januar 2017 vorgelegte Russiagate-»Analyse«. Gefühlt die Hälfte der Darstellung war RT gewidmet. Obendrein waren die Erörterungen hochgradig unprofessionell und irreführend, da sie sich zum Teil auf Sendereihen bezogen, die schon lange vor den US-Präsidentschaftswahlen eingestellt worden waren.

Inzwischen wurde RT America gezwungen, sich dem Foreign Agents Registration Act zu unterwerfen. Dieses 1938 verabschiedete Gesetz richtete sich ursprünglich gegen Propagandisten des NS-Regimes. Seine Anwendung auf ein ausländisches Medienunternehmen ist ein Novum; es setzt RT America faktisch mit einer feindlichen Propagandaeinrichtung gleich und behindert dessen Arbeit. Dass sich der Feldzug nicht gegen RT allein richtet, sondern – Stichwort »Kontaktschuld« – gegen alle, die sich der Weisheit US-amerikanischer Außenpolitik verschließen, bewies ein u.a. von George Soros finanzierter Think Tank aus Tschechien. Er machte sich die beachtliche Mühe, in denunziatorischer Absicht eine Liste von weit über 2 000 »nützlichen Idioten« zusammenzustellen: allesamt Personen, die sich RT beziehungsweise der russischen Agentur Sputnik als Interviewpartner zur Verfügung gestellt hatten. Während Russiagate sich immer deutlicher als das entpuppt, was es von Anfang an war – nämlich heiße Luft –, haben sich die Angriffe auf RT und andere Kanäle, die westlichen Narrativen Paroli bieten, drastisch verschärft.

Ein vergleichsweise leichtes Opfer war und ist auch Alex Jones. Um etwaigen Missverständnissen vorzubeugen: Mit ihm, dem stramm-rechten Verschwörungstheoretiker, habe ich nicht das Geringste am Hut, auf sein leider überaus erfolgreiches Portal Infowars könnte ich gut und gerne verzichten. Und doch missbillige ich das konzertierte Vorgehen mehrerer Internetgiganten gegen ihn und sein Unternehmen. Und ich finde es kurzsichtig, dass viele etablierte Medien die Attacke auf Jones mit offenkundiger Genugtuung registrierten. Was sie übersehen: Alex Jones war nur der Anfang, nur ein erster Schritt. Mit ihm wird es nicht sein Bewenden haben. US-Senator Chris Murphy stellte klar: »Infowars ist nur die Spitze eines gigantischen Eisbergs des Hasses und der Lügen, der Seiten wie Facebook und YouTube nutzt, um unsere Nation zu spalten. Diese Unternehmen müssen mehr tun, als nur eine Website entfernen. Das Überleben unserer Demokratie hängt davon ab.«[18]

Zurück zu Facebook und dem Atlantic Council sowie zu deren Kooperation in Sachen Zensur. Im Mai 2018 sind Facebook und das beim Council angesiedelte Forensic Research Lab (DFRLab) eine Partnerschaft eingegangen, um angebliche Desinformationen oder ausländische Einmischungen aufzudecken.[19] Da das Internet eine globale Veranstaltung ist, beschränken sich die Facebook-Aktivitäten nicht auf die USA. 2017 trafen sich Abgesandte des Unternehmens mit der israelischen Regierung. Es galt zu entscheiden, welche palästinensischen Accounts geschlossen werden sollten. Glenn Greenwald hat über diesen Vorgang berichtet und von einem »Censorship Rampage« gesprochen, einem Amoklauf in Sachen Zensur.[20]

Am 20. September 2018 gab Facebook bekannt, dass es sich in seinem Kampf gegen Fake News mit zwei angeblichen Non-profit-Organisationen zusammenschließen werde: dem National Democratic Institute (NDI) und dem International Republican Institute (IRI). Wir erinnern uns: Beide Organisationen wurden in diesem Buch schon erwähnt, und zwar als Unterabteilungen des National Endowment for Democracy (NED), also jener neokonservativ geprägten Truppe, die für ihre Bemühungen um diverse Regimewechsel vom US-Kongress für das Haushaltsjahr 2019 mit circa 190 Millionen US-Dollar bedacht wurde. Den Vorsitz im NDI führt die ehemalige Außenministerin Madeleine Albright, langjähriger Vorsitzender des IRI war der verstorbene Senator John McCain.[21]

Am 9. Oktober 2018 schließlich hat Facebook in dem bislang wohl umfassendsten und spektakulärsten Zugriff mehr als 800 besonders populäre oppositionelle Seiten und Accounts gelöscht. So etwa Police the Police mit über 1,9 Millionen Followern, Cop Block mit 1,7 Millionen Followern und Filming Cops mit 1,5 Millionen Followern. Des Weiteren Anti-Media mit 2,1 Millionen Followern, Reverb Press mit 800 000, Counter Current News mit 500 000 und Resistance mit 240 000 Followern. Auch rechte Publikationen wie Right Wing News waren betroffen.[22]

Im Leserforum eines US-Onlinemagazins fand ich folgende Bemerkung: »Diese Art der Unterdrückung wäre in einer gesunden Demokratie nicht nötig. Dort nämlich liegt die Souveränität beim Volk. Ein Imperium jedoch wird letztlich durch Gewalt zusammengehalten, und das bedingt die Unterdrückung heimischer Kritiker.« Ein wichtiger Hinweis. In ihm klingen die Überlegungen William Appleman Williams' nach, der ja gleichfalls die demokratiezerstörerischen Rückwirkungen imperialer Ambitionen betont hatte.

Selbstverständlich wird auch umgekehrt ein Schuh daraus. Es geht dem neuen McCarthyismus längst nicht mehr nur darum, den Diskurs innerhalb der Homelands zu überwachen und einzuschränken. Er agiert global. Die politischen Machthaber der USA nehmen die großen Internet-Konzerne an die Kandare. Und die wiederum verhalten sich äußerst entgegenkommend und kooperativ – mit dem Ergebnis, dass man im globalen Maßstab zensieren kann, also überall dort, wo man die eigenen Interessen durch allzu freizügige Information gefährdet sieht. Die immer weiter ausgreifenden Zensurmaßnahmen von Facebook werden in enger Abstimmung mit offiziellen oder offiziösen US-Stellen oder Denkfabriken vorgenommen. Sie belegen, dass Facebook auf dem besten Weg ist, »ein Werkzeug der US-Außenpolitik zu werden«[23] beziehungsweise sich in die Strukturen des »Tiefen Staates« (Deep State) zu integrieren, sich also mit Geheimdienst- oder Rüstungsinteressen zu verbandeln. (Auf den Tiefen Staat und verwandte Konzepte werde ich im Schlusskapitel zurückkommen.)

Natürlich würde (noch) niemand der Verantwortlichen offen von Zensur oder von einer Einschränkung der Meinungs- und Medienfreiheit sprechen. Im Gegenteil, offiziell wird behauptet, alles diene dem Schutz der Demokratie und der Abwehr ihrer Feinde. Doch um die Demokratie zu schützen, reißt man einen ihrer Pfeiler ein: das Recht auf Dissens, das Recht auf abweichende Meinungen, das Recht, sie auszudrücken und zu verbreiten.

Erkundungen am medialen Abgrund

US-Medien machen auf blöd

Es war ein Stich ins Wespennest. Mit seinem Tweet vom 5. August 2018 hat der amtierende Präsident der Vereinigten Staaten von Amerika nicht bloß Altbekanntes wiederholt. Vielmehr hat er der Sache einen neuen, unerwarteten Dreh gegeben. Man könnte auch sagen: Er hat noch eine Schippe draufgelegt. Was er erntete, war ein Sturm scheinheiliger Entrüstung – hierfür: »Die Fake News hassen mich, wenn ich sage, sie seien der Feind des Volkes, weil sie wissen, dass es *wahr* ist. Ich leiste einen großen Dienst, indem ich dies dem amerikanischen Volk erkläre. Sie verursachen absichtlich große Spaltung & Misstrauen. Sie können auch Krieg verursachen! Sie sind sehr gefährlich & krank!«

Lassen wir den Fake News-Vorwurf und den »Feind des Volkes« auf sich beruhen. Der wesentliche (und mit einem Ausrufezeichen versehene) Satz des Tweets lautet: »Sie können auch Krieg verursachen!« Da hat Donald Trump eine große Wahrheit gelassen ausgesprochen. Dass er selbst um keinen Deut besser oder glaubwürdiger ist als die von ihm kritisierten Medien, steht auf einem anderen Blatt (ich komme darauf zurück). Zunächst zu den Journalisten, die ob dieser unerwarteten Attacke des Präsidenten ihr Sonntagsschulgesicht aufsetzten. Als unmittelbar Betroffene des Trump-Tweets hätten sie allen Anlass gehabt, sich zu fragen: Könnte etwas dran sein an der Aussage des Präsidenten? Haben wir möglicherweise etwas falsch gemacht? Haben wir uns irgendetwas vorzuwerfen? Idealerweise hätte man einen Dreischritt erwarten dürfen: erst Gewissenserforschung (nicht skrupellos, sondern skrupulös), dann ein (zumindest partielles) Schuldeingeständnis, schließlich Selbstkritik samt dem Versprechen, es beim nächsten Mal besser machen zu wollen. Das wäre der vielbeschworenen Glaubwürdigkeit sicher nicht abträglich gewesen.

Doch nichts dergleichen geschah. Nehmen wir den britischen *Independent*. Er drehte Trump einfach mal das Wort im Munde herum. Den Tweet zitierte der Autor zwar noch korrekt. Aber schon im nächsten Satz behauptete er: »Herr Trump hat nicht präzisiert, was ihm vorschwebte, als er die Medien beschuldigte, Kriege zu beginnen.«[1] Wie bitte? »Kriege zu beginnen«? Wie war das noch mit der journalistischen Sorgfaltspflicht? Nicht weniger peinlich ein Artikel im US-Magazin *The Atlantic*. Selbstverständlich weiß dessen Autor (immerhin ein Princeton-Historiker), dass der Krieg viele Väter hat und die Medien als Geburtshelfer fungieren. Dennoch schreibt er: »Politische Führer verursachen Kriege, nicht die Nachrichtenmedien.«[2] Schließlich ist da noch Chris Wallace von Fox News. Er stellte Trumps Sicherheitsberater John Bolton in gespielter Naivität folgende Frage: »Welche Kriege haben wir denn verursacht?« Tja, welche mögen es wohl gewesen sein?

Aber so ist das in den United States of Amnesia. Und so sind sie, die Schreibtischtäter, die Maulhelden, die Lautsprecher! Sie führen das große kriegspropagandistische Wort, aber wenn man sie zur Rede stellt und ihnen die ungeschminkte Wahrheit ins bigotte Gesicht sagt, dann tun sie überrascht und empört. Wenn's brenzlig wird, machen sie auf blöd. Sie spielen Grand, aber kommen nicht raus mit den Jungs. Obwohl schon tausendmal berührt, geben sie immer noch die Unschuld vom Lande. Sie stellen sich dumm, manche sogar dümmer, als sie tatsächlich sind. Wir? Krieg? Wieso das denn? Ehrlich, Herr Lehrer, wir haben nix gemacht! Wahrscheinlich muss man Journalist sein, um den offenkundigen Zusammenhang zwischen Kriegspropaganda und Krieg zu leugnen.

Zurück zu Donald Trump, über den ich mir keine Illusionen mache – und nie welche gemacht habe. Selbstverständlich ist die eben diskutierte Attacke auf die Medien, so zutreffend sie in der Sache ist, vollkommen unglaubwürdig, wenn sie aus dem Mund dieses Präsidenten kommt. Wenige Tage vor seinem umstrittenen Tweet hatte die von den USA unterstützte und von Saudi-Arabien angeführte Militärallianz im Jemen jenen Schulbus bombardiert, von dem schon an früherer Stelle die Rede war: über 50 Todesopfer, darunter über 40 kleine Kinder. Die US-Regierung und Donald Trump höchstpersönlich sind fraglos für diese Untat mitverantwortlich. Insofern zeugt Trumps Aussage über die kriegsverursachende Rolle der Medien von einer abgrundtiefen Heuchelei. Das Portal Moon of Alabama hat ein Foto zu dem entsetzlichen Massaker veröffentlicht.[3] Es zeigt tote, blutüberströmte Kinder – alle etwa im Alter meiner eigenen Kinder –, zerfetzt, mit abgerissenen Gliedmaßen, offenbar in einem Müllcontainer liegend.

Ich habe mich gezwungen, das Foto längere Zeit anzusehen. Es ist mir tagelang nicht mehr aus dem Kopf gegangen, es hat mich verfolgt, sogar in meinen Träumen. Und ich stellte mir folgende Frage: Was ist von Medien und Journalisten zu halten, die solche Ungeheuerlichkeiten ignorieren, verharmlosen oder rechtfertigen? Und die nur dann aufschreien, wenn »die andere Seite« sich schuldig macht?

Um es klar und deutlich zu sagen: Ich halte das Agieren vieler Medien in den gegenwärtigen Kriegen (nicht nur im Jemen) für ebenso verbrecherisch wie das Handeln der unmittelbar verantwortlichen Politiker und Militärs.

Lüders am Pranger

Während im tagesaktuellen Journalismus ein frappierender und ermüdender Gleichklang herrscht, überrascht der Buchmarkt immer wieder mit dissidenter Literatur, die es in die Bestsellerränge schafft. Der Nahost-Experte Michael Lüders gehört zu den Autoren, denen dieses Kunststück schon mehrfach gelungen ist. Als im Frühjahr 2017 sein Syrien-Buch *Die den Sturm ernten* unter den Top Ten bei Amazon stand, rangierte das Vorgängerbuch *Wer den Wind sät* nur unwesentlich schlechter (es befand sich damals schon in der 23. Auflage).[4]

Wenn Außenseiter große Publikumserfolge erzielen, müssen sie darauf gefasst sein, von den Etablierten unter Feuer genommen zu werden, gleichgültig, ob sie nun Udo Ulfkotte oder Dirk Müller, Rainer Mausfeld oder Gabriele Krone-Schmalz heißen.[5] Oder eben

Michael Lüders. Als Gast der Talkrunde *Anne Will* musste Lüders den dilettantischen Versuch der Moderatorin über sich ergehen lassen, ihn auf höchst unfaire Weise zu diskreditieren und zu verunsichern. Gefruchtet hat die üble Attacke nicht, im Gegenteil. In Sachen Lüders gab sich nicht nur Will peinliche Blößen. Auch der Deutschlandfunk (Dlf) machte sich vor dem Hintergrund des enorm breiten Publikumserfolges geradezu lächerlich, als er behauptete, Lüders werde insbesondere »in den sozialen Netzwerken gefeiert« – und zwar »vor allem von denen, die die sogenannten ›Systemmedien‹ ablehnen und glauben, dass der Westen sich gegen Putin und Assad verschworen hat«. Obendrein, so der Dlf, werde Lüders von »der Community der Nahost-Experten« schon seit längerem kritisch beäugt.[6] Gleich zwei Kronzeugen dieser Community bot der Dlf auf: zum einen (die inzwischen verstorbene) Sylke Tempel von der regierungsnahen und außenamtsfinanzierten Deutschen Gesellschaft für Auswärtige Politik, zum anderen – man glaubt es nicht – einen Nachrichtenredakteur des eigenen Hauses. Er heißt Thorsten G. Schneiders, hat Islamwissenschaft studiert und durch einen besonders fachkundigen Beitrag von sich reden gemacht: Auf Twitter verglich er Michael Lüders mit Erich von Däniken …

Eines der beliebtesten Verfahren, einen unbequemen Autor zu verunglimpfen und in die Ecke zu schieben, besteht darin, ihn als Einzeltäter hinzustellen. In diesem Fall: Man erweckt einfach den Eindruck, Lüders sei der einzige, der über Assad und den Westen und Chemiewaffen so abwegiges Zeug erzählt. Dieses Bemühen, Michael Lüders als allein auf weiter Flur, als letztlich unmaßgeblichen einsamen Streiter hinzustellen, ist natürlich absurd. Würde einer wie Peter Scholl-Latour noch leben, wäre er selbstverständlich auf Lüders' Seite. Natürlich ist auch Professor Günter Meyer, der Leiter des Zentrums für Forschung zur Arabischen Welt an der Mainzer Johannes Gutenberg-Universität, auf Lüders Seite.[7] Und die Journalistin Karin Leukefeld natürlich auch, sicher eine der besten Syrien-Kennerinnen hierzulande. Lüders, Scholl-Latour, Leukefeld, Meyer – allein diese vier Personen bringen weit mehr Syrien-Sachverstand auf die Waage als die gesamte ARD-aktuell-Redaktion, von der Anne Will-Mannschaft ganz zu schweigen.

Was Lüders in seinem Buch schreibt, ist für jemanden, der sich möglichst breit und hin und wieder auch mal alternativ informiert, nicht neu. Neu ist es nur für diejenigen, die ihre Syrien-Informationen im Wesentlichen aus den pro-westlichen Nachrichtensendungen von ARD und ZDF beziehen. Er wolle, schreibt Michael Lüders, »die fehlenden Teile der Geschichte« erzählen, also: Informationen über den Syrienkrieg vermitteln, gleichsam nachreichen, die in der westlichen Politik, in den Medien bislang nur eine untergeordnete oder gar keine Rolle spielen. Gleich zu Beginn seines Buches greift er einen Fall auf, der jedem noch in Erinnerung sein dürfte: das Schicksal des kleinen Omran.

»Das Foto des … Jungen wurde im August 2016 zur Ikone der Schlacht um Aleppo, genauer gesagt der Angriffe von Regierungstruppen auf Stellungen der ›Opposition‹ im Ostteil der Stadt. Es zeigt das staubbedeckte, apathische Kind, auf einem Stuhl sitzend, das Gesicht blutverschmiert. Ein furchtbares Schicksal, jeder möchte Omran in den Arm nehmen und trösten. Kaum eine Zeitung, die das Bild nicht veröffentlicht hat.«[8]

Über andere Teile dieser Geschichte haben die meisten Zeitungen hingegen nicht berichtet. Zum Beispiel über den Fotografen Mahmud Raslan. Kurz vor der Aufnahme seines berühmten Omran-Fotos hat er ein Selfie gepostet, das ihn grinsend mit Angehörigen einer Dschihadistenmiliz zeigt. Mit auf dem Bild sind zwei Männer, die vier Wochen zuvor einen zwölfjährigen Jungen für ein Propagandavideo enthauptet hatten. Die Frage also: Wer ist dieser Mahmud Raslan wirklich? Und was hat es mit dem Aleppo Media Center auf sich, für das er gearbeitet hat und von dem westliche Medien während der Kämpfe viele ihrer Informationen bezogen?

Erschütternde Kinderfotos gab es auch aus den US-geführten Schlachten um Rakka oder das irakische Mossul. Doch die zeigte man uns nicht. Warum wohl? Und warum wurde der Kampf um Mossul medial ganz anders aufbereitet als der im Dezember 2017 zu Ende gegangene Kampf um Aleppo?

Das Assad-Regime ist gewiss repressiv und auch rücksichtslos; international sitzt es auf der Anklagebank. Doch warum erfreut sich das repressivere und rücksichtslose Regime in Saudi-Arabien, das zudem einen erbarmungslosen Krieg im Jemen führt, der ungebrochenen Freundschaft des Westens? Wer solche Fragen stellt, wer sich vornimmt, den anderen Teil der Geschichte zu erzählen – der erzählt am Ende eine ganz andere Geschichte. So auch Michael Lüders. Was sich in Syrien seit 2011, seit dem Beginn regierungskritischer Proteste, abspielt, hat aus seiner Sicht nur wenig mit der in westlichen Medien favorisierten Lesart zu tun. »Das westliche Narrativ, die gesamte syrische Bevölkerung oder wenigstens doch die überwältigende Mehrheit hätte sich gegen Assad erhoben, ist eindeutig falsch. … Auch ohne gesicherte Zahlen ist die Annahme realistisch, dass rund die Hälfte der Syrer nach wie vor hinter Assad steht.«[9]

Diese Syrer tun das nicht aus reiner Zuneigung zu ihrem Präsidenten, sondern weil sie wissen, wie die einzig derzeit mögliche Alternative aussähe: Sie wäre nicht demokratisch, sondern islamistisch. Symptomatisch für diese Einstellung: Mehrere Millionen syrischer Binnenflüchtlinge retteten sich nicht etwa in die von Dschihadisten gehaltenen, sondern in die von der Regierung kontrollierten Zonen.

Die syrische Regierung hat 2011 mit unverhältnismäßiger Gewalt auf die ersten Proteste reagiert; doch auch die Protestbewegung zeigte sich schon früh militant – und wurde zudem von dschihadistischen Kräften usurpiert. Und die Dschihadisten wiederum erhielten massive Unterstützung von außen. Die ersten Belege für umfangreiche Waffenlieferungen an die Rebellen stammen vom Oktober 2011. Seit Ende 2012 lief die CIA-Operation Timber Sycamore.[10] Genau hier liegt für Lüders die Krux des Syrien-Konflikts. Hätten die ausländischen Assad-Gegner nicht rigoros eingegriffen, wäre der syrische Aufstand schon bald in sich zusammengefallen oder vom Regime niedergeschlagen worden. »Den Syrienkrieg mit all seinen dramatischen Folgen, den Hunderttausenden Toten, der beispiellosen Flüchtlingsbewegung und dem Terror radikaler Islamisten auch in Europa hätte es in dem Fall nicht gegeben. … Dieser Eingriff von außen hat die eigentliche Katastrophe erst maßgeblich ausgelöst.«[11]

Und wohlgemerkt: Der fatale Eingriff von außen erfolgte nicht etwa, um das syrische Volk mit Freiheit, Demokratie und Menschenrechten zu beglücken. Vielmehr ging es, wie immer in der internationalen Politik, um Macht und Interessen. Das Syrien Assads galt dem Westen schon lange als Störfaktor. Mit einem von Washington betriebenen und von den Europäern unterstützen Regimewechsel sollte das Land aus der schiitischen Achse herausgebrochen werden; damit wäre der Iran geschwächt worden, natürlich auch Russland. Regionalmächte wie die Türkei, Saudi-Arabien oder Israel wollten ebenfalls vom Sturz Assads profitieren. Und wie immer ging und geht es um Ressourcen, konkret: um eine von den Golfstaaten und dem Westen favorisierte Erdgaspipeline, an der sich Syrien nicht beteiligen wollte. Assad entschied sich für ein alternatives, von Russland betriebenes Pipelineprojekt.

Es gibt im Westen nicht wenige journalistische, wissenschaftliche und diplomatische Syrien-Beobachter, die schon seit Langem so oder so ähnlich argumentieren wie Lüders: Patrick Cockburn und Robert Fisk zum Beispiel, oder Charles Glass, Autor des 2016 erschienenen Buches *Syria Burning*, Joshua Landis, führender Syrien-Experte der USA und Leiter des Center for Middle East Studies an der University of Oklahoma, Tim Anderson von der University of Sidney, Gary Leupp, Historiker und Religionswissenschaftler an der Tufts University in Boston, des Weiteren Rick Sterling und (der Anfang 2018 verstorbene) Robert Parry, Mike Whitney, Pepe Escobar, John Pilger, Tony Cartalucci, Peter Oborne, Jonathan Steele, Martin Jay, Alastair Crooke, Vanessa Beeley, Eva Bartlett, Abdel Bari Atwan, As'ad AbuKhalil, Robert F. Kennedy, Jr. und der britische Ex-Botschafter Peter Ford. Alle genannten Autoren mögen in diesem oder jenem Punkt unterschiedlicher Meinung sein, die Akzente hier und da anders setzen, ihre Differenzen haben. Aber in einem sind sie sich einig. Sie alle bekämpfen das westliche Syrien-Narrativ, weil sie es für grob verzerrend und gefährlich halten. Michael Lüders steht also keineswegs allein, sondern befindet sich in bester Gesellschaft.

Übrigens, hat man einen der soeben genannten Autoren einmal in einer deutschen Nachrichtensendung gesehen, in einem politischen Magazin, in einer Nahost-Reportage – als Experte, als Interviewpartner? Das große Wort führen bei uns Leute wie Anne Will.

Eine ganze Redaktion ist damit beschäftigt, ihr zuzuarbeiten, sie zu »briefen«. Trotzdem gab sie sich in ihrer Syrien-Sendung peinlichste Blößen und konnte einem Gesprächspartner wie Michael Lüders intellektuell und argumentativ das Wasser nicht reichen. Was sie nicht davon abhielt, ihren Gast auf unfaire, hinterhältige Weise zu attackieren. Ganz schön heruntergekommen, dieser »Diskurs«. Keine Argumente – nur miese Tricks.

59 Tomahawks – auf ihrem Weg zum Horizont

»Haben diejenigen, die immer noch darauf bestehen, dass die syrische Regierung keine chemischen Waffen eingesetzt habe, irgendeine Ahnung, wie viele Beweise sie leugnen?« So twitterte George Monbiot, der als Kolumnist des *Guardian* zu den bekanntesten Journalisten Großbritanniens gehört, am 4. April 2017.[12] Er bezog sich auf den angeblichen Chemiewaffenangriff auf die syrische Stadt Chan Schaichun, Provinz Idlib, für den im Westen umstandslos das Assad-Regime verantwortlich gemacht wurde. Doch mit welchem Recht? Schon 2013, beim bis heute gravierendsten Chemiewaffenangriff des Syrienkriegs, bezweifelten nicht nur Journalisten wie Seymour Hersh, sondern auch US-Geheimdienste die Verantwortung der syrischen Regierung; der damalige US-Präsident Obama entschloss sich, von seinen geplanten Vergeltungsangriffen abzusehen. Was die Attacke in Chan Schaichun anging, reagierte das medienkritische Portal Media Lens auf Monbiots Tweet und stellte die Gegenfrage: Warum sind sich die etablierten Medien ihres Urteils so sicher? Und wenn sie sich so sicher sind, warum verschweigen sie dann fachkundige Argumente und Beweisführungen, die ihrer Sicht der Dinge widersprechen?[13]

In Großbritannien ist es wie in Deutschland, Frankreich oder den USA: Was oder wer das westliche Narrativ in Frage stellt, findet keinen Weg in die breite Öffentlichkeit. Das gilt gleichermaßen etwa für die Analysen von Theodore Postol, dem (inzwischen emeritierten) Professor am Massachusetts Institute of Technology (MIT), wie auch für die skeptischen Einlassungen früherer Waffeninspektoren der UNO wie Hans Blix, Scott Ritter, Jerry Smith oder die des früheren CIA-Counterterrorism-Experten Philip Giraldi. Am 26. April 2017 hat Media Lens in der einschlägigen Lexis-Datenbank recherchiert und festgestellt: Gibt man die Wörter »Postol« und »Syrien« ein, erhält man für den vorangegangenen Monat keinen Treffer, heißt: Keine britische Zeitung hat berichtet. Nicht viel besser sieht es mit anderen Kombinationen aus: »Blix« und »Syrien« = 0 Treffer. »Ritter« und »Syrien« = 0 Treffer. »Jerry Smith« und »Syrien« = 1 Treffer. »Giraldi« und »Syrien« = 0 Treffer. Das ist sie, die Lückenpresse, wie sie leibt und lebt.

Nach dem angeblichen Chemiewaffeneinsatz des Assad-Regimes in Chan Schaichun erteilte Donald Trump dem syrischen Machthaber bekanntlich eine Lektion und schickte 59 Tomahawk-Raketen gen Syrien. Kaum hatte der Präsident dergestalt das Völkerrecht gebrochen und allerlei Zerstörung angerichtet, hielten manche seiner journalistischen Dauerkritiker inne, gerieten ins selbstkritische Grübeln und stellten sich die Gewissensfrage: Haben wir diesem Mann womöglich Unrecht getan? Könnte aus Trump vielleicht doch noch ein großer Präsident werden?

Das fragte sich gewiss auch der *Time-Magazine*-Redakteur und CNN-Moderator Fareed Zakaria. Am Freitag, dem 7. April 2017, also nach der Tomahawk-Aktion, war er zu einem Ergebnis gelangt und sprach einen Satz, der es verdient, in Stein gemeißelt zu werden: »Ich glaube, Donald Trump wurde vergangene Nacht Präsident der Vereinigten Staaten.« Wie schnell sich die Zeiten doch manchmal ändern! Da hörten und lasen wir seit Wochen und Monaten, zwischen Donald Trump und »den Medien« herrsche Krieg. Als Trump dann wirklich Krieg machte, machten die Medien ihren Frieden.

Auch ein anderer kriegslüsterner US-Medienstar, Brian Williams, war schier aus dem Häuschen. In besseren Zeiten war Williams Anchorman der NBC Nightly News; dort wurde er aber unehrenhaft entlassen und ist heute beim Nachrichtensender MSNBC. Ob Zakaria oder Williams, diese beiden (und viele andere) versinnbildlichen für den *Counterpunch*-Autor Paul Street den Niedergang des Mainstream-Journalismus:

»MSNBCs schändlicher imperialer Cheerleader Brian Williams setzte einen neuen Standard für unterwürfige Kriegsverehrung.

›Wir sehen diese schönen Bilder nachts von den Decks dieser beiden Schiffe der U.S. Navy im östlichen Mittelmeer‹, ejakulierte Williams während einer Sendung am Donnerstagabend. Der Anchorman zitierte sogar eine Zeile von Leonard Cohen: ›I am guided by the beauty of our weapons.‹ / ›Es leitet mich die Schönheit uns'rer Waffen‹.«[14]

Streets Kommentar: Kaum vorstellbar, dass ein Mitarbeiter der Konzernmedien noch tiefer sinken kann …

Jedenfalls: Mit dem völkerrechtswidrigen Tomahawk-Angriff hatte sich Donald Trump bei vielen seiner Kritiker und Gegner zumindest vorübergehend Respekt verschafft. Er hat sich, wenn man so will, in ihre Herzen geschossen. Auch Angela Merkel und die regierungsnahen Nachrichtensendungen Tagesschau und Tagesthemen waren angetan. Erst schießen, dann fragen – das entspricht offenbar einer immer noch weitverbreiteten Konfliktlösungspräferenz.

Deutsche Journalisten auf dem Kriegspfad

Noch besser wurde es ziemlich genau ein Jahr später. Wieder hatte das Assad-Regime angeblich Chemiewaffen eingesetzt, diesmal in Duma. Dass das Ganze eine Inszenierung war, also gar kein Chemiewaffenangriff stattgefunden hatte, das wissen wir inzwischen dank eines OPCW-Berichts[15], und das konnte man auch damals, im April 2018, schon wissen. In Frankfurter, Hamburger oder Berliner Redaktionsstuben kümmerte das aber kaum jemanden. Dort forderte man Krieg auf der Basis von Fake News. Qualitätsjournalismus in Bestform!

Moskau unterstütze »mit aller Macht und Brutalität den Schlächter Assad«, wusste *FAZ*-Mitherausgeber Berthold Kohler zu berichten. Der Westen habe sich über lange Zeit damit abgefunden, »dass Assad mit Hilfe des Kremls eine Stadt nach der anderen von den Rebellen zurückeroberte, indem er sie in Schutt und Asche legte oder in Gaskammern verwandelte«. Kohler spricht von »fortgesetzte[m] Völkermord«, der so zum Himmel schreie, »dass selbst

Trump ihn nun nicht überhören konnte«. Moralische, aber auch realpolitische Gründe sprächen dafür, »Assad in den Arm zu fallen«. »Wenn Chemiewaffen trotz Ächtung folgenlos eingesetzt werden können, ob gegen Städte oder auch nur gegen Einzelpersonen [eine Anspielung auf den Fall Skripal, U.T.], dann wird die ›Atombombe des kleinen Mannes‹ wieder zu einem gängigen Massenvernichtungsmittel.«

Dass »ein Militärschlag gegen Assad ohne UN-Mandat vom Völkerrecht nicht gedeckt wäre«, weiß Kohler selbstverständlich. Egal. Wichtiger ist für ihn die Frage, ob die von den USA, Großbritannien und Frankreich aufgebaute »Drohkulisse« bewirken wird, dass »Moskau Assad befiehlt, künftig weniger auffällig zu morden«.[16]

Alle Mainstream-Kommentatoren ringen mit der entscheidenden Frage: Wie können wir den Verbrechern in Syrien endlich das Handwerk legen, ohne einen globalen Flächenbrand auszulösen? Jacques Schuster, Chefkommentator der *Welt*, ist wohl am ehesten bereit, das große Risiko einzugehen und sein eigenes Leben aufs Spiel zu setzen (denn auch Schuster würde einen russisch-amerikanischen Krieg nicht überleben). Von ein paar russischen Einflussagenten abgesehen (in AfD und Linkspartei) gebe es in Deutschland »keinen ernsthaften Zeitgenossen«, »der Syriens Tyrannen noch einen Tag länger morden sehen will. Assad muss weg! Wer würde sich diesem Ruf verweigern. Doch wie soll er verschwinden? Mithilfe eines Militärschlags?« Schuster hat offenkundig aus der Geschichte gelernt. Nie wieder Krieg? Nein, »nie wieder Aggression« sei die große Lehre. Und es gebe eben Augenblicke, in denen man ebendiese Aggression mit Gewalt – also Krieg – beantworten müsse. (Das gilt selbstverständlich, wie man der *Welt*-Berichterstattung und -Kommentierung generell entnehmen kann, niemals für unsere Aggressionen, sondern ausschließlich für die der anderen …).

Nun weiß der geschichtsbewusste Schuster natürlich, dass Krieg eine ziemlich heikle Angelegenheit ist. Das 20. Jahrhundert habe gezeigt, dass er »ungeheure Katastrophen auslösen« könne. Und doch: »Es kann sein, dass ein Krieg trotzdem geführt werden muss.« Allerdings, mit einem »so plumpen wie hilflosen einzelnen Symbolschlag« werde man weder »die Russen« noch Assad beeindrucken. Soll heißen: Wenn man sich schon auf das Wagnis des Kriegs einlässt, dann aber bitte richtig!»Krieg gegen Assad sollte mit einem Ziel und der Frage geführt werden: Lässt sich das Assad-Regime mit einem Waffengang auslöschen? Sind Amerikaner und Europäer bereit, dafür mit Hunderttausenden von Soldaten in dieses Land zu ziehen und im schlimmsten Fall gegen Russen und Iraner zu kämpfen?«

Das ist die Frage, die Schuster in aller Offenheit stellt – und klammheimlich, also zwischen den Zeilen, auch beantwortet. Für ihn ist klar, dass eine Eintagsfliege in Gestalt eines Angriffs aus der Luft »nichts bringen« wird und allenfalls geeignet ist, »die erregten westlichen Gemüter [zu] beruhigen«.[17] Dass auch der stets unzufriedene *Zeit*-Kollege Carsten Luther Luftschläge nicht für ausreichend hält, versteht sich von selbst. Er sieht in ihnen eher eine symbolische Politik. Luftschläge seien nicht »der Anfang einer robusteren Strategie des Westens für diesen Krieg«, sondern »nur der Ersatz für eine«.[18]

Man muss sich das nochmals vergegenwärtigen! Unmittelbarer Anlass für all diese ungezügelte Kriegshetze war ein Nicht-Ereignis. Es gab keinen Chemiewaffeneinsatz des Assad-Regimes in Duma.

Vorsicht, Realität!

Nicht alle Journalisten sind wie Kohler, Schuster oder Luther. Doch während die genannten drei und viele ihresgleichen ungestraft ihr journalistisches Unwesen treiben dürfen, müssen sich die wirklichen Journalisten in Acht nehmen. Diese Erfahrung musste auch der im Grunde harmlose Uli Gack machen. Da stellte er ein paar naheliegende Fragen, meldete milden Zweifel an, zeigte verhaltene Skepsis, formulierte obendrein den Satz: »Irgendwie scheint da was dran zu sein« – und schon wurde aus einem »Uli« ein »Hans-Ulrich«, aus einem weithin respektierten und geschätzten ZDF-Korrespondenten ein »Verschwörungstheoretiker«. Uli Gack, Leiter des ZDF-Studios Kairo, machte im Zusammenhang mit dem angeblichen Chemiewaffeneinsatz in Duma Erfahrungen der besonderen Art.

Da auch Syrien in Gacks journalistischen Zuständigkeitsbereich fällt, tat er, was er schon öfter getan hat. Er packte seinen Koffer, löste ein Flugticket und begab sich an den Ort des Geschehens: an den Schauplatz jenes vermeintlichen Giftgasangriffs, für den man im westlichen Mainstream fast unisono das Assad-Regime verantwortlich machte. Was er dann in Duma beobachtete, was er in Gesprächen mit Bewohnern herausfand, hätte Gack allerdings besser für sich behalten. Niemand hätte dagegen etwas einzuwenden gehabt, wenn der Korrespondent lediglich versucht hätte, sich – ganz persönlich – ein einigermaßen authentisches Bild zu verschaffen. Aber dabei beließ er es nicht. Ganz offenkundig glaubte er, dieses authentische Bild – obendrein in einer Liveschalte – auch der Heimatfront vermitteln zu dürfen. Seine Gewährsleute nämlich hatten ihm berichtet, dass islamistische Milizen Tanks mit Chlorgas in der Stadt verteilt hätten – in der Hoffnung, der eine oder andere würde dann bei einem Luftangriff der syrischen Luftwaffe getroffen werden.

Gack hätte wissen müssen: Damit überschreite ich die »rote Linie«. So mache ich mich unbeliebt. So nähre ich Zweifel an meiner Zuverlässigkeit. Denn: Wo kommen wir hin, wenn der Mainstream nicht mehr an die eigenen Narrative glaubt?

Der *Focus* feuerte umgehend eine Breitseite gegen »Hans-Ulrich Gack« ab.[19] Schon in der Schlagzeile wird der ZDF-Mann als Anhänger einer Verschwörungstheorie denunziert. Gleich zweimal verweist die Autorin auf ungenannte Experten, die Gacks Einschätzung widersprechen und sich sicher sind, dass »die Armee des syrischen Machthabers Baschar al-Assad hinter dem Angriff steckt«.

Es ist dem Wahrheitsmedium *Focus* sicher nicht leicht gefallen, in dieser Weise auf einen bislang eher unauffällig agierenden Mainstream-Kollegen loszugehen. Aber der Schaden, den Hans-Ulrich Gack da angerichtet hat, ist einfach zu groß. Da verbietet sich jede Rücksichtnahme. Zumal der *Focus* mit Abscheu und Entsetzen feststellen musste, dass Gacks Auslassungen »ein gefundenes Fressen« für staatliche russische Auslandsmedien gewesen waren.

Selbstverständlich hat die *Focus*-Autorin das ZDF zur Rede gestellt. Ein Sprecher des Senders teilte ihr mit, man habe die Gack-Liveschalte »selbstkritisch diskutiert«. Ergebnis: Die Wertung des

Korrespondenten sei »zu weit« gegangen; in den nachfolgenden Sendungen habe er sie »korrigiert«. Man kann sich unschwer ausmalen, was da hinter den Fernsehkulissen abgelaufen ist. Eine Ohrfeige für Gack – die er und andere sich hinter die Ohren schreiben werden.

Mit gewisser Befriedigung vermerkte der *Focus*, dass der Korrespondent offenbar Einsicht zeige und seit seinem skandalösen Fauxpas »deutlich differenzierter« berichte. Na bitte.

Was der *Focus* in seinem Beitrag leider unterschlug, ist die Tatsache, dass Uli Gack keineswegs der einzige Journalist ist, der begründete Zweifel am Giftgas-Narrativ hegt. Vorneweg marschiert der wohl renommierteste, jedenfalls erfahrenste Nahost-Korrespondent. Der Arabisch sprechende Robert Fisk hat für seine journalistische Arbeit – neben vielen anderen Auszeichnungen – drei International Press Awards von Amnesty International erhalten, wurde siebenmal zum Foreign Reporter of the Year und zweimal zum Journalist of the Year gewählt. In einem Beitrag für seine Zeitung, den britischen *Independent*, wird er noch um einiges deutlicher als Gack.[20] Das hätte zu denken geben können. Tat es aber nicht. Jedenfalls nicht beim ZDF, und schon gar nicht beim *Focus*.

Robert Fisk verfügt zweifellos über ein ganz anderes journalistisches Standing als Uli Gack, aber selbst er dürfte, wenn's hart auf hart kommt, nicht »unberührbar« sein. Beleg gefällig? Kaum hatte Fisk seine Sicht der Dinge publiziert, sah sich sein Korrespondentenkollege beim *Independent*, Patrick Cockburn, offenbar genötigt, eine verkappte Solidaritätsadresse an Fisk zu publizieren.[21]

Cockburn plädiert in seinem Beitrag – nicht zum ersten Mal – für gesunde journalistische Skepsis. Er erinnert an ein Ereignis im Jahr 1991. Damals hatte die US-Luftwaffe eine vermeintliche Anlage für biologische Kampfstoffe im Irak bombardiert. Als Cockburn und seine Kollegen die Fabrik besichtigten, war ihnen klar, dass hier keine Kampfstoffe, sondern Babymilch produziert worden war. Der CNN-Reporter Peter Arnett teilte genau dies seinen Zuschauern mit – und erntete im offiziellen Washington wie auch bei seinen Kollegen im US-Mainstream einen Sturm der Entrüstung. Erst Jahre später stellte sich heraus, dass er mit seinem Urteil richtig gelegen hatte …

Auch gegenwärtig beobachtet und beklagt Cockburn eine »vergiftete Einstellung« gegenüber den wenigen Journalisten, die in den USA oder Großbritannien – und das Gleiche gilt für Deutschland – die offiziellen Verlautbarungen kritisch hinterfragen. Die britischen Medien, so Cockburn, regten sich mit Vorliebe über Einschränkungen der Meinungs- und Medienfreiheit im Nahen und Mittleren Osten oder in Osteuropa auf, nicht aber über die immer enger werdenden Spielräume im eigenen Land. Wer in Sachen Skripal oder Duma aus der Reihe tanze, werde vom tonangebenden »Kommentariat« als Parteigänger Putins oder Assads hingestellt.

Cockburn beobachtet nicht weniger als einen »neuen Autoritarismus«. Er fühle sich an das Gebaren der Bolschewiki erinnert, schreibt er. Dieser vielsagende, alarmierende Vergleich sollte auch den letzten schlafenden Hund wecken. Und er lässt Rückschlüsse auf die prekäre Situation zu, in der sich integre Journalisten wie Cockburn oder Fisk derzeit befinden.

Kann man dieser Situation etwas Positives abgewinnen? Vielleicht dies: Die propagandistische Spreu trennt sich immer deutlicher vom journalistischen Weizen. In einem Meer von Propaganda werden die kleinen journalistischen Inseln immer sichtbarer. Auch insofern gilt Cockburns Satz: »The only thing that matters is what side you are on.«[22]

Die Lückenmedien und das Giftgas

Erinnert sich noch jemand an den furchtbaren Krieg zwischen dem Irak und Iran 1980–1988, den ersten Golfkrieg? Er zählt zu den vergessenen Kriegen, ist im kollektiven Gedächtnis kaum präsent, wird in den Medien so gut wie nie erwähnt, ja, er ist beinahe zu einem Tabuthema geworden, weil er einige für den Westen (und die westlichen Medien) außerordentlich unangenehme Fragen aufwirft.

Der Aggressor in diesem Krieg war der von Saddam Hussein geführte Irak. Er wurde massiv unterstützt von den USA, Saudi-Arabien und Kuwait. Die USA hofften, dass der Irak große Teile Irans annektieren und damit die islamische Revolution und den verhassten Ayatollah Khomeini entscheidend schwächen werde. Washington agierte eindeutig als Verbündeter des irakischen Aggressors, lieferte dem Land Nahrung, Maschinen und Industrieprodukte im Wert von mehreren Milliarden US-Dollar, unterstützte die Kriegführung mit Panzern, Geschützen, Raketen sowie mit chemischen und biologischen Kampfstoffen. Zudem wurde der Irak mit hochbrisanten Geheimdienstinformationen versorgt. Und man ermutigte Kuwait und Saudi-Arabien, sich aktiv auf die Seite des Irak zu schlagen. Moralische Bedenken hatte man keine. Noch 1989, zwei Jahre nachdem Saddam Hussein etwa 4000 Kurden mit Zyanid und Nervengasen umgebracht hatte, gewährte die Regierung von George Bush dem Älteren dem Land eine Milliarde Dollar für Nahrungskäufe.[23]

Der Irak setzte chemische Kampfstoffe nicht nur gegen die Kurden ein, sondern auch gegen den iranischen Kriegsgegner. Als Informationen über Massaker durch Chemiewaffen durchsickerten, ließ das führende westliche Medien ziemlich kalt. Auf ihrer Editorialpage schob die *Washington Post* die Massaker beiseite und nannte die Massenvergiftungen »eine Laune des Kriegs«. Auch die US-Regierung hatte seinerzeit nichts gegen den Einsatz von Chemiewaffen, ermutigte ihn vielmehr. Gegen den verhassten Iran war jedes Mittel recht.

Präsident Reagan schickte sogar einen persönlichen Gesandten, den späteren Verteidigungsminister Donald Rumsfeld, nach Bagdad; er übermittelte die ermutigende Botschaft, dass eine Niederlage des Irak als strategischer Rückschlag für die USA gewertet werden würde. Die üble Allianz wurde per Handschlag besiegelt, was in einem kleinen Film festgehalten worden ist. Als der CNN-Reporter Jamie McIntyre das entsprechende Video Rumsfeld im Frühjahr 2003 (also zum Zeitpunkt des US-Angriffs gegen den einstigen Verbündeten) vorspielte, geriet der einigermaßen aus der Fassung: »Woher hast du das? Irakisches Fernsehen?«[24]

Damals waren also chemische Kampfstoffe offenbar völlig in Ordnung. Zumindest in den USA. Und wie war das hier bei uns, in Deutschland? Um diese Frage zu beantworten, müssen wir kurz zurückblenden zum *FAZ*-ler Berthold Kohler und seiner Behauptung, Assad habe »mit Hilfe des Kremls« viele syrische Städte in »Gaskammern« verwandelt. Mit der Verwendung des Begriffs »Gaskammer« spielt Kohler bewusst auf den Holocaust an. Seine Begründung, warum man dem Assad-Regime in den Arm fallen müsse, ist denn auch primär moralischer Natur.

Zu diesem hohen moralischen Ton will nicht so recht passen, was der frühere (2017 verstorbene) *FAZ*-Korrespondent Udo Ulfkotte zu berichten wusste. Ulfkotte war im Irak-Iran-Krieg Augenzeuge »einer Massenvergasung, bei der im Juli 1988 in wenigen Stunden mehrere hundert Menschen mit deutschem Giftgas getötet wurden. Wahrscheinlich waren es weitaus mehr Menschenleben.«[25] Ulfkotte, der bei diesem Angriff selbst gesundheitlichen Schaden genommen hatte, durfte nur eine Minimalversion seines Berichts und nur eines seiner vielen eindrücklichen Fotos, die er von dem Massaker geschossen hatte, in der *FAZ* veröffentlichen. Fritz Ullrich Fack, damals der für Außenpolitik zuständige Herausgeber, zeigte kein sonderliches Interesse am Thema; er untersagte seinem Korrespondenten auch, die Fotos an andere Medienhäuser weiterzugeben. Ulfkotte schreibt:

> »Mein damaliger Kollege Klaus-Dieter Frankenberger sagte mir nach meiner Rückkehr in der Redaktion, er habe das Stück in der Nachrichtenredaktion redigiert und alle grausamen Einzelheiten rausgenommen. Auslaufende Gehirne von vergasten Menschen passten nicht in die *FAZ*. Der *FAZ*-Leser sollte offenkundig keine unappetitlichen Einzelheiten erfahren. Erst im Herbst 1990, rund zwei Jahre nach meinem Bericht in der *FAZ*, wurden jene deutschen Hintermänner verhaftet, welche den Irakern bei der Giftgasproduktion geholfen hatten.«[26]

Hätte Ulfkottes Schreckensreportage bessere Chancen auf Veröffentlichung gehabt, wenn damals der hochmoralische Berthold Kohler der für Außenpolitik zuständige *FAZ*-Herausgeber gewesen wäre?

Zweierlei Maßlosigkeit

Man muss sich die journalistische Zunft wie eine Zitrone vorstellen. Ein dicker Bauch in der Mitte, knubbelige Spitzen oben und unten. Im dicken Bauch tummelt sich die große journalistische Masse. Sie unterscheidet sich nur unwesentlich von anderen Massen. Da gibt es Gerechte und Ungerechte, Gute und Schlechte, Talentierte und Stümper.

Viel interessanter als ihr Bauch sind die obere und untere Spitze der Zitrone. Und noch interessanter ist die Frage, wie sich der massige Bauch zu den beiden Spitzen verhält. Von wenigen rühmlichen Ausnahmen abgesehen, gilt dies: Die Masse buckelt nach oben und tritt nach unten.

Am oberen Ende der Zitrone sonnen sich die Koryphäen der Medienbranche, die bewunderten und verehrten journalistischen Vorbilder, die unumstrittenen Leitsterne. Am unteren Ende finden wir die Ausgestoßenen, die Exkommunizierten, die Häretiker.

Beginnen wir unten! In den Wochen vor Weihnachten 2017 konnte man es wieder erleben. Da drehten die etablierten Medien noch mal so richtig auf. Mit von der Partie waren auch weniger etablierte, von denen man es nicht unbedingt erwartet hätte. Objekt ihrer denunziatorischen Begierde waren Ken Jebsen und sein Onlineportal KenFM. Ken Jebsen, ein langjähriger und beliebter Moderator und Reporter des Rundfunks Berlin-Brandenburg (RBB), gründete nach einem Konflikt mit seinem Sender das unabhängige, crowdfinanzierte Portal KenFM. Es ist inzwischen einer der meistgesehenen deutschsprachigen TV-Kanäle des Internet – und dies, obwohl (oder weil?) Jebsen auf anspruchsvolle, explizit politische Inhalte setzt.[27]

Selbst arglosen Beobachtern wird aufgefallen sein, dass sich die rüden Vorwürfe gegen Jebsen (Verschwörungstheoretiker, Antisemit, Rechtspopulist, Querfrontler et cetera) auf außerordentlich dünnem Eis bewegen. Gibt es einen einzigen zweifelsfreien Beleg, der die brachiale Diffamierung, Denunziation, Stigmatisierung oder – wie man früher gesagt hätte – Verfemung dieses Menschen und Kollegen rechtfertigen könnte? Und umgekehrt: Findet sich irgendwo im Mainstream eine umfassende, gleichermaßen faire und kritische Würdigung seiner Arbeit?

Ken Jebsen ist einer jener Ausgestoßenen und Ausgegrenzten am unteren Ende der Zitrone. Einer, der vom Mainstream nicht als Kollege respektiert wird, der als nicht satisfaktionsfähig gilt. Er steht jenseits des von den vermeintlichen Demokratiewächtern selbstherrlich definierten legitimen Diskursspektrums.

Was die Frage aufwirft, warum sie, die Demokratiewächter, sich immer wieder an dieser »Unperson« abarbeiten. Die naheliegende Antwort lautet: Sie unterziehen sich dieser Mühe, weil Jebsen einen großen Publikumserfolg hat, den sie sich nicht erklären können.

Dass ein Journalist ein großes Publikum erreicht, ist an sich nichts Ungewöhnliches. Es gibt im journalistischen Gewerbe viele überaus erfolg- und einflussreiche Einzelfiguren. Sie mögen zwar Neider haben, doch im Allgemeinen erfreuen sie sich der Anerkennung, mitunter sogar der geradezu ehrfürchtigen Verehrung ihrer Kollegen. Sie gelten als die großen, untadeligen Autoritäten der Branche.

Wie schafft man es ans obere Ende? Und wie gerät man ans untere Ende? Wie wird man zum glorifizierten Leitbild, wie zum unbarmherzig Ausgestoßenen? Das kann man nur beantworten, wenn man sich auf gewagte, sozusagen blasphemische Vergleiche einlässt. Vergleichen wir also, und greifen wir so hoch wie irgend möglich! Vergleichen wir den stigmatisierten Ken Jebsen mit einem der renommiertesten Journalisten dieser Welt: mit Thomas L. Friedman. Thomas Friedman ist außenpolitischer Kolumnist der *New York Times*. Er schreibt auch Bücher, in der Regel Bestseller, die in viele Sprachen übersetzt werden. Friedman ist nicht bloß ein Alpha-Journalist, er ist ein journalistischer Superstar. Und doch: Würden jene Kollegen, die Ende 2017 (und seither immer mal wieder) unisono über Ken Jebsen hergefallen sind, an Thomas Friedman ähnlich strenge Maßstäbe anlegen, müssten sie sich einige sehr ernste Fragen stellen.[28]

Blicken wir zurück auf das Jahr 2003. Ohne unmittelbar bedroht zu sein, unter Bruch des Völkerrechts und durch ein Lügengespinst gerechtfertigt, attackierten die USA und ihre Verbündeten den Irak. Hat Friedman seinerzeit das Vorgehen von USA & Co. als das bezeichnet, was es war? Also als Kriegsverbrechen? Im Gegenteil.

Um grandiose Vergleiche nie verlegen, befand er Ende November 2003 in der *New York Times*, dass »dieser Krieg das wichtigste liberale, revolutionäre Projekt eines Demokratieaufbaus seit dem Marshall-Plan« sei. Die US-Kräfte seien darauf aus, »eine vernünftige, legitime, tolerante, pluralistische und repräsentative Regierung« aufzubauen. Was im Irak geschehe, sei eines der edelsten Vorhaben, das die USA jemals im Ausland betrieben hätten. Da muss man tief durchatmen.

Seither sind 15 Jahre vergangen. Nun gestehen Journalisten wie Friedman zwar hin und wieder »Fehler« oder »Irrtümer« ein – meist ein paar hunderttausend Tote später –, aber nie bekennen sie sich zu ihrer Schuld oder Mitschuld. Hat unser allseits geschätzter Spitzenjournalist inzwischen etwas dazugelernt? Springen wir in die Gegenwart!

Wie seine Zeitung, so hat sich auch Friedman in das amerikanische Dauer-Topthema »Russiagate« verbissen. Im Februar 2017 tönte er in einer Morning Show auf MSNBC, dass »die Russen« durch ihre angebliche Wahleinmischung das Herz der US-Demokratie angegriffen hätten. Aus Friedmans Sicht ein empörender Vorgang, der ihm abermals superlativische Vergleiche entlockte. Russiagate, so sagte er, habe 9/11-Format respektive eine Pearl-Harbor-Dimension. Man erinnert sich: Pearl Harbor bewirkte den Eintritt der USA in den Zweiten Weltkrieg, 9/11 löste den bis heute andauernden und offenbar endlosen Krieg gegen den Terror aus. Folgt man den überspannten Politfantasien Thomas Friedmans – wie wohl könnten/sollten/müssten die Russiagate-Konsequenzen aussehen?

Im April 2017 langte Friedman abermals zu. In harschen Worten forderte er Präsident Trump auf, den Kampf gegen den IS in Syrien aufzugeben. Denn das US-Engagement gegen den IS-Terror nütze am Ende nur Assad, den Russen, Iran und der Hisbollah. Die USA sollten sich gegen den irakischen IS, nicht jedoch gegen den syrischen wenden. In Syrien müsse man die Terrororganisation gewähren lassen, damit sie voll und ganz zum Problem der anderen Seite (also der Russen) werde. Man müsse es, so Friedman ausdrücklich, genauso machen wie damals in Afghanistan. »Damals« – das war gegen Ende der Amtszeit Jimmy Carters und in der Reagan-Ära. Da hatten die USA den glorreichen Einfall, die afghanischen Mudschaheddin (unter ihnen Osama bin Laden) zu munitionieren, um die sowjetischen Okkupanten des Landes kräftig zur Ader zu lassen. Kurzfristig hat das sogar funktioniert – über die längerfristigen Folgen schweigt sich Friedman wohlweislich aus ...

Wir sehen: Einer der führenden Journalisten dieser Welt plädiert dafür, den Terror zu instrumentalisieren und den geopolitischen Zielen der USA dienstbar zu machen (sowie den regionalpolitischen Interessen Israels, die Friedman stets – und oft unausgesprochen – mit im Blick hat). Was Major Tom hier vorschlägt, betreiben die USA und ihr Verbündeter Großbritannien zwar faktisch schon seit Jahrzehnten[29], doch dass ein Meinungsführer sich derart offen und unverblümt zu dieser halsbrecherischen Strategie bekennt, verdient festgehalten zu werden.

»Assad must go«-Friedman erweckt gerne den Eindruck, dass er immer und überall für Freiheit, Demokratie und Menschenrechte eintrete. Dass dem keineswegs so ist, kann man als treuer Leser seiner Elaborate zwar schon länger wissen, wurde aber am 23. November 2017 in besonders drastischer Weise offenbar. Da begann Friedman einen umfangreichen *Times*-Beitrag mit den Worten: »Ich habe nicht geglaubt, dass ich lange genug leben würde, um diesen Satz schreiben zu können: Der bedeutendste Reformprozess im heutigen Nahen Osten findet in Saudi-Arabien statt. Ja, Sie haben richtig gelesen ...«[30] Bevor er diese verblüffende Erkenntnis zu Papier brachte, hatte Friedman selbstverständlich vor Ort recherchiert: in Form einer ausgedehnten Audienz beim Kronprinzen von Saudi-Arabien (jenem berüchtigten Mohammed bin Salman, der inzwischen durch den Kashoggi-Mord zu Weltruhm gelangt ist).[31] Sein journalistisches Dankesschreiben an den gastfreundlichen Herrscher folgte einer guten, alten *New-York-Times*-Tradition; das Blatt verklärt die saudische Königsfamilie schon seit 70 Jahren als »Reformer«.[32] Es taucht eine der rücksichtslosesten und reaktionärsten Diktaturen dieser Welt (obendrein ein Terror-Sponsor erster Güte) in unvergleichlich mildes Licht.[33] Friedmans Artikel dürfte in den Archiven des saudischen Propagandaapparats inzwischen einen Ehrenplatz einnehmen.

Genug davon – stattdessen die Frage: Wo blieb und bleibt bei alledem der Aufschrei der journalistischen Kollegen? Zum Beispiel jener Kollegen, die sich jüngst ihr politisch ach so korrektes Mütchen an Ken Jebsen kühlten? Wo bleibt die Empörung? Zumal Friedman kein Einzelfall ist und hier nur stellvertretend für andere, ganz ähnlich tickende Spitzenkräfte der journalistischen Zunft steht. Sehen die Kollegen aus dem Zitronenbauch die ungeheuerliche Diskrepanz nicht? Fällt ihnen nicht auf, dass sie maßlos mit zweierlei Maß messen? Dass sie einer ideologisch bedingten Schizophrenie erliegen? Dass sie den einen Kollegen kreuzigen (für nichts und wieder nichts) und den anderen in höchsten Ehren halten, obwohl er erkennbar und nicht zu knapp Schuld auf sich geladen hat?

Dass Ken Jebsen »unten« und Thomas Friedman »oben« ist, hat letztlich nur einen einzigen Grund: Jebsen ist ein Friedensbewegter – Friedman ist ein Kriegstreiber. Jebsen schürt das System-Misstrauen – Friedman stärkt das System-Vertrauen. Mehr noch: Er ist Teil des Systems, sogar der System-Elite. Dass er dabei – bildlich gesprochen – über Leichen geht, Jebsen hingegen nicht, spielt für die meisten Kollegen aus dem Zitronenbauch offensichtlich keine nennenswerte Rolle. »Das System«, so scheint es, ist allemal wichtiger als ein paar Menschenleben.

Was auf dem Spiel steht – der Kampf um die Tatsachenwahrheit

In einer idealen Welt wäre Politik gleichbedeutend mit Friedenspolitik. Politiker würden alles in ihrer Macht und Kraft stehende tun, um den äußeren und inneren Frieden zu sichern. Den äußeren Frieden durch Diplomatie, Respekt vor dem Völkerrecht, Vertragstreue, Multilateralismus, Institutionenbildung, Friedenserziehung, Abrüstung, vertrauensbildende Maßnahmen, Austausch von Menschen und Ideen, Entwicklungshilfe, Interessenausgleich et cetera. Den inneren Frieden durch größtmögliche Liberalität und Toleranz, Offenheit der Diskurse, demokratische Mitsprache und Mitbestimmung, rechts- und sozialstaatliche Sicherheit, Verteilungs- und Chancengerechtigkeit et cetera. Wir sind – global betrachtet – von Friedenszuständen im Äußeren wie im Inneren weit entfernt und entfernen uns immer mehr. Weil der äußere Frieden gefährdet ist, ist es auch der innere. Und weil der innere Frieden gefährdet ist, ist es auch der äußere.

Die Hoffnung, dass die etablierten Medien einen substanziellen Beitrag zum Schutz des inneren und äußeren Frieden leisten werden, dürfte vergeblich sein. Die Mediengeschichte im Allgemeinen, die Geschichte der Kriegsberichterstattung im Besonderen enthalten nichts, aus dem man echte Hoffnung schöpfen könnte. Eher ist das Gegenteil der Fall: Im Zweifelsfall agieren Medien als Kriegsmedien, nicht als Friedensmedien.

Zwei Fragen will ich in diesem Kapitel beantworten. Zunächst (und offensiv formuliert): Wie müsste ein Journalismus aussehen, der einen Beitrag zum äußeren und inneren Frieden leistet? Oder (und defensiv formuliert): Wie müsste ein Journalismus aussehen, der Kriegspropaganda als solche entlarvt und konterkariert? Sodann die Frage: Ist ein Friedens- oder Antikriegsjournalismus denn überhaupt wünschenswert? Oder würde man mit einer solchen normativen Vorgabe das Ideal der journalistischen Objektivität und Neutralität gefährden?

Will Journalismus zum äußeren und inneren Frieden beitragen, also (innerstaatlich) die demokratischen Prozesse stärken und (zwischenstaatlich) die Verständigung zwischen Nationen, Ethnien, Religionen fördern, braucht er erstens einen absoluten Respekt vor Tatsachenwahrheiten, er muss zweitens diskursiv und drittens multiperspektivisch angelegt sein.

Die meisten Menschen, auch die meisten Journalisten, sehen nur perspektivisch. Multiperspektivisch zu berichten (also die perspektivische Verengung zu transzendieren) gelingt nur wenigen Ausnahmejournalisten, und auch ihnen erst, wenn sie eine gewisse Reife, Sachkenntnis, Berufs- und Welterfahrung erlangt haben. Einfacher wird es, wenn wir uns auf höhere Ebenen begeben, also nicht den einzelnen Journalisten betrachten, sondern ein großes Medium oder ein Mediensystem. Da in einem großen Medium viele Journalisten arbeiten, hätte es die Möglichkeit, konsequent multiperspektivisch zu berichten. Und ein Mediensystem (in staatlichem oder nationalem Rahmen gedacht), das wahrhaft pluralistisch organisiert wäre, hätte zudem nicht nur die Möglichkeit, weitere Perspektiven zur Geltung zu bringen, sondern den gesellschaftlichen Diskurs auf breitestmöglicher Basis zu organisieren, die Gesellschaft mit sich selbst ins Gespräch zu bringen und – Stichwort »äußerer Friede« – den Dialog zwischen unserer Gesellschaft und anderen Gesellschaften zu organisieren. Kurzum: Es hätte die Möglichkeit, diskursiven, multiperspektivischen Journalismus zum Standard zu erheben. Hätten wir in den letzten 20, 30 Jahren diese Art von Journalismus gehabt, sähe es vermutlich nicht nur in diesem Land, sondern in der Welt etwas anders aus.

Nun zu der Frage, ob man denn mit einer normativen Vorgabe wie der, zum inneren und äußeren Frieden beizutragen, den Medien nicht eine politische Mission mit auf den Weg gibt. Macht man sie damit nicht zu politischen Akteuren? Wie vertragen sich normative Vorgaben mit dem Ideal, neutral, objektiv, sachlich, unvoreingenommen zu berichten? Ich bin überzeugt: Sie vertragen sich sehr wohl. Es gibt keinen Konflikt. Das sehen übrigens viele der wirklich großen, bedeutenden Journalisten ganz genauso. Robert Fisk zum Beispiel hat sein Journalismus-Verständnis einmal wie folgt definiert: »neutral, objektiv, auf der Seite der Leidenden«. Das klingt scheinbar widersprüchlich, ist es aber nicht. Ich glaube, dass genau umgekehrt ein Schuh daraus wird – denn: Nicht normative Vorgaben gefährden die Objektivität des Journalismus, sondern die mangelnde Objektivität des Journalismus gefährdet die normativen Vorgaben! Um das etwas näher zu begründen, werde ich einen Essay heranziehen, den die Politik-Theoretikerin Hannah Arendt Ende der 1960er-Jahre geschrieben hat. Er trägt den Titel »Wahrheit und Politik«, und wenn man ihn heute, ein halbes Jahrhundert später, liest, lässt er geradezu prophetische Qualität erkennen.[1]

Gegen Ende ihres Textes macht Hannah Arendt darauf aufmerksam, dass sich die Herrschenden in Verfassungsstaaten im Laufe der Zeit – und diese Zeit hat Jahrhunderte gedauert – bereitgefunden haben, bestimmte Institutionen zu tolerieren, sogar zu fördern, die nicht ihrer direkten Kontrolle, ihren Machtbefugnissen unterstehen, sondern sich einer relativen Autonomie erfreuen. Zu diesen Institutionen rechnet sie zum Beispiel das Bildungswesen, insbesondere die Universitäten, oder die unabhängige Rechtsprechung. Sie weiß natürlich, dass es da, sieht man genauer hin, manches zu bemängeln gibt, manches gefährdet ist. Dennoch hält sie diesen keineswegs selbstverständlichen Tatbestand fest und würdigt ihn.

Wesentlich ist nun für Arendt, dass die genannten und einige andere Institutionen den tagespolitischen Kämpfen entzogen sind; in diesem Sinne sind sie also nicht-politisch. Wohl aber erfüllen sie eine politische Funktion im Gemeinwesen, sozusagen eine übergeordnete politische Funktion, eine politische Funktion höherer Ordnung. Analoge Ansätze gibt es auch im Mediensystem. Bei der Konzeption eines öffentlich-rechtlichen Rundfunks haben Gedanken dieser Art zweifellos Pate gestanden. Und nicht von Ungefähr enthalten die Rundfunkstaatsverträge normative Vorgaben, etwa dem Frieden zu dienen.

In seinem Buch *Die Unbelangbaren* hat der Politikwissenschaftler Thomas Meyer genau an diesen Punkt erinnert.[2] Er hat den Journalisten, insbesondere einigen Großjournalisten, vorgeworfen, ihr Publikationsprivileg zu missbrauchen und im politischen Prozess mitzumischen beziehungsweise mitzuregieren. Das sei aber nicht ihre Aufgabe. Ihre Kernaufgabe bestehe vielmehr darin, die Öffentlichkeit treuhänderisch über das politische Geschehen zu informieren und auf diese Weise ihren Dienst am demokratischen Gemeinwesen zu leisten. Anders formuliert: Die Aufgabe von Journalisten ist es, so wahrhaftig und wahrheitsgetreu wie irgend möglich zu informieren, nicht jedoch, selbst in die Rolle von politischen Akteuren zu schlüpfen. Hannah Arendt formuliert das gleiche Anliegen so: »Wer nichts will als die Wahrheit sagen, steht außerhalb des politischen Kampfes, und er verwirkt diese Position und die eigene Glaubwürdigkeit, sobald er versucht, diesen Standpunkt zu benutzen, um in die Politik selbst einzugreifen.«[3]

Man muss also streng zwischen zwei Politikbegriffen unterscheiden. Wenn Arendt das politische Engagement von Journalisten ausschließt, dann meint sie das profane, tagespolitische Engagement; sie meint nicht das politische Engagement höherer Ordnung, also das, was Thomas Meyer als Dienst am demokratischen Gemeinwesen oder was Robert Fisk als Solidarität mit den Leidenden beschreibt, oder eben das, was ich als Eintreten für inneren und äußeren Frieden bezeichne. Es unterliegt für mich keinem Zweifel, dass Hannah Arendt solche normativen Orientierungen goutiert, sie sogar für unabdingbar erachtet und in ihnen keinerlei Widerspruch zu ihrem Wahrheitsideal erkannt hätte.

Doch was heißt eigentlich »Wahrheit«? Ist journalistische oder mediale Objektivität überhaupt möglich? Gibt es die gerade gegenwärtig so viel beschworenen Fakten? Hannah Arendt unterscheidet in ihrem Essay zweierlei Wahrheit: die Vernunftwahrheit und die Tatsachenwahrheit. Zu den Vernunftwahrheiten gehören mathematische, wissenschaftliche und einige philosophische Wahrheiten. Lange Zeit galt: Wenn solche Vernunftwahrheiten mit der politischen Macht (oder sonstigen Mächten, etwa der Kirche) in Konflikt gerieten, waren sie gefährdet. Das hat sich inzwischen geändert. Der Konflikt zwischen Macht und Vernunftwahrheit ist ein historisches Phänomen. Umso virulenter, so Arendt, ist der Konflikt zwischen Macht und Tatsachenwahrheit geworden. Im Konflikt mit der Macht geraten Tatsachenwahrheiten immer öfter auf die rote Liste – manchmal auf die schwarze.

Was sind nun Tatsachenwahrheiten? Arendt ist sich natürlich darüber bewusst, dass es in der Moderne ausgedehnte Diskussionen über die Frage gegeben hat, wie wahrheitsfähig wir denn überhaupt sind, ob wir Wirklichkeit objektiv erkennen können, und sie weiß natürlich auch, dass historische Ereignisse sich verschieden deuten lassen, dass jede Tatsache in einem Kontext steht oder in ihn gestellt werden kann, dass man Tatsachen unterschiedlich gewichten kann, dass Fakten mit anderen Fakten – nennen wir sie ruhig: alternative Fakten – konkurrieren. Doch all das ist gar nicht ihr Thema. Worum es ihr geht, ist etwas viel Einfacheres, und sie veranschaulicht es an einer Anekdote: »Am Ende der zwanziger Jahre ... wurde Clemenceau von einem Vertreter der Weimarer Republik gefragt, was künftige Historiker wohl über die damals sehr aktuelle und strittige Kriegsschuldfrage denken werden. ›Das weiß ich nicht‹, soll Clemenceau geantwortet haben, ›aber eine Sache ist sicher, sie werden nicht sagen: Belgien fiel in Deutschland ein.‹«

Wenn Arendt von Tatsachenwahrheiten spricht, dann von elementaren, unumstößlichen Daten dieser Art. Manchmal sind solche Tatsachenwahrheiten für jedermann evident, liegen offen zu Tage, manchmal ist es mühsam, sie zu etablieren: Man muss recherchieren, Zeugen befragen, Dokumente sichten, Archive besuchen. Nun folgt aus der Existenz unbestreitbarer Tatsachen, die ganz einfach so sind, wie sie sind, keineswegs, dass die Tatsachen auch vorgeben, welche Meinung oder Ansicht man zu ihnen haben sollte. Darüber kann, darf, soll es Streit geben. Aber dieser Streit muss sich an den Fakten orientieren, er muss die Integrität der Tatbestände respektieren. Die unumstößlichen Fakten disziplinieren sozusagen die politischen Kontrahenten, sie markieren das Feld, auf dem sie sich legitimerweise auseinandersetzen dürfen.

Das alles sollte unmittelbar einleuchten. Aber, so Arendt – wie gesagt, vor einem halben Jahrhundert! –, es ist nicht so, oder es ist immer weniger so. Es habe, schreibt sie, »vielleicht ... kaum je eine Zeit gegeben, die Tatsachenwahrheiten, welche den Vorteilen oder

Ambitionen einer der unzähligen Interessengruppen entgegenstehen, mit solchem Eifer und so großer Wirksamkeit bekämpft hat«. Die Bekämpfung von Tatsachenwahrheiten kann auf unterschiedlichste Weise vonstattengehen. Totalitäre Systeme machen das anders als Demokratien. Was die Demokratien angeht, beobachtet Arendt ein besonders wirksames und sich rasch ausbreitendes Verfahren. Sie stellt fest, Tatsachenwahrheiten seien immer seltener die unverrückbare Grundlage von Meinungsbildungsprozessen und politischen Auseinandersetzungen. Im Gegenteil, statt Meinungen oder Ansichten zu disziplinieren, würden Tatsachenwahrheiten von Ansichten und Meinungen bedroht. Anders gesagt: Tatsachen werden zu bloßen Meinungen abgewertet – und im Gegenzug werden Meinungen zu Tatsachen erklärt.

Nehmen wir ein von mir ausgedachtes, fiktives Beispiel, sagen wir: eine Anne Will-Sendung. Thema sei, wieder einmal, Russland/Ukraine. Nun sagt einer der Diskutanten Folgendes:

»Also, Frau Will, ich habe große Zweifel, ob es sich bei dem Umsturz vom Februar 2014, wie hier eben behauptet wurde, um einen legitimen Machtwechsel handelte. Zunächst ist mal fraglich, ob die Leute auf dem Kiewer Maidan überhaupt die ukrainische Gesamtbevölkerung in irgendeiner Weise repräsentiert haben. Zudem hat es nachweisbar im Vorfeld und während der Proteste eine massive Einmischung des Westens in die innerukrainischen Angelegenheiten gegeben. Kurz vor dem Machtwechsel war eine Vereinbarung für einen geordneten Übergang getroffen worden, die dann kurzerhand wieder gekippt wurde. Auf dem Maidan kam es zu einer Gewalteskalation, und die aufwendigen Recherchen, die seither unternommen wurden, zeigen, dass es offenbar Kräfte gab, die diese Eskalation bewusst provoziert haben, um einen Umsturz herbeizuführen. Und auch die Abstimmung in der Rada, dem Parlament, lässt Zweifel an der Legitimität des Machtwechsels zu. Kurzum, aus meiner Sicht war das alles nicht legitim, sondern ein Putsch.«

Vorausgesetzt, man hat den Diskutanten überhaupt ausreden lassen, kommt dann die Gegenrede, und die geht so:

»Also, ich finde es unerträglich, dass ich mir hier so etwas anhören muss. Es ist ungeheuerlich. Was Sie da erzählen, hat mit den Fakten nichts, aber auch rein gar nichts zu tun. Was Sie hier verbreiten, das ist reinste russische Propaganda. Das sind genau die Lügen, die Putin und Lawrow nach der Flucht Janukowitschs erzählt haben und seither über ihre Propagandamedien in die Köpfe der Menschen zu hämmern versuchen, und Sie übernehmen das hier eins zu eins. Ich bestreite nicht Ihr Recht, dieses Zeug hier zu erzählen, wir haben ja Meinungsfreiheit – anders als in Russland. Aber die Menschen hier im Studio und draußen im Lande müssen wissen, dass Sie hier nichts anderes machen als russische Propaganda nachzubeten, russische Propaganda, das muss man mal ganz deutlich sagen!«

An dieser Stelle tritt der Vorklatscher in Aktion, und ein großer Teil des Publikums klatscht mit, was der Moderatorin die Gelegenheit gibt, Folgendes zu sagen: »Nun, ich denke, wir können das jetzt sicher hier nicht abschließend klären, aber die Standpunkte sind ja doch deutlich geworden. Ich möchte die Diskussion jetzt mal ein bisschen von der Vergangenheit weglenken und Herrn Röttgen das Wort geben, verbunden mit der Frage ...«

Und so weiter und so fort. So löst man Fakten in Meinungen auf, oder: So bekämpft man Fakten mit Meinungen. »Unbequeme geschichtliche Tatbestände«, sagt Hannah Arendt, »werden behandelt, als seien sie keine Tatsachen, sondern Dinge, über die man dieser oder jener Meinung sein könne. ... Was hier auf dem Spiele steht, ist die faktische Wirklichkeit selbst, und dies ist in der Tat ein politisches Problem allererster Ordnung.«

Arendt lässt an Deutlichkeit nichts zu wünschen übrig. Sobald eine Tatsachenwahrheit den Meinungen und Interessen im politischen Bereich entgegensteht, sei sie gefährdet. Und: Der Gegensatz zur Tatsachenwahrheit sei die bewusste Unwahrheit oder Lüge. Ja, schon der Versuch, die Trennungslinie zwischen Tatsachen und Meinungen zu verwischen, sei eine der Formen der Lüge. Und umgekehrt gilt: »In einer Welt, in der man mit Tatsachen nach Belieben umspringt, ist die einfachste Tatsachenfeststellung bereits eine Gefährdung der Machthaber.«

Wie man eben an dem fiktiven Russland/Ukraine-Beispiel sehen konnte, geht es bei solchen Auseinandersetzungen oft um mehr als nur eine einzelne, isolierbare Tatsachenwahrheit. Und das hat dramatische Folgen:

> »Wenn die modernen Lügen sich nicht mit Einzelheiten zufrieden geben, sondern den Gesamtzusammenhang, in dem die Tatsachen erscheinen, umlügen und so einen neuen Wirklichkeitszusammenhang bieten, was hindert eigentlich diese erlogene Wirklichkeit daran, zu einem vollgültigen Ersatz der Tatsachenwahrheit zu werden, in den sich nun die erlogenen Einzelheiten ebenso nahtlos einfügen, wie wir es von der echten Realität her gewohnt sind?«

Das ist eine frühe Beschreibung dessen, was man heute als »Narrativ« bezeichnen würde. »Die russische Bedrohung« ist so ein Narrativ, für das es in der Tatsachenwelt keinen vernünftigen, belastbaren Anhaltspunkt gibt. Dennoch bildet es den großen Berichterstattungsrahmen, und alle Fakten oder vermeintlichen Fakten, die in diesen Rahmen passen, werden dem Publikum übermittelt, alle entgegenstehenden Fakten werden entweder ignoriert oder als russische Propaganda, also Meinung, abgetan. Niemand sollte glauben, dass es hier lediglich darum geht, die angeblich so gefährliche russische Propaganda abzuwehren. Die eigentlichen Zielobjekte befinden sich nämlich nicht in der Russischen Föderation, sondern auf dem eigenen Territorium: in Gestalt von Personen und Medien, die auf Tatsachenwahrheiten beharren. Auch das hat Hannah Arendt schon prophezeit:

> »Die Täuscher wie die Getäuschten müssen, schon um ihr ›Weltbild‹ intakt zu halten, sich vor allem darum kümmern, daß ihr Propaganda-*image* von keiner Realität gefährdet wird. So kommt es, daß diese Art Propaganda sich viel weniger durch den wirklichen Gegner und feindliche Interessen, deren Informationen ohnehin nicht akzeptiert werden, als durch Leute bedroht fühlt, die innerhalb der eigenen Gruppe darauf bestehen, von Tatbeständen und Geschehnissen zu sprechen, die dem

image nicht entsprechen. Die moderne Geschichte ist voll von Beispielen, in denen die einfache Berichterstattung als gefährlicher und aggressiver empfunden wird als feindliche Propaganda.«

Im Kampf mit der politischen Macht, schreibt Arendt, sieht es für die Tatsachenwahrheit düster aus, sie hat schlechte Karten, sie steht immer in der Gefahr, den Kürzeren zu ziehen. Im unmittelbaren Zusammenprall mit den bestehenden Mächten sind Tatsachenwahrheiten ohnmächtig und verletzlich.

Gibt es Hoffnung? Eine gewisse Hoffnung könnte man aus dem Umstand ziehen, dass Tatsachenwahrheiten zwar stets gefährdet, aber auch hartnäckig sind. Denn sie sind – trotz aller Manipulations- und Propagandakünste – letztlich nicht aus der Welt zu schaffen. Sie haben eine Kraft eigener Art: Sie sind einfach da und nicht rückgängig zu machen. Insofern – aber auch nur insofern – sind sie jeder Machtkombination überlegen. Sodann gilt: Die Macht kann die Tatsachenwahrheiten zwar erfolgreich bekämpfen, aber sie kann nichts Gleichwertiges an ihre Stelle setzen. Auch daraus könnte man eine gewisse Hoffnung schöpfen, aber diese Hoffnung ist trügerisch. Denn was ist das Ergebnis, wenn einerseits die Wahrheit durch Lüge und Totalfiktion ersetzt wird, andererseits aber nichts Gleichwertiges an ihre Stelle tritt? Die Antwort Arendts:

»Das Resultat ist keineswegs, daß die Lüge nun als wahr akzeptiert und die Wahrheit als Lüge diffamiert wird, sondern daß der menschliche Orientierungssinn im Bereich des Wirklichen, der ohne die Unterscheidung von Wahrheit und Unwahrheit nicht funktionieren kann, vernichtet wird. ... Konsequentes Lügen ist im wahrsten Sinne des Wortes bodenlos und stürzt Menschen ins Bodenlose, ohne je imstande zu sein, einen anderen Boden, auf dem Menschen stehen könnten, zu errichten.«

Damit sind wir beim Kern des Problems angelangt. Der Verlust des menschlichen Orientierungssinns, der Sturz ins Bodenlose – das wäre gleichbedeutend mit dem Ende der Demokratie. »Meinungsfreiheit«, sagt Hannah Arendt, »ist eine Farce, wenn die Information über die Tatsachen nicht garantiert ist.« Oder anders: Wer den Respekt vor Tatsachenwahrheiten verliert und untergräbt, der spielt mit dem inneren und äußeren Frieden, der setzt ihn aufs Spiel – und wird ihn am Ende verspielen.

Systemkrise und propagandistischer Amoklauf

So wie es eine negative Wechselwirkung gibt zwischen internationalen Spannungen, Konflikten und Kriegen auf der einen Seite und innerstaatlicher Repression, Illiberalität und Demokratie-Erosion auf der anderen, so gibt es eine positive Wechselwirkung zwischen Demokratie und nachhaltigem Frieden. Über Demokratie wird seit der Antike philosophiert, doch nur sehr wenige der großen politischen Denker haben sich als Demokraten verstanden. Und selbst die wenigen Ausnahmen waren von einem gewissen Misstrauen in die politische Weisheit des Volkes erfüllt. Sie waren meist nicht Anhänger einer direkten, plebiszitären oder partizipatorischen Demokratie, sondern redeten einer demokratischen Elitenherrschaft das Wort.

Was die Frage aufwirft: Inwiefern kann eine Elitenherrschaft demokratisch sein? Das Argument ihrer Befürworter ist einfach: Das Volk bestimmt in allgemeinen, freien, gleichen und geheimen Wahlen seine Repräsentanten. Und die regieren dann – oder herrschen. Doch die so ausgewählten Eliten handeln nicht völlig losgelöst vom Wahlvolk; sie sind geerdet, rückgekoppelt. Denn schon bald stehen erneut Wahlen an, und die Eliten wollen bestätigt werden. Also wäre es unklug, wenn sie die politischen Präferenzen des Volkes oder großer Bevölkerungsteile ignorierten. Was das Volk will, so die Theorie, fließt ins Regierungshandeln ein, findet zumindest Berücksichtigung. Und wenn nicht, folgt ein Strafgericht des Volkes – und neue Eliten kommen ans Ruder. Das System beruht auf der Responsiveness, also der Ansprechbarkeit oder Empfänglichkeit der Regierenden für die Wünsche und Forderungen der Regierten.

Zweifel an dieser Konzeption sind angebracht, denn die Vorstellung einer Responsiveness ist überaus fragwürdig. Was sollte, was könnte Eliten, die nach Legitimation suchen oder wiedergewählt werden möchten, davon abhalten, die Wünsche und Forderungen der Bevölkerung zu manipulieren? Und zwar so zu manipulieren, dass die Bevölkerung genau das fordert und wünscht, was der Elite vorschwebt? Dass sie sogar – im Extremfall – gegen ihre ureigenen Interessen handelt? Das probate Mittel, um dieses Ziel zu erreichen, heißt Propaganda. Aus Sicht der Herrschenden mag sie notwendig sein. Aus demokratietheoretischer Perspektive sieht das völlig anders aus. Auf Dauer kann Propaganda demokratische Prozesse zersetzen und pervertieren. Echte Demokratie und Propaganda sind prinzipiell unvereinbar.

Mit Blick auf die westliche Führungsmacht gibt es seit Jahrzehnten nüchterne und wenig schmeichelhafte Analysen der realen politisch-ökonomischen Machtstrukturen. Vergleichbare Befunde liegen nicht nur für andere Länder vor, sondern inzwischen auch für die globale Ebene – im Sinne von Studien über eine »global herrschende Klasse«.[1] Was die USA angeht, so kristallisiert sich immer eindeutiger der Befund heraus, dass ökonomische Eliten und ihre organisierten Interessengruppen die Regierungspolitik maßgeblich bestimmen, während die Durchschnittsbürger und deren Interessenvertretungen nur geringen oder gar keinen Einfluss ausüben. Anders gesagt: Es ist nicht die Mehrheit, die regiert, von Responsiveness der Regierenden gegenüber den Regierten kann keine Rede sein.

Wenn man die USA nicht länger als Demokratie ansprechen kann – als was dann? Sheldon Wolin hat dazu einen erhellenden Vorschlag unterbreitet. Der 2015 verstorbene Princeton-Professor, neben Hannah Arendt einer der bedeutendsten Politiktheoretiker der vergangenen Jahrzehnte, sah in den USA ein neuartiges politisches und gesellschaftliches System heraufziehen. Er nannte es »inverted totalitarianism«, also »umgekehrter Totalitarismus«[2]. Anders als im klassischen Totalitarismus (Nationalsozialismus und Stalinismus) bleibt das Institutionengefüge im umgekehrten Totalitarismus scheinbar intakt. Niemand stellt die Verfassung infrage, regelmäßig finden Wahlen statt, die Medien sind frei, die Rechtsprechung unabhängig. Aber jede dieser Institutionen, jedes dieser Verfahren ist ausgehöhlt, bis zur Unkenntlichkeit verändert – nur die Fassaden bleiben stehen. Die tatsächliche Macht liegt beim Corporate State, also bei den großen Industrie- und Dienstleistungskonzernen, bei der Finanzindustrie, beim Militär-, Sicherheits- und Geheimdienstapparat, bei den wuchernden bürokratischen Komplexen. Deren schwer fassbare und demokratisch kaum kontrollierbare Macht wird ständig weiter nach oben verlagert. Die Bevölkerung verharrt in Unsicherheit, wird in Resignation und Apathie, in Passivität und Entpolitisierung getrieben.

Auch wenn die Propagandisten des Mainstreams weiterhin von *unserer* Demokratie schwadronieren – die Wirklichkeit sieht anders aus. Schon seit Jahren sind Begriffe wie »unsichtbare Regierung«, »permanente Regierung«, »Infragovernment« oder »Deep State« in Umlauf. Gerne als verschwörungstheoretisch abgetan, haben sie dennoch längst ihren Weg in seriöse wissenschaftliche Studien gefunden. Und sie werden offenbar auch von einer Mehrheit der Bevölkerung für plausibel gehalten. 2018 ermittelte die Monmouth University in New Jersey in einer repräsentativen Umfrage, dass 74 Prozent der US-Amerikaner sicher sind oder mit hoher Wahrscheinlichkeit annehmen, dass auf nationaler Ebene ein Apparat existiert, der als Staat im Staat funktioniert und die Bezeichnung »Deep State« verdient.[3]

Für die (sichtbar oder unsichtbar) Herrschenden sind das zweifellos alarmierende Nachrichten, zumal sie zeitgleich feststellen müssen, dass ihre Kraft zur ideologischen und propagandistischen Durchdringung der Gesellschaft im Schwinden begriffen ist. Nehmen wir beispielhaft das Helsinki-Treffen zwischen Trump und Putin im Juli 2018: Obwohl maßgebliche politische Kräfte der USA, allen voran die etablierten Medien, über die Begegnung der beiden Präsidenten in bislang ungekannter Heftigkeit hergefallen sind, zeigen Umfragen, dass große Teile der US-Bevölkerung die Sache wesentlich nüchterner und positiver beurteilen. Und trotz einer nun schon über zwei Jahre währenden »Russia-Russia-Russia«-Kampagne des US-Mainstreams ergab eine neuere Gallup-Umfrage, dass nur ein kaum messbarer Teil – weniger als ein Prozent! – der Bevölkerung in der Russland-Frage ein drängendes Problem sieht.[4] Die Menschen haben offenbar ganz andere Sorgen.

Abraham Lincoln wird – allerdings unverbürgt – der Satz zugeschrieben: »Man kann alle Leute einige Zeit und einige Leute allezeit zum Narren halten, aber nicht alle Leute allezeit.« Der Bruch steht dann zu erwarten, wenn die Alltagsrealität der Menschen und die von der Propaganda geschaffene fiktive Welt zu sehr auseinanderklaffen. Diese Bruchstelle hat das politische System der USA erreicht. Immer öfter ist von einem gespaltenen Land die Rede. Viele Beobachter beklagen Polarisierung, ausgrenzende Rhetorik, wachsende Militanz. Es handelt sich hier nicht um temporäre Probleme, sondern um eine existenzielle Krise des Systems.

Was in der US-amerikanischen politischen Realität vielfältig miteinander verwoben und verschränkt ist, lässt sich für analytische Zwecke in drei Dimensionen zerlegen: erstens in einen Konflikt innerhalb der Gesellschaft, zweitens in einen Konflikt zwischen Gesellschaft und Elite, drittens in einen Konflikt innerhalb der Elite. Letzteres, also die außerordentlich heftige eliteninterne Auseinandersetzung, ist das eigentliche Novum. Und es ist erstaunlich: Würde man an die beiden tonangebenden Parteien, also Republikaner und Demokraten, kontinentaleuropäische Maßstäbe anlegen, müsste man sie beide rechts von der Mitte einordnen. Auf zentralen Politikfeldern, zumal der hier interessierenden Außen- und Sicherheitspolitik, weisen sie kaum Unterschiede auf, liefern sich allenfalls einen Wettstreit um die härtere oder aggressivere Position. Ihre Gemeinsamkeiten fallen ins Auge, die Unterschiede sind marginal. Dennoch tragen sie gegenwärtig einen Kampf bis aufs Messer aus.

Selbstverständlich hatten und haben Eliten – ob in den USA oder anderswo – immer ihre Meinungsverschiedenheiten, ihre Konflikte, ihre Rivalitäten. Solange solche Auseinandersetzungen nach fairen Regeln und mit sachlichen Argumenten ausgetragen werden, solange man gegenüber der Öffentlichkeit den Schein des wechselseitigen Respekts wahrt und dem Gegner keine finsteren Absichten unterstellt, ist anzunehmen, dass die Bevölkerung das Spiel mitspielt und die Autorität der Herrschenden nicht infrage stellt. Wenn es jedoch innerhalb der Elite – insbesondere dem für die Allgemeinheit sichtbaren politischen Führungspersonal – zum offenen Bruch kommt, wenn die eine Seite der anderen die schlimmsten Dinge nachsagt, wenn jeglicher Kompromiss ausgeschlossen zu sein scheint, dann ist Gefahr im Verzug. Die Stabilität des Systems erodiert.

Wenn also – um wieder am Beispiel zu argumentieren – die Gegner des Präsidenten Trump dessen Russland-Diplomatie offen als Verrat brandmarken und sich in eine hysterische Kampagne hineinsteigern, wenn sie den Konflikt auf offener Bühne und in aller Rücksichtslosigkeit austragen, dann zertrümmern sie die Geschäftsgrundlage des ganzen Regierungsmodells. Sie setzen jegliche Glaubwürdigkeit, jegliches Vertrauen aufs Spiel. Derart zerschlagenes Porzellan lässt sich kaum wieder kitten. Der Erosionsprozess ist unumkehrbar – und das wilde Um-sich-Beißen setzt sich fort. Thomas Friedman beispielsweise glaubte allen Ernstes, jeden einzelnen republikanischen Abgeordneten – und mit ihnen jeden einzelnen Bürger seines Landes – vor folgende Wahl stellen zu dürfen: »Bist du auf der Seite von Trump und Putin oder auf der Seite der CIA, des FBI und der NSA?«[5] Ein ungeheuerliches Ansinnen! Es handelt sich um den völlig unkaschierten Versuch, den Deep State gegen die immerhin legitime, weil gewählte Regierung in Stellung zu bringen. Damit wird die US-Verfassung von den Füßen auf den Kopf gestellt. Denn: Nicht der Präsident muss den »Diensten« berichten, muss ihnen Rechenschaft ablegen, ist ihnen zur Loyalität verpflichtet – sondern sie ihm! Alles andere wäre der erste Schritt zum Coup d'État.[6]

Wie jede Krise, so hält auch diese mindestens zwei Möglichkeiten bereit. Sie kann Neues und Besseres hervorbringen, oder sie kann im Desaster enden. Beginnen wir mit dem Positiven!

Ich hatte es schon kurz angesprochen: Was von den verfeindeten Kräften in ihrem erbitterten Machtkampf derzeit an Propaganda geboten wird, verfängt immer weniger. Es läuft immer öfter ins Leere. Wenn Propaganda ohne weiteres als Propaganda zu durchschauen ist, verpufft ihre Wirkung. Das Publikum wendet sich gelangweilt oder angewidert ab. Egal, ob »Russiagate« in den Trump-geschüttelten USA oder »Nowitschok« im Brexit-geschüttelten United Kingdom (oder ... oder ... oder ...) – ungeachtet ihrer Allgegenwart und ohrenbetäubenden Lautstärke ist diese Art der Propaganda derart überdreht, maßlos, inkohärent, kurzum:

von solch idiotischer Besessenheit, dass sie immer weniger Menschen hinter dem Ofen hervorlockt. Die Performance ist von so bestürzend miserabler Qualität, dass man beinahe Mitgefühl für die subalternen Stoßtrupps entwickeln möchte, die sich diesen Irrsinn Tag für Tag ausdenken müssen.

Es ist pure Zeitverschwendung, wenn rationale Kritiker dieses politischen Schmierentheaters jeder neuen propagandistischen Umdrehung, jeder neuen Tatarenmeldung, jedem neuen Täuschungsmanöver gewissenhaft nachspüren und mit sachlichen Argumenten beizukommen versuchen. Die Auseinandersetzung damit lohnt sich nicht. Gäbe es im Westen noch so etwas wie einen gesellschaftlichen Diskurs – ja, dann vielleicht. Aber so?

Die Lächerlichkeit des Schauspiels, der Panikmodus der Akteure, ihre offenkundige Unfähigkeit, tatsächliche Krisen zu bewältigen, dazu ihre obsessive Beschäftigung mit Pseudokrisen, eröffnen der antisystemischen Opposition ungeahnte Chancen – insbesondere in den USA, wo sich immer größere Teile einer nach wie vor vitalen und vibrierenden Zivilgesellschaft vom politischen Establishment nicht mehr repräsentiert fühlen. Die großen politischen Alternativen, also die grundlegende Veränderung des Systems und die nachhaltige Stärkung der Demokratie, sind vielleicht näher, als manche glauben möchten. Es besteht kein Grund, vor den gegenwärtig noch dominanten politischen Kräften in Ehrfurcht zu erstarren. Sie sind ratlos, sie sind angeschlagen, sie agieren nicht wie erwachsene, verantwortungsbewusste Menschen, sondern wie Halbwüchsige auf dem Schulhof. Man kann sie intellektuell, argumentativ oder ideologisch nicht mehr ernst nehmen. Insofern braucht auch niemand Angst vor ihnen zu haben.

Und doch – und damit kommen wir zur negativen Seite: Unterschätzen darf man sie auch nicht! Wieder muss man in diesem Zusammenhang an Sheldon Wolin erinnern. Gegen Ende seines 93 Jahre währenden Lebens hat Wolin eine Mahnung ausgesprochen, die man als sein Vermächtnis begreifen kann: Sollte der umgekehrte Totalitarismus irgendwann an Grenzen stoßen, sollte die Bevölkerung ungehalten, widerspenstig und ungehorsam werden, sollte die Systemfrage auf die Tagesordnung kommen, dann werden die Masken der Eliten fallen. Sie werden in ihrem Abwehrkampf zu genau jenen Mitteln greifen, die wir aus dem klassischen Totalitarismus kennen: Gewalt und Repression. Die Aggressivität, die das Außenverhalten des Staates schon seit langem kennzeichnet, wird sich nach Innen kehren.

Eine derart katastrophische Entwicklung zu verhindern, muss unsere oberste Priorität sein. Es wäre schön, wenn sich an diesem Kampf auch ein paar vernunftbegabte Politiker oder redliche Journalisten beteiligten. Doch wie schon im Vorwort dieses Buches vermerkt, wirklich verlassen können wir, die potenziellen Opfer, uns letztlich nur auf uns selbst.

»Alle Gedanken, die Großes im Gefolge haben, sind immer einfach«, schreibt Leo Tolstoi in *Krieg und Frieden*. »Mein ganzes Denken geht dahin: Wenn sich die verderbten und schlechten Menschen zusammentun und zu einer Macht werden, so müssen die ehrlichen Menschen das Gleiche tun. So einfach ist das.«

Anmerkungen

Vorwort
1 Ulrich Teusch, *Lückenpresse. Das Ende des Journalismus, wie wir ihn kannten*, Frankfurt a. M. 2016
2 Es liegen auch einige reflektierte, (selbst-)kritische, sehr lesenswerte Erfahrungsberichte von Auslandskorrespondenten beziehungsweise Kriegsberichterstattern vor: Joris Luyendijk, *Von Bildern und Lügen in Zeiten des Krieges*, Stuttgart 2015 (3. Auflage); Peter Miroschnikoff, *Reporter im Fadenkreuz. Probleme der Konfliktberichterstattung*, Norderstedt 2014

Alle Optionen liegen auf dem Tisch
1 Andre Damon, Parteiübergreifende Kommission: USA müssen sich auf »schrecklichen«, »verheerenden« Krieg gegen Russland und China vorbereiten, in: *World Socialist Web Site*, 17.11.2018; https://www.wsws.org/de/articles/2018/11/17/mili-n17.html
2 Samuel Osborne, US Marine Corps commandant tells soldiers: »I hope I'm wrong but there's a war coming«, in: *Independent*, 24.12.2017; https://www.independent.co.uk/news/world/americas/us-marine-corps-commandant-robert-seller-war-coming-russia-pacific-norway-a8127086.html
3 David Brennan, U.S.-China War »Very Likely« Within 15 Years, Retired American General Warns, in: *Newsweek*, 25.10.2018; https://www.newsweek.com/us-china-war-very-likely-within-15-years-retired-american-general-warns-1187463
4 Ryan Pickrell, China's commander-in-chief has ordered the military command overseeing the South China Sea to prepare for war, in: *Business Insider*, 29.10.2018; https://www.businessinsider.de/chinas-president-orders-military-to-prepare-for-south-china-sea-war-2018-10?r=US&IR=T
5 Russischer UN-Diplomat: »Ja, Russland bereitet sich auf einen großen Krieg vor«, in: *RT Deutsch*, 30.10.2018; https://deutsch.rt.com/international/78458-russischer-diplomat-ja-russland-bereitet-sich-auf-krieg-vor-weil-es-die-usa-tun/
6 Zit. n. The Saker, A Senior Russian Diplomat Confirms: »Russia Is Preparing for War« – Is Anybody Listening?, in: *The Unz Review*, 2.11.2018; www.unz.com/tsaker/a-senior-russian-diplomat-confirms-russia-is-preparing-for-war-is-anybody-listening/
7 Justin Raimondo, Kay Bailey Hutchison Must Resign – because starting World

War III isn't what Americans voted for, in: *Antiwar*, 4.10.2018; https://originalantiwar.com/justin/2018/10/03/kay-bailey-hutchison-must-resign/
8 Michael Snyder, Russia And China Are Apparently Both Under The Impression That War With The United States Is Coming ..., in: *End of the American Dream*, 28.10.2018; http://endoftheamericandream.com/archives/russia-and-china-are-apparently-both-under-the-impression-that-war-with-the-united-states-is-coming
9 Vgl. zu den folgenden Beispielen: How The U.S. Runs Public Relations Campaigns – Trump Style – Against Russia And China, in: *Moon of Alabama*, 5.10.2018; www.moonofalabama.org/2018/10/how-the-us-runs-public-relations-campaigns-trump-style-against-russia-and-china.html#more
10 Edward Wong, Mike Pompeo Warns Panama Against Doing Business With China, in: *The New York Times*, 19.10.2018; https://www.nytimes.com/2018/10/19/world/americas/mike-pompeo-panama-china.html
11 Pentagon identifies China as ›growing risk‹ to supply of materials vital to U.S. defense industry, in: *The Japan Times*, 5.10.2018; https://www.japantimes.co.jp/news/2018/10/05/asia-pacific/pentagon-identifies-china-growing-risk-supply-materials-vital-u-s-defense-industry/
12 Michael T. Klare, The New Global Tinderbox. It's Not Your Mother's Cold War, in: *TomDispatch*, 30.10.2018; www.tomdispatch.com/post/176489/tomgram%3A_michael_klare%2C_on_the_road_to_world_war_iii/
13 Gregory Shupak, A ›Regime‹ Is a Government at Odds With the US Empire, in: *Fair*, 20.8.2018; https://fair.org/home/a-regime-is-a-government-at-odds-with-the-us-empire/
14 Julian Borger, Bolton praises Bolsonaro while declaring ›troika of tyranny‹ in Latin America, in: *The Guardian*, 1.11.2018; https://www.theguardian.com/us-news/2018/nov/01/trump-admin-bolsonaro-praise-john-bolton-troika-tyranny-latin-america
Zur »Troika of Tyranny« gibt es schon einen *Wikipedia*-Artikel: https://en.wikipedia.org/wiki/Troika_of_tyranny
15 Roger D. Harris, The Troika of Tyranny. The Imperialist Project in Latin America and Its Epigones, in: *Dissident Voice*, 5.11.2018; https://dissidentvoice.org/2018/11/the-troika-of-tyranny-the-imperialist-project-in-latin-america-and-its-epigones/
16 Andre Damon, Zum Kidnapping von Meng Wanzhou, der Chefin des Huawei-Konzerns, in: *World Socialist Web Site*, 10.12.2018; https://www.wsws.org/de/articles/2018/12/10/pers-d10.html
17 Friedhelm Klinkhammer/Volker Bräutigam, Dr. Gniffkes Macht um Acht – Die Kriegermeute heult wütend auf, in: *RT Deutsch*, 28.12.2018; https://deutsch.rt.com/meinung/81693-dr-gniffkes-macht-um-acht/

Kriegspropaganda – davor, dabei, danach

1 Charles Lewis, *935 Lies. The Future of Truth and the Decline of America's Moral Integrity*, New York 2014
2 »Zwischen Krieg und Frieden entsteht etwas Drittes, Beunruhigendes« – Interview mit Herfried Münkler, in: *Neue Osnabrücker Zeitung*, 9.11.2018;

https://www.noz.de/deutschland-welt/politik/artikel/1580799/zwischen-krieg-und-frieden-entsteht-etwas-drittes-beunruhigendes
3 Etwa der Moskau-Korrespondent John Helmer und der schon erwähnte US-amerikanische Politikwissenschaftler Michael Klare.
Vgl. John Helmer, Force Talks – An Approach with Hostile Intent to the Russian Frontier, Aircraft, Ships at Sea, or Troops in the Field will be Shot, in: *Dances With Bears*, 28.11.2018; johnhelmer.net/force-talks-an-approach-with-hostile-intent-to-the-russian-frontier-aircraft-ships-at-sea-or-troops-in-the-field-will-be-shot/#more-20093;
Michael T. Klare, The New Global Tinderbox. It's Not Your Mother's Cold War.
4 Zur angeblichen Wirksamkeit von Sanktionen vgl. Scott Ritter, Who Says Economic Sanctions Work? One need only to look at North Korea and Iraq to see that the new oil embargo on Iran will fail too, in: *The American Conservative*, 21.11.2018; https://www.theamericanconservative.com/articles/who-says-economic-sanctions-work/;
Philip Giraldi, Washington's Sanctions Machine, in: *Ron Paul Institute*, 27.9.2018; ronpaulinstitute.org/archives/featured-articles/2018/september/27/washington-s-sanctions-machine/
5 Peter Scholl-Latour, Europa hat gar keine Außenpolitik. Interview in: *Sputniknews*, 4.7.2014; https://de.sputniknews.com/meinungen/20140704268926478-Peter-Scholl-Latour-Europa-hat-gar-keine-Auenpolitik/
6 Zit. n. Patrick Cockburn, *Chaos und Glaubenskrieg. Reportagen vom Kampf um den Nahen Osten*, Wien 2017, S. 40
7 Rüdiger Göbel, Appell an Linke und Katholiken: Syrischer Klerus fordert Ende der Sanktionen, in: *Hintergrund*, 28.5.2016; https://www.hintergrund.de/globales/kriege/syrischer-klerus-fordert-ende-der-sanktionen/;
Appell kirchlicher Würdenträger aus Syrien: Die Sanktionen gegen Syrien und die Syrer sind unverzüglich aufzuheben, in: *Nachdenkseiten*; https://www.nachdenkseiten.de/upload/pdf/160527_Appell_Kirche.pdf
8 Patrick Cockburn, US and EU sanctions are ruining ordinary Syrians' lives, yet Bashar al-Assad hangs on to power, in: *Independent*, 7.10.2016; https://www.independent.co.uk/voices/syria-syrian-war-us-eu-sanctions-bashar-al-assad-patrick-cockburn-a7350751.html;
Siehe auch Rania Khalek, U.S. and EU Sanctions Are Punishing Ordinary Syrians and Crippling Aid Work, U.N. Report Reveals, in: *The Intercept*, 28.9.2016; https://theintercept.com/2016/09/28/u-s-sanctions-are-punishing-ordinary-syrians-and-crippling-aid-work-u-n-report-reveals/

Permanenter Krieg und Kriegspropaganda in Permanenz

1 Vgl. dazu Ulrich Teusch, *Lückenpresse*, S. 112 ff. und S. 135 ff.
2 Vgl. John Jewell, Press baron and propagandist who led charge into World War I, in: *The Conversation*, 31.7.2014; theconversation.com/press-baron-and-propagandist-who-led-charge-into-world-war-i-29855
3 Zit. n. ebd.
4 Zit. n. Phillip Knightley, *The First Casualty. The War Correspondent as Hero and Myth-Maker from the Crimea to Iraq*, Baltimore/London 2004 (erstmals 1975), S. 481

5 Nick Turse, For the U.S. Military, ›Winning‹ Now Means Staying at War as Long as Possible, in: *Foreign Policy in Focus*, 5.9.2018; https://fpif.org/for-the-u-s-military-winning-now-means-staying-at-war-as-long-as-possible/
6 Philip Giraldi, America Goes to War. Fighting Russia, China and al-Qaeda simultaneously requires more money, in: *The Unz Review*, 6.11.2018; www.unz.com/pgiraldi/america-goes-to-war/

Alter und neuer kalter Krieg

1 Jeremy Kuzmarov/John Marciano, *The Russians are Coming, Again. The First Cold War as Tragedy – the Second as Farce*, New York 2018
2 Vgl. hierzu insbesondere die Gesamtdarstellung von Bernd Stöver, *Der Kalte Krieg 1947–1991. Geschichte eines radikalen Zeitalters*, München 2017 (erstmals 2007)
3 Paul Street, The World Will Not Mourn the Decline of U.S. Hegemony, in: *Consortiumnews*, 14.5.2018; https://consortiumnews.com/2018/05/14/the-world-will-not-mourn-the-decline-of-u-s-hegemony/;
Global End of Year Survey: After US, Pakistan considered biggest threat to world peace, in: *The Express Tribune*, 31.12.2013; https://tribune.com.pk/story/652982/global-end-of-year-survey-after-us-pakistan-considered-biggest-threat-to-world-peace/
4 Eric Zuesse, Poll: U.S. Is »The Greatest Threat to Peace in the World Today«, in: *Global Research*, 9.8.2017; https://www.globalresearch.ca/polls-u-s-is-the-greatest-threat-to-peace-in-the-world-today/5603342;
Siehe auch Vijay Prashad, Disregard for world opinion defines the US government, in: *Asia Times*, 7.11.2018; www.atimes.com/disregard-for-world-opinion-defines-the-us-government/
5 Vgl. z. B. Jacob G. Hornberger, Nonintervention: America's Founding Foreign Policy, in: *The Future of Freedom Foundation*, 7.11.2018; https://www.fff.org/explore-freedom/article/nonintervention-americas-founding-foreign-policy/
6 Durchaus repräsentativ für dieses Spektrum ist das Magazin *Counterpunch*: https://www.counterpunch.org/ Auch das vom Institute for Policy Studies verantwortete Portal *Foreign Policy in Focus* deckt ein relativ breites Spektrum anti-interventionistischer, friedensorientierter Ansätze ab: https://fpif.org/
7 Stephen M. Walt, Socialists and Libertarians Need an Alliance Against the Establishment. U.S. foreign policy is ripe for disruption – but only if the left and right get their act together, in: *Foreign Policy*, 24.9.2018; https://foreignpolicy.com/2018/09/24/socialists-and-libertarians-need-an-alliance-against-the-establishment/
8 Cohen hat jüngst ein vorzügliches Buch zum amerikanisch-russischen Verhältnis publiziert: Stephen F. Cohen, *War with Russia? From Putin and Ukraine to Trump and Russiagate*, New York 2018
9 ronpaulinstitute.org/; https://buchanan.org/blog/columns; https://jackmatlock.com/
Auf Perry werde ich im Kapitel »Massentäuschungswaffen und Massenzerstreuungswaffen« ausführlich zurückkommen.
10 https://de.wikipedia.org/wiki/Veteran_Intelligence_Professionals_for_Sanity

11 Zit. n. Tilo Gräser, Krieg würde ganz Europa zerstören – Politikmagazin gegen Vergessen alter Erkenntnisse, in: *Sputniknews*, 1.12.2018; https://de.sputniknews.com/politik/20181201323140120-europa-krieg-bedrohungen-geschichte/ Gräser fasst in seinem Artikel einige Beiträge zusammen, die unter dem Titel »Krieg führen?« in: der Zeitschrift *WeltTrends*, Nr. 146/Dezember 2018, erschienen sind.

Der Erste Weltkrieg und die zehn Prinzipien der Kriegspropaganda

1 Who Supplies the News? Patrick Cockburn on misreporting in Syria and Iraq, in: *London Review of Books*, Vol. 39 (Nr. 3/2.2.2017), S. 7 ff.; https://www.lrb.co.uk/v39/n03/patrick-cockburn/who-supplies-the-news
2 Arthur Ponsonby, *Falsehood in Wartime. Propaganda Lies of the First World War*, London 1928; dt.: *Lügen in Kriegszeiten*, Viöl 1999
Vgl. Mathias Bröckers, Lüge in Kriegszeiten, in: *Telepolis*, 29.7.2014; https://www.heise.de/tp/features/Luege-in-Kriegszeiten-3366598.html
3 Anne Morelli, *Die Prinzipien der Kriegspropaganda*, Springe 2014[2]
4 Hierzu und zu den folgenden Angaben vgl. Phillip Knightley, *The First Casualty*, S. 84–87 und 110 f.
5 Zit. n. ebd., S. 103 und S. 532
6 John Jewell, Press baron and propagandist who led charge into World War I, in: *The Conversation*, 31.7.2014; theconversation.com/press-baron-and-propagandist-who-led-charge-into-world-war-i-29855
7 Phillip Knightley, *The First Casualty*, S. 84
8 Zit. n. ebd., S. 116 f.
Ich stütze mich auch weiterhin auf Knightleys Buch, vor allem auf S. 265 f., S. 295–298, S. 301, S. 327–330, S. 378 f., S. 391 ff.
9 Zit. n. ebd., S. 301

Massentäuschungswaffen und Massenzerstreuungswaffen

1 Axel Weidemann, Arte-Doku The Bomb: Denn sie wissen immer erst hinterher, was sie tun, in: *FAZ*, 7.8.2018; www.faz.net/aktuell/feuilleton/medien/geschichte-der-atombombe-arte-dokumentation-the-bomb-15723912.html
2 Vgl. Michael Jabara Carley, The Russian V-Day Story (Or the History of World War II Not Often Heard in the West), in: *Strategic Culture Foundation*, 9.5.2018; https://www.strategic-culture.org/news/2018/05/09/russian-v-day-story-history-world-war-ii-not-often-heard-west.html
3 William Appleman Williams, »Der Welt Gesetz und Freiheit geben«. Amerikas Sendungsglaube und imperiale Politik, Hamburg 1984, S. 157
4 Zit. n. Phillip Knightley, *The First Casualty*, S. 12
5 George Orwell, *Neunzehnhundertvierundachtzig*, Rastatt 1950, S. 17
6 Neil Postman, *Wir amüsieren uns zu Tode. Urteilsbildung im Zeitalter der Unterhaltungsindustrie*, Frankfurt a. M. 1985, S. 7 f.
7 Manfred Weißbecker, »Wenn hier Deutsche wohnten ...«. Beharrung und Veränderung im Rußlandbild Hitlers und der NSDAP, in: Hans-Erich Volkmann (Hg.), *Das Rußlandbild im Dritten Reich*, Köln u.a. 1994 (2. Auflage), S. 9–54, hier S. 24 f.

8 Ebd., S. 30
9 Wolfram Wette, Das Rußlandbild in der NS-Propaganda. Ein Problemaufriß, in: Hans-Erich Volkmann (Hg.), *Das Rußlandbild im Dritten Reich*, S. 55–78, hier S. 55 und S. 64
10 Wer im Zweifel ist, ob die Lektüre dieses Buches wirklich lohnt, dem sei als Einstieg die nicht minder eindringliche Rezension empfohlen, die der langjährige Gouverneur von Kalifornien, Jerry Brown, für die *New York Review of Books* geschrieben hat: Jerry Brown, A Stark Nuclear Warning, in: *The New York Review of Books*, 14.7.2016; https://www.nybooks.com/articles/2016/07/14/a-stark-nuclear-warning/
11 Robert Scheer, Former Defense Secretary Warns Civilization Is at Risk, in: *Truthdig*, 1.9.2017 (Audio und Transkription des Gesprächs mit Perry); https://www.truthdig.com/articles/former-defense-secretary-william-j-perry-on-the-nuclear-threat/
12 Es ist inzwischen wohl unstrittig, dass der Westen mit der Osterweiterung klare Zusagen an Moskau gebrochen hat. Vgl. die Dokumentationen: *National Security Archive*, NATO Expansion: What Gorbachev Heard, 12.12.2017; https://nsarchive.gwu.edu/briefing-book/russia-programs/2017-12-12/nato-expansion-what-gorbachev-heard-western-leaders-early *National Security Archive*, NATO Expansion: What Yeltsin Heard, 16.3.2018; https://nsarchive.gwu.edu/briefing-book/russia-programs/2018-03-16/nato-expansion-what-yeltsin-heard
13 www.bu.edu/globalbeat/nato/postpone062697.html
14 Interessant, dass die Osterweiterung zu einem Zeitpunkt in Gang gesetzt wurde, als die Beziehungen zwischen Washington und Moskau noch als relativ ungetrübt galten. Die Präsidenten Clinton und Jelzin pflegten ein freundschaftliches Verhältnis, das allerdings – wie die 2018 veröffentlichte Kommunikation der beiden zeigt – eindeutig von Clinton dominiert wurde: Vgl. John Helmer, The Love That Dare Not Speak Its Name, in: *Dances With Bears*, 9.9.2018; johnhelmer.net/the-love-that-dare-not-speak-its-name-the-secret-in-the-clinton-yeltsin-papers-which-the-kremlin-spokesman-regrets-to-see-exposed-is-the-love-of-submission/#more-19697
James Goldgeier, Bill and Boris: A Window Into a Most Important Post-Cold War Relationship, in: *Texas National Security Review*, 28.8.2018; https://tnsr.org/2018/08/bill-and-boris-a-window-into-a-most-important-post-cold-war-relationship/
15 www.wjperryproject.org/

Wer die Macht über die Geschichte hat, Teil 1: Deutschland

1 Rede von Bundespräsident Joachim Gauck zum Ausbruch des Zweiten Weltkriegs am 1. September 2014 in Danzig/Polen; http://www.bundespraesident.de/SharedDocs/Reden/DE/Joachim-Gauck/Reden/2014/09/140901-Gedenken-Westerplatte.html
2 Rolf-Dieter Müller, Der andere Holocaust, in: *Die Zeit*, 1.7.1988; https://www.zeit.de/1988/27/der-andere-holocaust/komplettansicht
3 Arno J. Mayer, *Der Krieg als Kreuzzug. Das Deutsche Reich, Hitlers Wehrmacht und die »Endlösung«*, Reinbek bei Hamburg 1989, S. 35

4 Ernst Piper, *Alfred Rosenberg. Hitlers Chefideologe*, München 2005, S. 445. Als Ostprovinzen galten die vom Deutschen Reich annektierten Teile; daneben existierte noch das Generalgouvernement, in dem Hans Frank sein Terrorregiment führte.
5 Ebd., S. 454
6 Vgl. zum Folgenden auch Stefan Korinth, Der Vernichtungskrieg. Im Umgang mit Russland fehlt der Bundesregierung jedes historische Gewissen, in: *Rubikon*, 1.9.2018; https://www.rubikon.news/artikel/der-vernichtungskrieg
Ders., Anne Frank ist nicht repräsentativ. In Deutschland wird der Opfer des Nationalsozialismus gedacht. Doch das Gedenken ist zum Nachteil der osteuropäischen Opfer verzerrt, in: *Rubikon*, 27.1.2018; https://www.rubikon.news/artikel/anne-frank-ist-nicht-repraesentativ
Dieter Pohl, *Die Herrschaft der Wehrmacht. Deutsche Militärbesatzung und einheimische Bevölkerung in der Sowjetunion 1941–1944*, Frankfurt a. M. 2011
7 Arno J. Mayer, *Der Krieg als Kreuzzug*, S. 36
8 Ebd., S. 36 f.
9 Zit. n. Ernst Piper, *Alfred Rosenberg*, S. 525
10 Felix Wemheuer, *Der Große Hunger. Hungersnöte unter Stalin und Mao*, Berlin 2012, S. 95
11 Rolf-Dieter Müller, Der andere Holocaust
12 Vgl. zu diesem Thema auch Christian Streit, *Keine Kameraden. Die Wehrmacht und die sowjetischen Kriegsgefangenen 1941–1945*, Bonn 1997 (ursprünglich Stuttgart 1978)
13 Zit. n. Ernst Piper, *Alfred Rosenberg*, S. 529
14 Zit. n. ebd., S. 613
15 Insbesondere die neu konzipierte und im April 2013 eröffnete Dauerausstellung »Deutschland und die Sowjetunion im Zweiten Weltkrieg 1941–1945« im Deutsch-Russischen Museum Berlin-Karlshorst. Vgl. die instruktive Ausstellungskritik von Thomas Sandkühler in: *H-Soz-Kult*, 25.4.2013; https://www.hsozkult.de/exhibitionreview/id/rezausstellungen-180

Zweierlei Maß: Israel und Russland

1 Den Begriff »Antirussismus« übernehme ich von Gabriele Krone-Schmalz. Mit ihm bezeichne und kritisiere ich eine Einstellung und ein propagandistisches Verfahren, das weit über die landläufige Russophobie hinausgeht. Der Antirussismus liegt auf der gleichen Ebene wie der Antisemitismus. Gabriele Krone-Schmalz, *Eiszeit. Wie Russland dämonisiert wird und warum das so gefährlich ist*, München 2017
2 Vgl. Romy Langeheine, *Von Prag nach New York. Hans Kohn – eine intellektuelle Biographie*, Göttingen 2014
3 Hans Kohn, *Bürger vieler Welten. Ein Leben im Zeitalter der Weltrevolution*, Frauenfeld 1965
4 Zit. n. ebd., S. 183 f.
5 Ebd., S. 184 f.
6 Ebd., S. 187
7 Arno J. Mayer, *Der Krieg als Kreuzzug*, S. 15.

Vgl. auch die umfassende Darstellung: Arno J. Mayer, *Plowshares into Swords. From Zionism to Israel*, London/NewYork 2008

8   Saul Friedländer, *Das Dritte Reich und die Juden*, Band 1: *Jahre der Verfolgung*, München 1998; Band 2: *Jahre der Vernichtung*, München 2006
9   Saul Friedländer, *Wohin die Erinnerung führt. Mein Leben*, München 2016, S. 142
10 Ebd., S. 259
11 Siehe Haggai Matar, IDF Censor redacted 2.358 news articles last year, in: +972, 4.7.2018; https://972mag.com/idf-censor-redacted-2358-news-articles-last-year/136552/
    Jochen Mitschka, Der Apartheid-Staat. Ein neues Gesetz legalisiert nun, was in Israel längst gängige Praxis ist, in: *Rubikon*, 12.10.2018; https://www.rubikon.news/artikel/der-apartheid-staat
12 Robert Fisk, In the Middle East, Putin has a lot to thank Trump for right now, in: *Independent*, 29.5.2018; https://www.independent.co.uk/voices/putin-trump-syria-iran-nuclear-deal-russia-us-assad-robert-fisk-a8373796.html
13 Robert Parry, Why not a Probe of »Israel-gate«?, in: *Consortiumnews*, 20.4.2017; https://consortiumnews.com/2017/04/20/why-not-a-probe-of-israel-gate/
14 Vgl. dazu John J. Mearsheimer / Stephen M. Walt, *Die Israel-Lobby. Wie die amerikanische Außenpolitik beeinflusst wird*, Frankfurt a. M./New York 2007
15 Karl Marx, Briefe aus den Deutsch-Französischen Jahrbüchern, M. an R. [Marx an Ruge], in: *MEW* 1, Berlin 1970, S. 337
16 PRIME (Hg.), *Die Geschichte des Anderen kennen lernen. Israel und Palästina im 20. Jahrhundert*, Frankfurt a. M./New York 2015
17 Alexander Mercouris, Western Racism and the Stereotyping of Russians, in: *The Duran*, 12.10.2016; theduran.com/western-racism-and-the-stereotyping-of-russians/
    Speziell zur britischen Russophobie siehe Alexander Mercouris, Letter from Britain: An Establishment Blinded by Russophobia, in: *Consortiumnews*, 15.6.2018; https://consortiumnews.com/2018/06/15/letter-from-britain-an-establishment-blinded-by-russophobia/
18 Alice Bota, Lügen streuen, bis nichts mehr klar ist, in: *Die Zeit*, 26.3.2018; https://www.zeit.de/politik/ausland/2018-03/russland-sergej-skripal-nowitschok-grossbritannien-taktik-5vor8
19 https://twitter.com/nikkihaley/status/1041794482746875905?lang=en
20 Masha Gessen, Putin Lied About His Nuclear Doctrine and Promised Russians That They Would Go to Heaven, in: *The New Yorker*, 19.10.2018; https://www.newyorker.com/news/our-columnists/putin-lied-about-his-nuclear-doctrine-and-promised-russians-that-they-would-go-to-heaven
21 Vgl. Guy Mettan, *Creating Russophobia. From the Great Religious Schism to Anti-Putin Hysteria*, Atlanta, GA 2017
22 Malia hat ebenfalls ein hervorragendes Buch über die westlichen Russland-(Zerr)bilder geschrieben: Martin Malia, *Russia Under Western Eyes. From the Bronze Horseman to the Lenin Mausoleum*, Cambridge, Mass./London 1999. Vgl. auch Hannes Hofbauer, Feindbild Russland. Geschichte einer Dämonisierung, Wien 2016

23 Vgl. Gordon Hahn, Once More About »Putin's Rehabilitation of Stalin«, in: *Gordon Hahn Blog*, 30.10.2018; https://gordonhahn.com/2018/10/30/once-more-about-putins-rehabilitation-of-stalin/

Wer die Macht über die Geschichte hat, Teil 2: USA

1 Egon Bahr, *Der deutsche Weg. Selbstverständlich und normal*, München 2003; Josef Joffe, *Die Hypermacht. Warum die USA die Welt beherrschen*, München 2006; Peter Bender, *Weltmacht Amerika. Das neue Rom*, Stuttgart 2003
2 Emmanuel Todd, *Weltmacht USA. Ein Nachruf*, München 2003
3 Herfried Münkler, *Der neue Golfkrieg*, Reinbek bei Hamburg 2003; Wolfgang Sofsky, *Operation Freiheit. Der Krieg im Irak*, Frankfurt a. M. 2003
4 Patrick Cockburn, *Chaos und Glaubenskrieg*, S. 85
5 Barbara Tuchman, *Die Torheit der Regierenden. Von Troja bis Vietnam*, Frankfurt a. M. 1984
6 The Saker, A Senior Russian Diplomat Confirms: »Russia Is Preparing for War« – Is Anybody Listening?, in: *The Unz Review*, 2.11.2018; www.unz.com/tsaker/a-senior-russian-diplomat-confirms-russia-is-preparing-for-war-is-anybody-listening/
Vgl. auch Philip Giraldi, One Click Closer to Annihilation. Last week Washington threatened Iran, Syria, China, Venezuela and Russia, in: *The Unz Review*, 2.10.2018; www.unz.com/pgiraldi/one-click-closer-to-annihilation/
7 Siehe zu dieser Episode: Mehdi Hasan, »We Know Where Your Kids Live«: How John Bolton Once Threatened an International Official, in: *The Intercept*, 29.3.2018; https://theintercept.com/2018/03/29/john-bolton-trump-bush-bustani-kids-opcw/
Vgl. auch: »I give you 24 hours to resign«: 1st OPCW chief on how John Bolton bullied him before Iraq War, in: *RT*, 7.4.2018; https://www.rt.com/usa/423477-bolton-threat-opcw-iraq/
8 Vgl. die erschütternde Opferbilanz von Nicolas J.S. Davies, How Many Millions of People Have Been Killed in America's Post-9/11 Wars? – Part One: Iraq, in: *Consortiumnews*, 22.3.2018; https://consortiumnews.com/2018/03/22/how-many-millions-of-people-have-been-killed-in-americas-post-9-11-wars-part-one-iraq/; Part Two: Afghanistan and Pakistan, in: *Consortiumnews*, 3.4.2018; https://consortiumnews.com/2018/04/03/how-many-people-has-the-u-s-killed-in-its-post-9-11-wars-part-2-afghanistan-and-pakistan/; Part Three: Libya, Syria, Somalia and Yemen, in: *Consortiumnews*, 25.4.2018; https://consortiumnews.com/2018/04/25/how-many-millions-have-been-killed-in-americas-post-9-11-wars-part-3-libya-syria-somalia-and-yemen/
Vgl. zu diesem Thema auch David William Pear, Belanglose Opfer, in: *Rubikon*, 17.5.2018; https://www.rubikon.news/artikel/belanglose-opfer
9 Stephen M. Walt, *The Hell of Good Intentions. America's Foreign Policy Elite and the Decline of U.S. Primacy*, New York 2018
10 John J. Mearsheimer, *The Great Delusion. Liberal Dreams and International Realities*, New Haven, CT 2018

11 Zit. n. William Appleman Williams, »Der Welt Gesetz und Freiheit geben«, S. 10
12 Vgl. dazu die packende Schilderung von David Talbot, *Das Schachbrett des Teufels. Die CIA, Allen Dulles und der Aufstieg von Amerikas heimlicher Regierung*, Frankfurt a. M. 2016, S. 202 ff. Auch im Fall des Iran-Putsches ist, wie Talbot deutlich macht, ein Versagen der amerikanischen »Qualitätsmedien« zu konstatieren.
13 Vgl. den Mitschnitt: CovertAction: Persistent U.S. Attacks Against »Democracy and Freedom«; https://www.youtube.com/watch?v=ppNF2IEICRA&feature=youtu.be&t=2687
Siehe auch William Blum, *Schurkenstaat. Leitfaden zum Verständnis der einzigen noch verbliebenen Supermacht*, Berlin 2008
14 Beard, Charles A./Beard, Mary R., *Geschichte der Vereinigten Staaten von Amerika*, Amsterdam 1949
15 Richard Hofstadter, *The Progressive Historians. Turner, Beard, Parrington*, New York 1968
16 Zwei seiner Bücher wurden ins Deutsche übersetzt: zum einen das schon an früherer Stelle zitierte Werk »Der Welt Gesetz und Freiheit geben«, sodann der Klassiker *Die Tragödie der amerikanischen Diplomatie*, Frankfurt a. M. 1973.
Einen sehr guten Überblick über Williams' Forschungen gibt der Band *A William Appleman Williams Reader. Selections from His Major Historical Writings*. Edited with an introduction and notes by Henry W. Berger, Chicago 1992
17 Andrew J. Bacevich, Tragedy Renewed: William Appleman Williams, in: *World Affairs* (Winter 2009); www.worldaffairsjournal.org/article/tragedy-renewed-william-appleman-williams
18 William A. Williams, »Der Welt Gesetz und Freiheit geben«, S. 194
19 Alexander Hamilton/James Madison/John Jay, *Die Federalist Papers*. Übersetzt, eingeleitet und mit Anmerkungen versehen von Barbara Zehnpfennig, Darmstadt 1993, S. 106
20 Zit. n. William A. Williams, »Der Welt Gesetz und Freiheit geben«, S. 55
21 Zit. n. ebd., S. 79
22 Ebd., S. 21
23 Vgl. ebd., S. 80
24 Ebd., S. 131 f.
25 Andrew J. Bacevich, Tragedy Renewed: William Appleman Williams
26 Die Überschrift ist dem Untertitel eines Buches von Gore Vidal entlehnt: *Imperial America. Reflections on the United States of Amnesia*, New York 2005
27 Zit. n. William Appleman Williams, »Der Welt Gesetz und Freiheit geben«, S. 10f.
28 So die Spekulation von Andrew J. Bacevich, What Happens When a Few Volunteer and the Rest Just Watch. The American Military System Dissected, in: *TomDispatch*, 10.4.2018; www.tomdispatch.com/post/176409/tomgram%3A_andrew_bacevich%2C_creating_a_perpetual_war_machine/
29 Ebd. – Ein wichtiges Buch Bacevichs zum Thema liegt übrigens auch in deutscher Sprache vor: Andrew J. Bacevich, *Grenzen der Macht. Das Ende des amerikanischen Traums?*, Hamburg 2009

30 Paul Street, The World Will Not Mourn the Decline of U.S. Hegemony, in: *Consortiumnews*, 14.5.2018; https://consortiumnews.com/2018/05/14/the-world-will-not-mourn-the-decline-of-u-s-hegemony/
31 David Vine, Forty-Five Blows Against Democracy. How U.S. Military Bases Back Dictators, Autocrats, and Military Regimes, in: *TomDispatch*, 16.5.2017; www.tomdispatch.com/post/176281/tomgram%3A_david_vine%2C_trumping_democracy_in_america%27s_empire_of_bases/#more
   Vgl. auch David Vine, *Base Nation. How U.S. Military Bases Abroad Harm America and the World*, New York 2017
32 Vgl. als kritische Gesamtdarstellungen u.a.: David Ray Griffin, *The American Trajectory. Divine or Demonic?*, Atlanta, GA 2018.
   Paul L. Atwood, *War and Empire. The American Way of Life*, London 2010
   John W. Dower, *The Violent American Century. War and Terror Since World War II*, Chicago 2017
   William Blum, *Killing Hope. Zerstörung der Hoffnung. Globale Operationen der CIA seit dem 2. Weltkrieg*, Frankfurt a. M. 2016 (6. Aufl.)
   Achim Wertz, *Die Weltbeherrscher. Militärische und geheimdienstliche Operationen der USA*, aktualisierte und erweiterte Neuausgabe, Frankfurt a. M. 2017
   Andrew J. Bacevich, *America's War for the Greater Middle East: A Military History*, New York 2016
   Rebecca Gordon, *American Nuremberg: The U.S. Officials Who Should Stand Trial for Post-9/11 War Crimes*, New York 2016
   Howard Zinn, *Eine Geschichte des amerikanischen Volkes*, Berlin 2007
33 Phillip Knightley, *The First Casualty*, S. 62
34 Carl Boggs, Imperialism and the Logic of Mass Destruction, in: *Counterpunch*, 4.5.2017; www.counterpunch.org/2017/05/04/imperialism-and-the-logic-of-mass-destruction/
35 Vgl. Stephen Endicott/Edward Hagerman, *The United States and Biological Warfare. Secrets from the Early Cold War and Korea*, Bloomington 1999
36 Zit. n. John Dower, Memory Loss in the Garden of Violence. How Americans Remember and Forget Their Wars, in: *TomDispatch*, 4. Mai 2017; www.tomdispatch.com/post/176274/tomgram%3A_john_dower%2C_terror_is_in_the_eye_of_the_beholder/#more
37 Zum Krieg in Indochina: John Marciano, *The American War in Vietnam. Crime or Commemoration?*, New York 2016
   Nick Turse, *Kill Anything That Moves. The Real American War in Vietnam*, New York 2014
   Nathan J. Robinson, What We Did. Reckoning with Vietnam 50 years after My Lai …, in: *Current Affairs*, Jg. 3 (Nr. 2/März–April 2018), S. 54–63
38 Carl Boggs, Imperialism and the Logic of Mass Destruction
   Auch in Vietnam wurde übrigens der Einsatz von Atomwaffen in Erwägung gezogen; vgl. William J. Astore, Fear of Defeat and the Vietnam War, in: *Antiwar*, 10.10.2018; https://original.antiwar.com/William_Astore/2018/10/09/fear-of-defeat-and-the-vietnam-war/
39 John Dower, *Memory Loss in the Garden of Violence*
40 Vgl. zu diesem Thema Hershs Autobiografie: Seymour M. Hersh, *Reporter. A Memoir*, New York/London 2018, S. 101 ff.

41 Paul Street, The World Will Not Mourn the Decline of U.S. Hegemony
42 Paul Street The Chomsky Challenge for Americans, in: *Truthdig*, 13. Juni 2018; https://www.truthdig.com/articles/the-chomsky-challenge-for-americans-in-understanding-our-dangerous-world/
Vgl. auch Jonathan Marshall, The Indonesia Massacre's Historic Message, in: *Consortiumnews*, 19.10.2017; https://consortiumnews.com/2017/10/19/the-indonesia-massacres-historic-message/
43 John Dower, *Memory Loss in the Garden of Violence*
44 Paul Street, The World Will Not Mourn the Decline of U.S. Hegemony
45 John Pilger, The Rape of East Timor.»Sounds Like Fun«, in: *Counterpunch*, 26.2.2016; https://www.counterpunch.org/2016/02/26/the-rape-of-east-timor-sounds-like-fun/
46 Zit. n. Paul Street, The World Will Not Mourn the Decline of U.S. Hegemony
Vgl. hierzu auch Robert Parry, The Victory of »Perception Management«, in: *Consortiumnews*, 28.12.2014; https://consortiumnews.com/2014/12/28/the-victory-of-perception-management/
47 Vincent Emanuele, I Helped Create ISIS, in: *Telesur*, 18.12.2015; https://www.telesurtv.net/english/opinion/I-Helped-Create-ISIS-20151218-0016.html
48 Geraldine Sealey, Hersh: Children sodomized at Abu Ghraib, on tape, in: *Salon*, 15.7.2004; https://www.salon.com/2004/07/15/hersh_7/
49 Noam Chomsky hat Obamas Drohnenmorde als ausgedehnteste globale Terrorismuskampagne bezeichnet, die die Welt je gesehen hat. Tim Hains/Noam Chomsky, Obama's Drone Assassination Program Is »The Most Extensive Global Terrorism Campaign The World Has Yet Seen«, in: *RealClearPolitics*, 19.3.2015; https://www.realclearpolitics.com/video/2015/03/19/noam_chomsky_obamas_drone_assassination_program_is_the_most_extensive_global_terrorism_campaign_the_world_has_yet_seen.html
50 Zit. n. Mollie Reilly, Obama Told Aides He's »Really Good At Killing People«, New Book »Double Down« Claims, in: *Huffington Post*, 11.3.2013; https://www.huffingtonpost.com/2013/11/03/obama-drones-double-down_n_4208815.html
Vgl. Mark Halperin/John Heilemann, *Double Down: Game Change 2012*, London 2013

Die Kriegsverkäufer

1 Vgl. zum Folgenden Jeffrey St.Clair, How They Sold the Iraq War, in: *Counterpunch*, 20.3.2018; https://www.counterpunch.org/2018/03/20/how-they-sold-the-iraq-war/
2 Phillip Knightley, *The First Casualty*, S. 487. Zu weiteren Propagandaaktivitäten von Hill und Knowlton, ebd., S. 488. Zu den PR-Agenturen generell Jörg Becker, *Medien im Krieg – Krieg in den Medien*, Wiesbaden 2016, insbes. S. 65 ff. sowie Peter Miroschnikoff, *Reporter im Fadenkreuz. Probleme der Konfliktberichterstattung*, Norderstedt 2014, S. 72 ff.
3 Vgl. hierzu auch Phillip Knightley, *The First Casualty*, S. 543 ff.
4 Die folgende Darstellung orientiert sich an dem Aufsatz von Piers Robinson, Learning from the Chilcot report: Propaganda, deception and the »War on

Terror«, in: *International Journal of Contemporary Iraqi Studies*, Bd. 11 (Nr. 1-2 / 2017), S. 47–73
5 Zit. n. ebd., S. 64
6 Blairs Aufzählung möglicher Angriffsobjekte beziehungsweise Regimewechsel-Kandidaten findet übrigens eine eindrucksvolle Bestätigung in den entsprechenden Aussagen des früheren US-Generals Wesley Clark; siehe dazu weiter unten, S. 114 f.
7 Piers Robinson, Learning from the Chilcot report, S. 69
8 Maximilian Forte, The Top Ten Myths in the War Against Libya, in: *Counterpunch*, 31.8.2011; https://www.counterpunch.org/2011/08/31/the-top-ten-myths-in-the-war-against-libya/
9 The Great Libya War Fraud, in: *Media Lens*, 3.10.2016; www.medialens.org/index.php/alerts/alert-archive/2016/827-the-great-libya.html
10 Über diesen Hintergrund des Libyenkrieges ist kaum berichtet worden. Eine Ausnahme bildet Patrick Cockburn, The Manchester Bomber was Only Able to Massacre People Because of the Mistakes Made by the British Government, in: *Independent*, 25.5.2018; https://www.independent.co.uk/voices/manchester-bomber-salman-abedi-concert-british-government-libya-isis-a8369506.html
Vertiefend zur Rolle Sarkozys: Joe Penney, Why Did the U.S. and Its Allies Bomb Libya? Corruption Case Against Sarkozy Sheds New Light on Ousting of Gaddafi, in: *The Intercept*, 28.4.2018; https://theintercept.com/2018/04/28/sarkozy-gaddafi-libya-bombing/
Malte Rauch, Krieg unter ziemlich besten Freunden: Gaddafi, Sarkozy und die Zerstörung Libyens, in: *NachDenkSeiten*, 16.5.2018; https://www.nachdenkseiten.de/?p=43982
Zur neueren Entwicklung in: Libyen: Jochen Mitschka, »Schutzverantwortung«, Libyen und Neo-Kolonialismus, in: *Telepolis*, 20.9.2018; https://www.heise.de/tp/features/Schutzverantwortung-Libyen-und-Neo-Kolonialismus-4168706.html
11 Was manche nicht davon abhält, genau diese guten Absichten zu unterstellen. Vgl. zum Beispiel Alan J. Kuperman, Obama's Libya Debacle. How a Well-Meaning Intervention Ended in Failure, in: *Foreign Affairs*, März/April 2015; https://www.foreignaffairs.com/articles/libya/obamas-libya-debacle
12 Es ist auch in deutscher Übersetzung erschienen: William Rivers Pitt mit Scott Ritter, *Krieg gegen den Irak. Was die Bush-Regierung verschweigt*, Köln 2002
13 Gen. Wesley Clark Weighs Presidential Bid: »I Think About It Every Day«, in: *Democracy Now!*, 2.3.2007; https://www.democracynow.org/2007/3/2/gen_wesley_clark_weighs_presidential_bid

Die Propagandamacher
1 Phillip Knightley, *The First Casualty*, S. 471
2 Die USIA war 1953, als sich der Kalte Krieg auf einen Höhepunkt zubewegte, gegründet worden. 1999 wurde sie aufgelöst, ihre Funktionen leben allerdings andernorts weiter, etwa im Broadcasting Board of Governors (BBG), der für die ans Ausland gerichteten und von der US-Regierung finanzierten

Informations- und Meinungsprogramme verantwortlich ist, oder im Büro des Staatssekretärs für Public Diplomacy und Public Affairs.

3 Die folgende Darstellung bezieht sich auf diverse Recherchen des 2018 verstorbenen US-Journalisten Robert Parry. Vgl. u.a. Robert Parry, CIA's Hidden Hand in »Democracy« Groups, in: *Consortiumnews*, 8.1.2015; https://consortiumnews.com/2015/01/08/cias-hidden-hand-in-democracy-groups/
Ders., The Orwellian War on Skepticism, in: *Consortiumnews*, 1.12.2016; https://consortiumnews.com/2016/12/01/the-orwellian-war-against-skepticism/
Ders., How US Flooded the World with Psyops, in: *Consortiumnews*, 25.3.2017; https://consortiumnews.com/2017/03/25/how-us-flooded-the-world-with-psyops/
Ders., The Legacy of Reagan's Civilian »Psyops«, in: *Consortiumnews*, 13.10.2018; https://consortiumnews.com/2017/10/13/the-legacy-of-reagans-civilian-psyops/

4 Robert Parry, Rupert Murdoch: Propaganda Recruit, in: *Consortiumnews*, 5.10.2015; https://consortiumnews.com/2015/10/05/rupert-murdoch-propaganda-recruit/

5 Robert Parry, The Victory of »Perception Management«, in: *Consortiumnews*, 28.12.2014; https://consortiumnews.com/2014/12/28/the-victory-of-perception-management/

6 Robert Parry, CIA's Hidden Hand in »Democracy«-Groups

7 Max Blumenthal, Inside America's Meddling Machine: The US Funded Group that Interferes in Elections Around the Globe, in: *Grayzone*, 20.8.2018; https://grayzoneproject.com/2018/08/20/inside-americas-meddling-machine-the-us-funded-group-that-interferes-in-elections-around-the-globe/

8 Vgl. Robert Parry, The Mess that Nuland Made, in: *Consortiumnews*, 13.7.2015; https://consortiumnews.com/2015/07/13/the-mess-that-nuland-made/

9 Vgl. Edward Hunt, NED Pursues Regime Change by Playing the Long Game, in: *Counterpunch*, 6.7.2018; https://www.counterpunch.org/2018/07/06/ned-pursues-regime-change-by-playing-the-long-game/

10 Max Blumenthal, Die »Einmischmaschine« der US-Regierung rühmt sich, in Nicaragua den Boden für den Aufstand zu bereiten, in: *Linke Zeitung*, 21.6.2018; https://linkezeitung.de/2018/06/21/us-regierung-ruehmt-sich-in-nicaragua-den-boden-fuer-den-aufstand-zu-bereiten/
Darin heißt es: US-Regierungsbehörden haben Millionen Dollar dafür ausgeben, »den Grundstein für einen Aufstand gegen Daniel Ortega zu legen«.

11 https://hitchensblog.mailonsunday.co.uk/2018/05/what-moral-standing-do-we-have-after-this-outrage-and-are-we-about-to-join-another-idiotic-war-like-.html

12 The Syrian Observatory – Funded By The Foreign Office, in: *Media Lens*, 4.6.2018; www.medialens.org/index.php/alerts/alert-archive/2018/872-the-syrian-observatory-funded-by-the-foreign-office.html

13 On Sources And Information – The Syrian Observatory For Human Rights, in: *Moon of Alabama*, 25.5.2018; https://www.moonofalabama.org/2018/05/sohr.html#more

14 Robert Parry, The Victory of Perception Management
15 Vgl. zum Folgenden: Chris Tomlinson, Big increase in Pentagon budget for propaganda, in: *Flat Earth News*, 5.2.2009; www.flatearthnews.net/category/blog/big-increase-pentagon-budget-propaganda
16 Thomas Pany, USA: AP-Chef beklagt den Druck des Militärs auf unabhängige Berichterstatter, in: *Telepolis*, 9.2.2009; https://www.heise.de/newsticker/meldung/USA-AP-Chef-beklagt-den-Druck-des-Militaers-auf-unabhaengige-Berichterstatter-206637.html
17 Vgl. Jörg Becker, *Medien im Krieg – Krieg in den Medien*, S. 197 ff.
18 Kevin Maguire und Andy Lines, Exclusive: Bush Plot to Bomb His Arab Ally. Madness of war memo, in: *Daily Mirror*, 22.11.2005; https://web.archive.org/web/20051128012515/www.mirror.co.uk/news/tm_objectid%3D16397937%26method%3Dfull%26siteid%3D94762%26headline%3Dexclusive--bush-plot-to-bomb-his-arab-ally-name_page.html
19 Jason Hirther, Invisible Empire Beneath the Radar, Above Suspicion, in: *Counterpunch*, 22.6.2017; https://www.counterpunch.org/2017/06/22/invisible-empire-beneath-the-radar-above-suspicion/
20 Don North, US/NATO Embrace Psy-ops and Info-War, in: *Consortiumnews*, 2.9.2015; https://consortiumnews.com/2015/09/02/usnato-embrace-psy-ops-and-info-war/

Der »Permanent War Complex«

1 Joseph Stiglitz/Linda Bilmes, *Die wahren Kosten des Krieges. Wirtschaftliche und politische Folgen des Irak-Konflikts*, München 2008
2 https://watson.brown.edu/costsofwar/
Jason Ditz, Study: US Has Spent $ 5,9 Trillion on Wars Since 2001, in: *Russia Insider*, 17.11.2018; https://russia-insider.com/en/study-us-has-spent-59-trillion-wars-2001/ri25388?ct=t(Russia_Insider_Daily_Headlines11_21_2014)&mc_cid=cf371e3d03&mc_eid=e3e827e43d
3 Florian Rötzer, USA: Die Kosten der Kriege gegen den Terror auf Schulden kommen erst noch, in: *Telepolis*, 2.6.2017; https://www.heise.de/tp/features/USA-Die-Kosten-der-Kriege-gegen-den-Terror-auf-Schulden-kommen-erst-noch-3732103.html
2015 lebten in den USA fast 19 Millionen Kriegsveteranen.
4 Stephanie Savell, How America's Wars Fund Inequality at Home, in: *Truthdig*, 28.6.2018; https://www.truthdig.com/articles/how-americas-wars-fund-inequality-at-home/
5 Vgl. Stephanie Savell, The Hidden Costs of America's Wars, in: *TomDispatch*, 15.2.2018; www.tomdispatch.com/post/176386/tomgram%3A_stephanie_savell%2C_the_hidden_costs_of_america%27s_wars/
6 William Hartung, The Pentagon's Plan to Dominate the Economy, in: *TomDispatch*, 1.11.2018; www.tomdispatch.com/post/176490/tomgram%3A_william_hartung%2C_the_pentagon%27s_plan_to_dominate_the_economy/
7 Gareth Porter, America's Permanent-War Complex. Eisenhower's worst nightmare has come true, as defense mega-contractors climb into the cockpit to ensure we stay overextended, in: *The American Conservative*, 15.11.2018; ht-

tps://www.theamericanconservative.com/articles/americas-permanent-war-complex/

8 America's »Gift« To The World: Visualizing 70 Years Of US Arms Exports, in: *Zerohedge*, 18.7.2018; https://www.zerohedge.com/news/2018-07-17/americas-gift-world-visualizing-70-years-us-arms-exports
Brian Cloughley, NATO is a Goldmine for US Weapons' Industries, in: *Mintpress*, 31.8.2018; https://www.mintpressnews.com/nato-us-weapons-industries/246736/

9 Harry Blain, 2017 Was a Banner Year for the Arms Industry, in: *Antiwar*, 21.12.2017; https://original.antiwar.com/harry_blain/2017/12/20/2017-banner-year-arms-industry/

10 Vgl. Julian Vigo, The Blurred Line Between War and Business, in: *Truthdig*, 6.5.2018; https://www.truthdig.com/articles/conflicts-of-interest-drive-wars-from-iraq-to-syria/

11 Aaron Mehta, Here are the big industry winners in the Saudi weapons offer, in: *Defense News*, 9.6.2017; https://www.defensenews.com/pentagon/2017/06/09/here-are-the-big-industry-winners-in-the-saudi-weapons-offer/

12 »In 1971, in Armed Forces Journal, Colonel Robert D. Heinl, Jr., author of a definitive history of the Marine Corps, wrote of ›widespread conditions among American forces in Vietnam that have only been exceeded in this century by the French Army's Nivelle mutinies of 1917 and the collapse of the Tsarist armies [of Russia] in 1916 and 1917‹.« (Tom Engelhardt, The Arrival of the Warrior Corporation, in: *TomDispatch*, 23.2.2012; www.tomdispatch.com/blog/175507/tomgram%3A_engelhardt,_the_arrival_of_the_warrior_corporation/)

13 Tom Engelhardt, Nixon's Children, in: *TomDispatch*, 17.10.2017; www.tomdispatch.com/post/176339/tomgram:_engelhardt,_nixon%27s_children/

14 Vgl. Stephanie Savell, The Hidden Costs of America's Wars

15 Michael Shindler, The Military Industrial Complex's Assault on Liberty. Determined to achieve geopolitical predictability, they've destroyed something far more precious, in: *The American Conservative*, 22.6.2018; www.theamericanconservative.com/articles/the-military-industrial-complexs-assault-on-liberty/

16 Zit. n. Paul Holden, Shock tactics: how the arms industry trades on our fear of terrorism, in: *The Guardian*, 20.3.2017; https://www.theguardian.com/global-development/2017/mar/20/how-the-arms-industry-trades-on-our-fear-of-terrorism-book-paul-holden-indefensible

Krieg, Zensur, Repression – damals und heute

1 Tom Engelhardt, The Teflon Wars, in: *TomDispatch*, 4.4.2017; www.tomdispatch.com/blog/176262/tomgram%3A_engelhardt%2C_the_teflon_wars/

2 Udi Greenberg, The Logic of Militant Democracy. From domestic concentration camps to the war on terror, in: *N+One*, 6.7.2018; https://nplusonemag.com/online-only/online-only/the-logic-of-militant-democracy/

3 Mark Jones, *Am Anfang war Gewalt. Die deutsche Revolution 1918/19 und der Beginn der Weimarer Republik*, Berlin 2017

4 Zit. n. ebd., S. 115
5 Zit. n. ebd., S.156
6 Ebd., S. 81. Die folgenden Zitate und Sekundärzitate aus Mark Jones, *Am Anfang war Gewalt*, finden sich auf S. 88, S. 146, S. 178 f., S. 194, S. 153, S. 209 f., S. 298 und S. 305.
7 Zit. n. Andre Damon, Ex-FBI-Agent verlangt, dass Facebook, Google und Twitter Aufrührer »zum Schweigen« bringen, in: *World Socialist Web Site*, 2.11.2017; https://www.wsws.org/de/articles/2017/11/02/goog-n02.html
8 Craig Timberg, Russian propaganda effort helped spread »fake news« during election, experts say, in: *Washington Post*, 24.11.2016; https://www.washingtonpost.com/business/economy/russian-propaganda-effort-helped-spread-fake-news-during-election-experts-say/2016/11/24/793903b6-8a40-4ca9-b712-716af66098fe_story.html?noredirect=on&utm_term=.0dc38303c9b4
9 www.propornot.com/p/the-list.html
10 https://securingdemocracy.gmfus.org/
11 Max Blumenthal, Facebook zensiert alternative Medien – »Das ist erst der Anfang«, meint ein neokonservativer Insider, in: *NachDenkSeiten*, 6.11.2018; https://www.nachdenkseiten.de/?p=46911
12 Vgl. Patrick Martin, Eine Krisenwoche in der zunehmend gestörten US-Politik, in: *World Socialist Web Site*, 11.9.2018; https://www.wsws.org/de/articles/2018/09/11/pers-s11.html
13 Andre Damon, Facebook zensiert massiv oppositionelle Seiten, in: *World Socialist Web Site*, 13.10.2018; https://www.wsws.org/de/articles/2018/10/13/zens-o13.html
14 Caitlin Johnstone, in A Corporatist System Of Government, Corporate Censorship Is State Censorship, in: *Medium*, 6.8.2018; https://medium.com/@caityjohnstone/in-a-corporatist-system-of-government-corporate-censorship-is-state-censorship-eb8a8b486577
15 Caitlin Johnstone, What Empire Loyalists Are Really Saying When They Bash Julian Assange, in: *Medium*, 2.11.2018; https://medium.com/@caityjohnstone/what-empire-loyalists-are-really-saying-when-they-bash-julian-assange-9b588c643859
16 Zit. n. Dennis J. Bernstein, The Eerie Silence Surrounding the Assange Case, in: *Consortiumnews*, 9.6.2018; https://consortiumnews.com/2018/06/09/the-eerie-silence-around-the-assange-case/
17 Unter dem Titel »Julian Assange's trials« diskutierten am 30.11.2018 in der RT-Sendung »CrossTalk« die Journalisten Joe Lauria, Gareth Porter und Patrick Henningsen; https://www.rt.com/shows/crosstalk/445221-julian-assange-trials-us/
Ebenfalls auf RT – in der Sendung »On contact« – sprach am 25.11.2018 Chris Hedges mit Joe Lauria über Julian Assange: »Crucifying Julian Assange«; https://www.rt.com/shows/on-contact/444814-assange-us-stand-trial/
18 https://twitter.com/ChrisMurphyCT/status/1026580187784404994
19 Vgl. Max Blumenthal, Facebook zensiert alternative Medien – »Das ist erst der Anfang«, meint ein neokonservativer Insider, in: *NachDenkSeiten*, 6.11.2018; https://www.nachdenkseiten.de/?p=46911

Adam Johnson, Media Ignore Government Influence on Facebook's Plan to Fight Government Influence, in: *Fair*, 21.5.2018; https://fair.org/home/media-ignore-government-influence-on-facebooks-plan-to-fight-government-influence/
20 Glenn Greenwald, Facebook Says It Is Deleting Accounts at the Direction of the U.S. and Israeli Governments, in: *The Intercept*, 30.12.2017; https://theintercept.com/2017/12/30/facebook-says-it-is-deleting-accounts-at-the-direction-of-the-u-s-and-israeli-governments/
21 Facebook Allies With U.S. Regime-Change Orgs For »Fact Checking« in Foreign Countries, in: *Moon of Alabama*, 21.9.2018; www.moonofalabama.org/2018/09/facebook-allies-with-us-regime-change-orgs-for-fact-checking-in-foreign-countries.html#more
22 Vgl. Andre Damon, Facebook zensiert massiv oppositionelle Seiten.
23 Alex MacLeod, Facebook's New Propaganda Partners, in: *Fair*, 25.9.2018; https://fair.org/home/facebooks-new-propaganda-partners/

Erkundungen am medialen Abgrund

1 Andrew Buncombe, Trump accuses media of »causing wars« in continued campaign to discredit journalists, in: *Independent*, 5.8.2018; https://www.independent.co.uk/news/world/americas/us-politics/donald-trump-fake-news-media-ivanka-trump-war-iraq-a8478296.html
2 Julian E. Zelizer, The Press Doesn't Cause Wars – Presidents Do. Trump's claim that journalists can incite conflict isn't borne out by the historical evidence, in: *The Atlantic*, 5.8.2018; https://www.theatlantic.com/ideas/archive/2018/08/the-press-doesnt-cause-warspresidents-do/566834/
3 www.moonofalabama.org/2018/08/us-fine-tuning-of-saudi-airstrike-target-list-creates-results.html#more
4 Michael Lüders, *Die den Sturm ernten. Wie der Westen Syrien ins Chaos stürzte*, München 2018 (6. aktualisierte Auflage)
Ders., *Wer den Wind sät. Was westliche Politik im Orient anrichtet*, München 2018 (25. aktualisierte Auflage)
5 Paul Schreyer, Schweigende Lämmer, getroffene Hunde. Politisch unbequeme Bestseller werden von den Leitmedien ignoriert oder diffamiert, in: *Rubikon*, 1.12.2018; https://www.rubikon.news/artikel/schweigende-lammer-getroffene-hunde
6 Michael Lüders nach Talkshow-Aussagen in der Kritik, in: *Deutschlandfunk*, 12.4.2017; https://www.deutschlandfunk.de/diskussion-um-giftgas-anschlag-michael-lueders-nach.2907.de.html?dram:article_id=383697
7 Günter Meyer, Giftgasmassaker war Inszenierung der USA. Die Trump-Show als Reaktion auf das angebliche Giftgasmassaker von Khan Sheikhun am 4. April 2017 ist ein weltweiter Propagandaerfolg der Weißhelme, in: *Rubikon*, 26.6.2017; https://www.rubikon.news/artikel/giftgasmassaker-war-false-flag-operation
8 Michael Lüders, *Die den Sturm ernten*, S. 9 f.
9 Ebd., S. 62
10 Charles Glass, World War Two's Covert Ops Are Failing in the Post-War World,

in: *Antiwar*, 12.10.2018; https://original.antiwar.com/Charles_Glass/2018/10/12/world-war-twos-covert-ops-are-failing-in-the-post-war-world/

11 Michael Lüders, *Die den Sturm ernten*, S. 65
12 https://twitter.com/GeorgeMonbiot/status/852427189031247875
13 »An Impeachable Offence« – Professor Postol and Syria, in: *Media Lens*, 26.4.2017; www.medialens.org/index.php/alerts/alert-archive/2017/845-an-impeachable-offence-professor-postol-and-syria.html
14 Paul Street, Trumpenstein's Tomahawk Dog-Wag: on Real and Fake News, in: *Counterpunch*, 10.4.2017; https://www.counterpunch.org/2017/04/10/trumpensteins-tomahawk-dog-wag-on-real-and-fake-news/
15 Mainstream Media Lie About Watchdog Report On The »Chemical Attack« in Douma, in: *Moon of Alabama*, 7.7.2018; https://www.moonofalabama.org/2018/07/syria-many-media-lie-about-watchdog-report-on-the-chemical-attack-in-douma.html
16 Berthold Kohler, Den Flächenbrand verhindern, in: *FAZ*, 12.4.2018; www.faz.net/aktuell/politik/ausland/syrien-kommentar-den-flaechenbrand-verhindern-15539344.html
17 Jacques Schuster, Ein Krieg dürfte nicht mit einem plumpen Symbolschlag beginnen, in: *Die Welt*, 11.4.2018; https://www.welt.de/debatte/kommentare/article175369978/Trumps-Drohungen-Ein-Krieg-duerfte-nicht-mit-einem-plumpen-Symbolschlag-beginnen.html
18 Siehe zu diesen Kommentaren auch die Analyse von Peter Schwarz, Deutsche Medien im Kriegstaumel, in: *World Socialist Web Site*, 14.4.2018; https://www.wsws.org/de/articles/2018/04/14/hetz-a14.html
19 Anja Willner, ZDF-Mann verbreitete Verschwörungstheorie zu Syrien – jetzt reagiert der Sender, in: *Focus*, 24.4.2018; https://www.focus.de/politik/ausland/wertung-des-korrespondenten-ging-zu-weit-zdf-mann-verbreitete-verschwoerungstheorie-zu-syrien-jetzt-reagiert-der-sender_id_8821943.html
20 Robert Fisk, The search for truth in the rubble of Douma – and one doctor's doubts over the chemical attack, in: *Independent*, 17.4.2018; https://www.independent.co.uk/voices/syria-chemical-attack-gas-douma-robert-fisk-ghouta-damascus-a8307726.html
21 Patrick Cockburn, We should be sceptical of far-away governments who claim to know what is happening on the ground in Syria, in: *Independent*, 20.4.2018; https://www.independent.co.uk/voices/syria-assad-uk-government-christian-persecution-isis-foreign-office-a8314616.html
22 Das medienkritische Portal *Media Lens* hat eine lesenswerte, zweiteilige Analyse der Berichterstattung britischer (und US-amerikanischer) Medien über die Ereignisse in und um Syrien vorgelegt. Im zweiten Teil zeigen die Autoren David Edwards und David Cromwell, wie die Kollegen des medialen Mainstreams den Duma-Beitrag Robert Fisks entweder totgeschwiegen oder den Autor geradewegs diffamiert haben (»favoured by Moscow«).
Douma: Part 1 – Deception in Plain Sight, in: *Media Lens*, 25.4.2018; www.medialens.org/index.php/alerts/alert-archive/2018/868-douma-part-1.html Douma: Part 2 – »It Just Doesn't Ring True«, in: *Media Lens*, 26.4.2018; medialens.org/index.php/alerts/alert-archive/2018/869-douma-part-2-it-just-doesn-t-ring-true.html

23 Vgl. Gabriel Kolko, *Das Jahrhundert der Kriege*, Frankfurt a. M. 1999, S. 379 f.
24 Jeffrey St. Clair, How They Sold the Iraq War
25 Udo Ulfkotte, *Gekaufte Journalisten. Wie Politiker, Geheimdienste und Hochfinanz Deutschlands Massenmedien lenken*, Rottenburg 2014, S. 92
26 Ebd., S. 93
27 Vgl. Mathias Bröckers, *Der Fall Ken Jebsen oder Wie Journalismus im Netz seine Unabhängigkeit zurückgewinnen kann. Der Macher von KenFM im Gespräch mit Mathias Bröckers*, Frankfurt a. M. 2016
28 Siehe zu Friedman das Buch von Belen Fernandez, *The Imperial Messenger. Thomas Friedman At Work*, London 2011
Vgl. auch Glenn Greenwald, The value of Tom Friedman, in: *Salon*, 25.7.2012; https://www.salon.com/2012/07/25/the_value_of_tom_friedman/
29 Robert Dreyfuss, *Devil's Game. How the United States Helped Unleash Fundamentalist Islam*, New York 2005
Mark Curtis, *Secret Affairs. Britain's Collusion with Radical Islam*. New updated version, London 2012
30 Thomas L. Friedman, Saudi Arabia's Arab Spring, at Last. The crown prince has big plans for his society, in: *The New York Times*, 23.11.2017; https://www.nytimes.com/2017/11/23/opinion/saudi-prince-mbs-arab-spring.html
31 Dazu Belen Fernandez, The West enabled Kashoggi's demise – not to mention all the other Saudi Crimes, in: *Middle East Eye*, 22.10.2018; https://www.middleeasteye.net/columns/west-enabled-khashoggi-s-demise-not-mention-all-those-other-saudi-crimes-1430264193
32 Seventy Years of the New York Times Describing Saudi Royals as Reformers, in: *Jadaliyya*, 27.11.2017; www.jadaliyya.com/Details/34727/Seventy-Years-of-the-New-York-Times-Describing-Saudi-Royals-as-Leading-Reform?mc_cid=d595caa8e0&mc_eid=a7390998e1
33 And the Clown Prince Told Friedman: »Suck On This«, in: *Moon of Alabama*, 24.11.2017; www.moonofalabama.org/2017/11/and-then-the-clown-prince-told-friedman-suck-on-this.html

Was auf dem Spiel steht – der Kampf um die Tatsachenwahrheit
1 Hannah Arendt, Wahrheit und Politik, in: Hannah Arendt/Patrizia Nanz, *Wahrheit und Politik*, Berlin 2006, S. 7–52
2 Thomas Meyer, *Die Unbelangbaren. Wie politische Journalisten mitregieren*, Berlin 2015
3 Hannah Arendt, Wahrheit und Politik, S. 55. Die folgenden Zitate aus Arendts Text finden sich auf S. 24, S. 20 f., S. 42 f., S. 46, S. 49 und S. 51 f.

Systemkrise und propagandistischer Amoklauf
1 Leslie Sklair, *The Transnational Capitalist Class*, Oxford, UK 2001
Peter Phillips, *Giants. The Global Power Elite*, New York 2018
2 Sheldon S. Wolin, *Democracy Incorporated. Managed Democracy and the Specter of Inverted Totalitarianism*, Princeton/Oxford 2008
3 Monmouth University Polling Institute, Public Troubled by »Deep State«,

19.3.2018; https://www.monmouth.edu/polling-institute/reports/monmouthpoll_us_031918/
4 Tyler Durden, Gallup Shows How Much Americans Really Care About The »Situation With Russia«, in: *Zerohedge*, 19.7.2018; https://www.zerohedge.com/news/2018-07-19/gallup-shows-how-much-americans-really-care-about-situation-russia
5 Thomas L. Friedman, Trump and Putin vs. America, in: *The New York Times*, 16.7.2018; https://www.nytimes.com/2018/07/16/opinion/trump-and-putin-vs-america.html
6 Daniel McCarthy, The Trump-Putin Summit and Reliving the Cold War, in: *The National Interest*, 19.7.2018; https://nationalinterest.org/feature/trump-putin-summit-and-reliving-cold-war-26201?page=0%2C1

Literatur

Arendt, Hannah, Wahrheit und Politik, in: Hannah Arendt / Patrizia Nanz, *Wahrheit und Politik*, Berlin 2006, S. 7–52
Atwood, Paul L., *War and Empire. The American Way of Life*, London 2010
Bacevich, Andrew J., *America's War for the Greater Middle East: A Military History*, New York 2016
---, *Grenzen der Macht. Das Ende des amerikanischen Traums?*, Hamburg 2009
---, Tragedy Renewed: William Appleman Williams, in: *World Affairs* (Winter 2009); www.worldaffairsjournal.org/article/tragedy-renewed-williamappleman-williams
Bahr, Egon, *Der deutsche Weg. Selbstverständlich und normal*, München 2003
Beard, Charles A. / Beard, Mary R., *Geschichte der Vereinigten Staaten von Amerika*, Amsterdam 1949
Becker, Jörg, *Medien im Krieg – Krieg in den Medien*, Wiesbaden 2016
Bender, Peter, *Weltmacht Amerika. Das neue Rom*, Stuttgart 2003
Berger, Henry W. (Hg.), *A William Appleman Williams Reader. Selections from His Major Historical Writings*. Edited with an introduction and notes by Henry W. Berger, Chicago 1992
Blum, William, *Killing Hope. Zerstörung der Hoffnung. Globale Operationen der CIA seit dem 2. Weltkrieg*, Frankfurt a. M. 2016 (6. Aufl.)
---, *Schurkenstaat. Leitfaden zum Verständnis der einzigen noch verbliebenen Supermacht*, Berlin 2008
Boggs, Carl, Imperialism and the Logic of Mass Destruction, in: *Counterpunch*, 4.5.2017; www.counterpunch.org/2017/05/04/imperialism-and-the-logic-of-mass-destruction
Bröckers, Mathias: *Der Fall Ken Jebsen oder Wie Journalismus im Netz seine Unabhängigkeit zurückgewinnen kann. Der Macher von KenFM im Gespräch mit Mathias Bröckers*, Frankfurt a. M. 2016
Cockburn, Patrick, *Chaos und Glaubenskrieg. Reportagen vom Kampf um den Nahen Osten*, Wien 2017
Cohen, Stephen F., *War with Russia: From Putin and Ukraine to Trump and Russiagate*, New York 2018
Curtis, Mark, *Secret Affairs. Britain's Collusion with Radical Islam*. New updated version, London 2012
Dower, John W., *The Violent American Century. War and Terror Since World War II*, Chicago 2017

Dreyfuss, Robert, *Devil's Game. How the United States Helped Unleash Fundamentalist Islam*, New York 2005

Edwards, David / Cromwell, David, *Propaganda Blitz. How the Corporate Media Distort Reality*, London 2018

Elter, Andreas, *Die Kriegsverkäufer. Geschichte der US-Propaganda 1917–2005*, Frankfurt a. M. 2005

Endicott, Stephen / Hagerman, Edward, *The United States and Biological Warfare. Secrets from the Early Cold War and Korea*, Bloomington 1999

Fernandez, Belen, *The Imperial Messenger. Thomas Friedman At Work*, London 2011

Fisk, Robert, *The Great War for Civilisation. The Conquest of the Middle East*, London u.a. 2006 (revised edition, erstmals 2005)

Formisano, Ron, *American Oligarchy. The Permanent Political Class*, Champaign, Illinois 2017

Friedländer, Saul, *Das Dritte Reich und die Juden*, Band 1: *Jahre der Verfolgung*, München 1998; Band 2: *Jahre der Vernichtung*, München 2006

Friedländer, Saul, *Wohin die Erinnerung führt. Mein Leben*, München 2016

Gellermann, Uli / Klinkhammer, Friedhelm / Bräutigam, Volker, *Die Macht um acht. Der Faktor Tagesschau*, Köln 2017

Gordon, Rebecca, *American Nuremberg: The U.S. Officials Who Should Stand Trial for Post-9/11 War Crimes*, New York 2016

Griffin, David Ray, *The American Trajectory. Divine or Demonic?*, Atlanta, GA 2018

Halperin, Mark / John Heilemann, *Double Down: Game Change 2012*, London 2013

Hamilton, Alexander / Madison, James / Jay, John, *Die Federalist Papers*. Übersetzt, eingeleitet und mit Anmerkungen versehen von Barbara Zehnpfennig, Darmstadt 1993

Hersh, Seymour M., *Reporter. A Memoir*, New York/London 2018

Hofbauer, Hannes, *Feindbild Russland. Geschichte einer Dämonisierung*, Wien 2016

Hofstadter, Richard, *The Progressive Historians. Turner, Beard, Parrington*, New York 1968

Joffe, Josef, *Die Hypermacht. Warum die USA die Welt beherrschen*, München 2006

Jones, Mark, *Am Anfang war Gewalt. Die deutsche Revolution 1918/19 und der Beginn der Weimarer Republik*, Berlin 2017

Kennedy, Paul, *Aufstieg und Fall der großen Mächte. Ökonomischer Wandel und militärischer Konflikt von 1500 bis 2000*, Frankfurt/Main 1989

Knightley, Phillip, *The First Casualty. The War Correspondent as Hero and Myth-Maker from the Crimea to Iraq*, Baltimore/London 2004 (erstmals 1975)

Kohn, Hans, *Bürger vieler Welten. Ein Leben im Zeitalter der Weltrevolution*, Frauenfeld 1965

Kolko, Gabriel, *Das Jahrhundert der Kriege*, Frankfurt a. M. 1999

Krone-Schmalz, Gabriele, *Eiszeit. wie Russland dämonisiert wird und warum das so gefährlich ist*, München 2017

Kuzmarov, Jeremy / John Marciano, *The Russians are Coming, Again. The First Cold War as Tragedy – the Second as Farce*, New York 2018

Langeheine, Romy, *Von Prag nach New York. Hans Kohn – Eine intellektuelle Biographie*, Göttingen 2014

Lewis, Charles, *935 Lies. The Future of Truth and the Decline of America's Moral Integrity*, New York 2014

Lüders, Michael, *Die den Sturm ernten. Wie der Westen Syrien ins Chaos stürzte*, München 2018 (6. aktualisierte Auflage)

---, *Wer den Wind sät. Was westliche Politik im Orient anrichtet*, München 2018 (25. aktualisierte Auflage)

Luyendijk, Joris, *Von Bildern und Lügen in Zeiten des Krieges*, Stuttgart 2015 (3. Auflage)

Malia, Martin, *Russia Under Western Eyes. From the Bronze Horseman to the Lenin Mausoleum*, Cambridge, Mass./London 1999.

Marciano, John, *The American War in Vietnam. Crime or Commemoration?*, New York 2016

Mayer, Arno J., *Der Krieg als Kreuzzug. Das Deutsche Reich, Hitlers Wehrmacht und die »Endlösung«*, Reinbek bei Hamburg 1989

Mayer, Arno J., *Plowshares into Swords. From Zionism to Israel*, London/New York 2008

Mearsheimer, John J. / Stephen M. Walt, *Die Israel-Lobby. Wie die amerikanische Außenpolitik beeinflusst wird*, Frankfurt a. M./New York 2007

Mearsheimer, John J., *The Great Delusion. Liberal Dreams and International Realities*, New Haven, CT 2018

Mettan, Guy, *Creating Russophobia. From the Great Religious Schism to Anti-Putin Hysteria*, Atlanta, GA 2017

Meyer, Thomas, *Die Unbelangbaren. Wie politische Journalisten mitregieren*, Berlin 2015

Mills, C. Wright, *Die amerikanische Elite. Gesellschaft und Macht in den Vereinigten Staaten*, Hamburg 1962

Miroschnikoff, Peter, *Reporter im Fadenkreuz. Probleme der Konfliktberichterstattung*, Norderstedt 2014

Morelli, Anne, *Die Prinzipien der Kriegspropaganda*, Springe 2014 (2. Auflage)

Müller, Rolf-Dieter, Der andere Holocaust, in: *Die Zeit*, 1.7.1988; https://www.zeit.de/1988/27/der-andere-holocaust/komplettansicht

Münkler, Herfried, *Der neue Golfkrieg*, Reinbek bei Hamburg 2003

Perry, William J., *My Journey at the Nuclear Brink*, Stanford, California 2015

Phillips, Peter, Giants. *The Global Power Elite*, New York 2018

Piper, Ernst, *Alfred Rosenberg. Hitlers Chefideologe*, München 2005

Pitt, William Rivers, mit Scott Ritter, *Krieg gegen den Irak. Was die Bush-Regierung verschweigt*, Köln 2002

Pohl, Dieter, *Die Herrschaft der Wehrmacht. Deutsche Militärbesatzung und einheimische Bevölkerung in der Sowjetunion 1941–1944*, Frankfurt a. M. 2011

Ponsonby, Arthur, *Falsehood in Wartime. Propaganda Lies of the First World War*, London 1928; dt.: *Lügen in Kriegszeiten*, Viöl 1999

Postman, Neil, *Wir amüsieren uns zu Tode. Urteilsbildung im Zeitalter der Unterhaltungsindustrie*, Frankfurt a. M. 1985

PRIME (Hg.), Die Geschichte des Anderen kennen lernen. Israel und Palästina im 20. Jahrhundert, Frankfurt a. M./New York 2015

Sklair, Leslie, *The Transnational Capitalist Class*, Oxford, UK 2001
Sofsky, Wolfgang, *Operation Freiheit. Der Krieg im Irak*, Frankfurt a. M. 2003
Stiglitz, Joseph / Linda Bilmes, *Die wahren Kosten des Krieges. Wirtschaftliche und politische Folgen des Irak-Konflikts*, München 2008
Stöver, Bernd, *Der Kalte Krieg 1947–1991. Geschichte eines radikalen Zeitalters*, München 2017 (erstmals 2007)
Streit, Christian, *Keine Kameraden. Die Wehrmacht und die sowjetischen Kriegsgefangenen 1941–1945*, Bonn 1997 (ursprünglich Stuttgart 1978)
Talbot, David, *Das Schachbrett des Teufels. Die CIA, Allen Dulles und der Aufstieg von Amerikas heimlicher Regierung*, Frankfurt a. M. 2016,
Teusch, Ulrich, *Lückenpresse. Das Ende des Journalismus, wie wir ihn kannten*, Frankfurt a. M. 2016
Todd, Emmanuel, *Weltmacht USA. Ein Nachruf*, München 2003
Tuchman, Barbara, *Die Torheit der Regierenden. Von Troja bis Vietnam*, Frankfurt a. M. 1984
Turse, Nick, *Kill Anything That Moves. The Real American War in Vietnam*, New York 2014
Ulfkotte, Udo, *Gekaufte Journalisten. Wie Politiker, Geheimdienste und Hochfinanz Deutschlands Massenmedien lenken*, Rottenburg 2014
Vidal, Gore, *Imperial America. Reflections on the United States of Amnesia*, New York 2005
Vine, David, *Base Nation. How U.S. Military Bases Abroad Harm America and the World*, New York 2017
Volkmann, Hans-Erich (Hg.), *Das Rußlandbild im Dritten Reich*, Köln u.a. 1994 (2. Auflage)
Walt, Stephen M., *The Hell of Good Intentions. America's Foreign Policy Elite and the Decline of U.S. Primacy*, New York 2018
Wemheuer, Felix, *Der Große Hunger. Hungersnöte unter Stalin und Mao*, Berlin 2012
Wernicke, Jens, *Lügen die Medien? Propaganda, Rudeljournalismus und der Kampf um die öffentliche Meinung*, Frankfurt a. M. 2017
Wertz, Achim, *Die Weltbeherrscher. Militärische und geheimdienstliche Operationen der USA, aktualisierte und erweiterte Neuausgabe*, Frankfurt a. M. 2017
Williams, William A., »Der Welt Gesetz und Freiheit geben«. Amerikas Sendungsglaube und imperiale Politik, Hamburg 1984
---, *Die Tragödie der amerikanischen Diplomatie*, Frankfurt a.M. 1973
Wolin, Sheldon S., *Democracy Incorporated. Managed Democracy and the Specter of Inverted Totalitarianism*, Princeton/Oxford 2008
Zinn, Howard, *Eine Geschichte des amerikanischen Volkes*, Berlin 2007

Personenverzeichnis

AbuKhalil, As'ad 163
Adams, John Quincey 90
Agee, Philip 121
al-Assad, Baschar 85, 160–169, 171, 173, 176f.
Albright, Madeleine 19, 154
al-Gaddafi, Muammar 45, 110ff.
Alleg, Henri 36
Anderson, Tim 163
Arendt, Hannah 181–187, 190
Arnett, Peter 170
Assange, Julian 151ff.
Astore, William 137
Atai, Golineh 74
Atwan, Abdel Bari 163

Bacevich, Andrew J. 95
Bahr, Egon 76
Bartlett, Eva 163
Beard, Charles A. 86f.
Bécaud, Gilbert 68
Becker, Carl L. 87
Beeley, Vanessa 163
Beers, Charlotte 104f.
Beloussow, Andrei 11
Benador, Eleana 107
Bender, Peter 76
Bezos, Jeff 71
Bilmes, Linda 128
bin Laden, Osama 108, 177
bin Salman, Mohammed 177
Binney, William 28
Blair, Tony 20, 104, 107ff., 114, 119, 126
Blix, Hans 164f.
Blum, William 86

Blumenthal, Sidney 112
Boggs, Carl 96
Böhm, Gustav 143f.
Bolton, John 14, 81f., 158
Bonner, Raymond 22, 119
Bormann, Martin 57
Boschirow, Ruslan 69
Bota, Alice 69
Brzezinski, Zbigniew 72
Buber, Martin 61
Buchanan, Patrick 28
Bush, George H.W. 100, 172
Bush, George W. 14, 79ff., 104, 108, 125f., 128, 130, 132f., 136
Bustani, José 81f.

Cameron, David 112
Cartalucci, Tony 163
Carter, Jimmy 45, 99, 176
Casey, William 120f., 124
Chediac, Joyce 100
Cheney, Dick 81, 134
Chilcot, John 107ff., 114
Chomsky, Noam 98, 112, 148
Chruschtschow, Nikita 71
Clark, Wesley 114f.
Clarke, Victoria 105
Clemenceau, Georges 33, 183
Clinton, Bill 17, 28, 45f., 126
Clinton, Hillary 45, 112
Clooney, George 117
Cockburn, Patrick 163, 170ff.
Cohen, Stephen F. 28, 72
Cromwell, David 115
Crooke, Alastair 163
Curley, Tom 125f.

Dacre, Paul 20
Donahue, Phil 107
Doyle, Arthur Conan 32

Edwards, David 115
Eichhorn, Emil 144
Einaudi, Jean-Luc 37
Emanuele, Vincent 101
Engelhardt, Tom 131, 136, 139
Escobar, Pepe 163

Fack, Fritz Ullrich 173
Fischer, Joschka 19
Fisk, Robert 112, 163, 170f., 181f.
Fitch, Guy Sims 116ff.
Fitzgerald, F. Scott 39
Ford, Gerald 99
Ford, Peter 163
Fortes, Maximilian 111
Frankenberger, Klaus-Dieter 173
Friedländer, Saul 62
Friedman, Thomas L. 175–178, 193
Frunse, Michail 71

Gack, Uli 168ff.
Galbraith, John Kenneth 94
Garbo, Greta 68
Gauck, Joachim 48f., 58
Gershman, Carl 121f.
Gessen, Masha 71
Gibbs, Philip 33f.
Giraldi, Philip 21, 28, 165
Glass, Charles 163
Goebbels, Joseph 33, 44f.
Goodman, Amy 114
Gorbatschow, Michael 10, 88, 94
Göring, Hermann 55
Graves, Robert 32
Greenwald, Glenn 154

Haley, Nikki 70
Hamilton, Alexander 89
Hanitzsch, Dieter 66
Harmsworth, Alfred 33
Hartung, William 131
Haspel, Gina 81
Hastings, Max 21

Hay, John 91
Hearst, William Randolph 9
Henderson, Oran 98
Hersh, Seymour 98, 101, 164
Herzinger, Richard 69
Higgins, Eliot 122f.
Hillgruber, Andreas, S. 54
Himmler, Heinrich 55, 57
Hitchens, Peter 123
Hitler, Adolf 38, 50–55, 57f., 66f.
Hodges, Ben 10
Hofmiller, Josef 146
Hofstadter, Richard 87
Hollande, François 37
Hussein, Saddam 17, 41, 45, 105–108, 137, 171f.
Hutchison, Kay Bailey 11f.
Huxley, Aldous 40f.

Janukowitsch, Viktor 185
Jay, Martin 163
Jebsen, Ken 174f., 178
Jefferson, Thomas 89
Jewell, John 33
Joffe, Josef 27, 76
Johnstone, Caitlin 151
Jones, Alex 153f.
Jones, Mark 140f., 143–146

Kennan, George F. 72
Kennedy, John F. 45, 118
Kennedy, Robert F., Jr. 163
Kessler, Harry Graf 142
Khomeini, Ayatollah 172
Kissinger, Henry 85, 98f.
Klare, Michael T. 14, 198
Knightley, Phillip 34f.
Kohler, Berthold 166ff., 172f.
Kohn, Hans 59–61
Krone-Schmalz, Gabriele 159
Kuzmarov, Jeremy 24

Landis, Joshua 163
Lawrow, Sergei 185
Ledebour, Georg 143
LeMay, Curtis 97
Leopold II. (König von Belgien) 66

Leukefeld, Karin 160
Leupp, Gary 163
Lewis, Charles 20
Leyen, Ursula von der 83
Liebknecht, Karl 142ff.
Lincoln, Abraham 192
Lindsey, Larry 128
Lloyd George, David 33ff.
Lüders, Michael 159–164
Luther, Carsten 168
Luxemburg, Rosa 144
Lynch, Jessica 106

Madison, James 89, 104
Malia, Martin 72
Marciano, John 24
Marcos, Ferdinand 120
Marx, Karl 64
Matlock, Jack 28, 72
Mausfeld, Rainer 159
Mayer, Arno J. 51–54, 61
McCain, John 72, 154
McGovern, Ray 28
McIntyre, Jamie 172
Mearsheimer, John J. 84ff., 139
Meng Wanzhou 15
Mercouris, Alexander 67, 69
Merkel, Angela 166
Mettan, Guy 71
Meyer, Günter 160
Meyer, Thomas 181f.
Mills, Ian 116
Milne, Seumas 111
Monbiot, George 164
Monroe, James 89f., 96
Montesquieu 89
Morelli, Anne 31
Mossadegh, Mohammad 85
Müller, Dirk 159
Müller, Rolf-Dieter 50, 55f., 58
Münkler, Herfried 77
Murdoch, Rupert 20f., 33, 119, 121
Murphy, Chris 154
Murrow, Edward R. 117f.

Neller, Robert B. 10
Netanjahu, Benjamin 66f.

Nixon, Richard M. 98, 118, 135f.
North, Don 127

Obama, Barack 14, 102, 125ff., 130, 132f., 153, 164
Oborne, Peter 163
Orwell, George 38, 40f., 43, 103

Paddock, Alfred R. 120
Papon, Maurice 37
Parrington, Vernon L. 87
Parry, Robert 65, 124, 163
Paul, Ron 28
Pence, Mike 13
Perry, William J. 28, 45ff.
Petrow, Alexander 69
Pflug, Eva 68
Pilger, John 20, 111, 152, 163
Piper, Ernst 51, 54
Polk, James K. 90
Pompeo, Mike 13
Ponsonby, Arthur 31f., 34
Porter, Gareth 131ff.
Postman, Neil 40f.
Postol, Theodore 164f.
Powell, Colin 104, 137
Putin, Wladimir 10f., 22, 66f., 71f., 74, 82, 122, 160, 171, 185, 191, 193

Radek, Karl 145
Raimondo, Justin 12
Raslan, Mahmud 161
Rather, Dan 20
Raymond, Walter 119, 121, 124
Reagan, Ronald 10, 14, 28, 88, 118–121, 124, 135, 172, 177
Reichelt, Julian 69
Rendon, John 106
Ritter, Scott 113f., 164f.
Roberts, Paul Craig 28
Robinson, Piers 110
Röttgen, Norbert 83, 185
Ruge, Arnold 64
Rumsfeld, Donald 104f., 114, 128, 172
Russell, Bertrand 32

Saker, The 78f.

Santayana, George 39
Sarkozy, Nicolas 112
Savell, Stephanie 130
Scheer, Robert 46
Schmidt, Eric 151
Schneiders, Thorsten G. 160
Scholl-Latour, Peter 18f., 83, 160
Schuster, Jacques 167f.
Schwarz, Wolfgang 28
Schwarzkopf, Norman 100
Shaw, George Bernard 32
Simon, Ernst 61
Sinclair, Ian 123
Smith, Ian 116
Smith, Jerry 164f.
Snow, Edgar 35
Sofsky, Wolfgang 77
Soros, George 122, 153
St. Clair, Jeffrey 104ff.
Stalin, Josef W. 66, 71
Steele, Jonathan 163
Steinbeck, John 36
Steinmeier, Frank-Walter 83
Stiglitz, Joseph 128
Stockman, David 28
Stoltenberg, Jens 83
Stone, I.F. 36
Street, Paul 99, 165f.
Suharto, Hadji Mohammed 99

Tempel, Sylke 160
Thatcher, Margaret 118f.
Thomas, Georg 54
Thompson, Reginald 36
Timberg, Craig 148
Todd, Emmanuel 77

Tolstoi, Leo 48f., 57, 195
Trotzki, Leo 71, 121
Trump, Donald 10, 14f., 22, 26, 79–82, 95, 124, 131–135, 157ff., 165ff., 176, 191, 193
Turner, Frederick Jackson 87
Twining, Daniel 122

Ulfkotte, Udo 159, 173

Vine, David 95

Wallace, Chris 158
Walt, Stephen M. 27, 84
Watts, Clint 147–150
Weidemann, Axel 38
Weinstein, Allen 121
Weißbecker, Manfred 44
Wells, H.G. 32
Wemheuer, Felix 55
Westarp, Haila Gräfin von 146
Whitney, Mike 163
Will, Anne 160, 163, 184
Williams, Brian 165f.
Williams, William Appleman 39, 87–91, 93f., 130, 155
Wolff, Theodor 143f.
Wolfowitz, Paul 114
Wolin, Sheldon S. 190, 194
Wollack, Kenneth 122

Xi Jinping 10, 95

Zakaria, Fareed 165
Zinke, Ryan 12